幸福产业丛书

总策划◎程安东

CHINA'S
HAPPINESS
INDUSTRY
SYSTEM

构建幸福产业体系

新时代陕西经济发展的战略重点

党兴华　吴艳霞　王文莉◎著

图书在版编目（CIP）数据

构建幸福产业体系：新时代陕西经济发展的战略重点 / 党兴华，吴艳霞，王文莉 著.
—北京：经济管理出版社，2021.3
ISBN 978-7-5096-7972-2

Ⅰ.①构… Ⅱ.①党… ②吴… ③王… Ⅲ.①新兴产业—产业发展—研究—陕西
Ⅳ.①F269.274.1

中国版本图书馆 CIP 数据核字（2021）第 081692 号

组稿编辑：王光艳
责任编辑：康国华
责任印制：赵亚荣
责任校对：张晓燕

出版发行：经济管理出版社
（北京市海淀区北蜂窝 8 号中雅大厦 A 座 11 层　100038）
网　　址：www. E-mp. com. cn
电　　话：（010）51915602
印　　刷：唐山昊达印刷有限公司
经　　销：新华书店
开　　本：710mm×1000mm /16
印　　张：18
字　　数：343 千字
版　　次：2021 年 6 月第 1 版　　2021 年 6 月第 1 次印刷
书　　号：ISBN 978-7-5096-7972-2
定　　价：88.00 元

联系地址：北京阜外月坛北小街 2 号
电话：（010）68022974　　邮编：100836

前言

PREFACE

在经济社会发展现实中，随着经济的繁荣，社会综合发展水平不断提高，人民的收入水平也不断提高。但是，由于各个产业很难同步发展，不同产业的发展水平决定了就业群体的收入差距。随着科技的进步，高劳动生产率、高效率的实现，必然带来高收入。因而，体力劳动者收入低，智慧劳动者收入高，已成为实施社会主义分配原则的一大难题，既要效率又要兼顾公平。一次分配中解决不了的难题，只能动用国家力量在二、三次分配中予以缓解。中国特色社会主义建设忽视不了正确的经济法则，在深化改革、扩大开放、加快发展的总体推进中，公平分配只能是相对的。整个社会主义时期都存在差距，人们只能设身处地地对待分配公平，因为平均分配会制约经济发展和社会进步。

我国现状也证明了上述论点。一方面亿万富翁的数量名列世界前茅，另一方面还有近 6 亿人口的月收入仅 1000 元人民币左右。当然，其中有非公有制经济快速发展的因素。国家鼓励创业，鼓励非公有制经济发展，这是符合国家大局和整体利益的。所以，私人资本的出现进一步加剧了社会分配差距的扩大。这是我国社会主义新时期客观存在的一个社会问题。我们要继续鼓励一部分人先富起来，持续增加中低收入人群的收入，缩小社会分配的差距。

我国人均国民生产总值已超 1 万美元，已进入中等收入偏上的发展阶段，人民吃住行都得到了明显的改善，老百姓的获得感、幸福感有了显著增强。可是为什么仍有不少人感到不满，怨声常在呢？这是因为现实社会生活中确实还存在着看病难、看病贵，入托难、入托贵，上学难，住房难，养老难，食品安全风险等忧虑。需要通过经济持续发展，依法全面治理社会来解决。

习近平总书记在党的十九大报告中指出，保证社会公平正义，在幼有所育、学有所教、劳有所得、病有所医、老有所养、住有所居、弱有所扶上持续取得新进展。社会主义建设必须坚持以人民为中心，实现改革开放发展的成果由人民共享，不断解决经济社会发展中的短板。全面提高我国的社会竞争力，增强社会活力，实现社会长治久安，确保经济稳定持续发展。只有这样，才能在世界大变局中立于不败之地。

因此，在未来的发展规划中，应该在重点发展战略性新兴产业和高新技术产业的同时，更加关注民生经济，大力发展老百姓身边的产业。着力解决或缓解人民生活中客观存在的难点，实实在在地增加老百姓的获得感和幸福感，最大限度地调动全民建设具有中国特色的社会主义积极性和创造性。为实现两个 100 年的宏伟目标，家家参与，人人动员，全民一致行动，使任何困难都能克服，任何变化都能应对。

我们提出了十大幸福产业，它们都是贴近人民生活的产业，充分体现了民生经济的内涵，而且具有服务业的特点，客观地实践了为人民服务的宗旨。可以预测，十大幸福产业如果能列入国家发展战略，必将推动国内大循环的形成和国民消费水平的提高。在逆全球化思潮的影响下，提高内需拉动是我国经济稳定发展的着力点。可见，发展幸福产业应该成为我国今后一段时间内国民经济发展的战略重点。我国人口多，对幸福产业的需求庞大，发展幸福产业既可满足人民的需求，提高获得感和幸福感，又可保持经济稳定增长。因为人民收入水平的提高，购买力也随之增长，幸福产业的市场潜力巨大，应该是国民经济中最具稳定性的产业。经济的发展，社会的进步，以及人民对更高生活质量的追求，必将在较长的时间内推动幸福产业发展和提高。人民幸福是我们追求的目标，因而，贴近民生的幸福产业一定是发展前景广阔的朝阳产业。

本书由陕西省原省长程安东统筹策划，西安理工大学城市战略研究院常务副院长党兴华教授总体负责。全书共分十三章，其中，第一章由杨冬民负责撰写；第二章由向希尧、魏龙负责撰写；第三章由赵璟、刚翠翠负责撰写；第四章由胡海青、王华负责撰写；第五章由赵立雨负责撰写；第六章由党兴华、吕霄负责撰写；第七章由胡海青、王晓东负责撰写；第八章由熊国强、许璐负责撰写；第九章由薛伟贤负责撰写；第十章由杨毅负责撰写；第十一章由蔡俊亚、邹晓斌负责撰写；第十二章由张萌物负责撰写；第十三章由吴艳霞、王文莉负责撰写；全书由党兴华、吴艳霞进行了总纂稿。

目 录

CONTENT

第一章
研究总论

第一节　新时代陕西构建幸福产业体系的必要性分析

一、构建幸福产业体系是新时代陕西经济社会发展的迫切需要

（一）陕西经济增长迅速，但经济实力不强

随着改革开放40多年经济的繁荣发展，西部大开发战略取得了较为可观的经济绩效。自2000年西部大开发以来，陕西省GDP的年均增长率达到15.46%[①]，位列西部地区第一。虽然陕西的经济增长速度相比于其他西部地区快，但经济整体实力依然不强。陕西GDP相比于沿海地区依然存在较大的差距，当然，也没有成为西部地区经济总量最大的省份。

虽然自西部大开发以来，陕西经济的增长速度位列西部12省（自治区、直辖市）之首，但经济实力不强的实际情况成为陕西经济高质量发展的重大现实挑战。当前，我国经济逐渐向高质量发展阶段迈进，地方经济增长已不再追求数量型增长方式，而是追求质量型经济，然而，人民日益增长的美好生活需要与不平衡不充分的发展之间的矛盾逐渐成为我国经济高质量发展的阻碍，即社会主要矛盾。人民的美好生活需要在一定程度上可以理解为人民的生活幸福感，因此，提升社会幸福感成为经济发展的首要目标。而幸福产业体系（幸福产业以及相应的

---

① 2000~2018年西部大开发12省（自治区、直辖市）的GDP增长率年均值分别为：内蒙古自治区14.87%，广西壮族自治区13.07%，重庆市14.57%，四川省13.12%，贵州省15.43%，云南省15.43%，西藏自治区14.33%，陕西省15.46%，甘肃省12.07%，青海省13.6%，宁夏回族自治区15.18%，新疆维吾尔自治区12.46%。陕西省位列第一。

社会保障制度）建设的主要作用是提升人民的幸福感。其中，幸福产业以完善、优化供给侧结构的方式为社会创造幸福感，是幸福产业体系提升陕西人民幸福感的直接渠道；社会保障制度旨在保障幸福产品分配的社会公平性，为陕西不同层次人民提供生活保障，是幸福产业体系提升陕西人民幸福感的间接渠道。通过构建陕西幸福产业体系提高陕西人民的幸福感，顺利度过陕西经济转型期，弥补陕西经济实力整体不足的现实短板，推动陕西经济高质量发展。

当前，我国置身于经济高质量发展的重要阶段，数量型增长方式已被摒弃，转而追求质量型增长，即经济高质量发展。而经济高质量发展过程中的突出问题是人民日益增长的美好生活需要与不平衡不充分的发展之间的社会主要矛盾，幸福产业体系（幸福产业以及相应的社会保障制度）的构建能够增强人民幸福感，弥补陕西经济实力整体不足的缺陷，最终推动陕西经济高质量发展。2020 年《中共中央、国务院发布的关于新时代推进西部大开发形成新格局的指导意见》指出，依托风景名胜区、边境旅游试验区等，大力发展旅游休闲，打造区域重要支柱产业；加快发展现代服务业特别是专业服务业；支持教育高质量发展；提升医疗服务能力和水平；完善多层次、广覆盖的社会保障体系；健全养老服务体系；强化公共文化体育服务。新一轮西部大开发指导纲领中提及的上述指导意见与幸福产业所包含的旅游、养老、教育等五大方面相互契合，为陕西发展幸福产业提供了有利契机。

（二）陕西人民的基本物质生活得到保障，但精神文明需求供给相对不足

随着社会生产力的发展与生活水平的提升，人民基本物质需求得到保障，幸福感的提升不再来自于物质满足与纯粹的经济增长，更高层次的需求越来越成为幸福感提升的重要因素。2019 年 6 月，陕西省社会科学院研究团队运用 CLT 调查法，采用问卷调查的方式，在西安、延安和安康三座城市对 20～70 岁的陕西居民进行了抽样问卷调查，根据调查分析可以得到如表 1-1 所示的统计结果。

表 1-1　公众对自己近年来生活诸方面获得感状况的评价　　单位：%

项目	和现在差不多	越来越差	越来越好	说不清
收入水平	34.1	9.2	48.5	8.2
住房条件	40.3	5.5	48.3	5.9
健康状况	40.4	17.4	37.3	4.9
家庭关系	35.4	4.1	56.1	4.4
婚姻情感	33.7	5.3	48.2	12.8

续表

项目	和现在差不多	越来越差	越来越好	说不清
心态情绪	33.5	12.3	47.0	7.2
人际关系	38.1	6.6	49.2	6.1
生活质量	32.4	6.8	58.1	2.7
生活环境	32.4	6.8	58.1	2.7
旅游休闲	28.8	9.2	57.9	4.1
就业/创业	34.3	10.5	44.7	10.5
教育保障	39.1	14.2	29.7	17.0
医疗保障	34.1	11.0	44.4	10.5
养老保障	31.5	7.1	54.2	7.2
归属感	29.7	4.6	53.0	12.7
自我价值实现	37.4	10.2	36.2	16.2

资料来源：谢雨峰.2019陕西公共获得感、安全感、幸福感调查分析报告［J］.新西部，2020（10）：46-57.

近年来，在国家的支持帮扶下，党和政府致力于发展经济、改善民生的举措大有成效，陕西人民的物质生活水平不断提升。在调查评价的十六项指标中，半数以上的受访者表示其生活质量、生活环境、旅游休闲等方面的感受是越来越好的。相比之下，在健康状况、教育保障、心态情绪等方面，不少受访者认为是越来越差的。由此可见，虽然陕西人民的基本物质生活得到了保障，但与之相对的是精神幸福感的缺失，尤其是在文化教育、医疗健康等领域，其需求仍有待满足。习近平总书记在十八届中央政治局常委同中外记者见面会上曾谈道："我们的人民热爱生活，期盼有更好的教育、更稳定的工作、更满意的收入、更可靠的社会保障、更高水平的医疗卫生服务、更舒适的居住条件、更优美的环境，期盼着孩子们能成长得更好、工作得更好、生活得更好。"陕西省幸福产业体系的建设将从人民所追求的层次更高的幸福产品着手，旨在发展与完善能够切实满足人民需求的幸福产业，逐步满足人民日益增长的精神文化需求，不断提升陕西人民的幸福感。

（三）构建幸福产业体系成为解决陕西经济转型现实困境的重要契机

陕西省作为我国西部地区的重要省份之一，是当前国家经济发展重点帮扶对象，因其先天条件较差、生产能力落后、发展动力不足等问题，陕西与东部发达省市相比，缺乏发展新兴产业的有利条件。陕西因贫困人口、贫困地区较多，部分地区受教育程度低、教育水平落后，乡镇农村生产、生活方式仍以旧式手工劳作为主，导致产业现代化、机械化程度低，服务业总量偏小，三次产业发展不均衡；现代农业、先进制造业、现代服务业等发展相对缓慢，产业内部发展不平衡；旅游资源亟待深度开发，文化产业发展不充分；生产性服务业投资、高技术投资占比偏低。上述问题一直是阻碍陕西经济转型的沉疴旧病，也是制约陕西经济高质量发展的瓶颈，要想带动陕西经济发展，势必要逐一解决这些问题。自“西部大开发战略”实施以来，陕西在战略推进中不断尝试调整产业结构，试图逐步摆脱原有经济模式的桎梏，实现产业转型。然而长久以来固有的产业已成为支撑陕西经济发展的支柱，产业转型并非一蹴而就。因此，为实现陕西经济转型，摆脱发展困境，势必要寻找能够替代原有产业并推动陕西经济绿色可循环发展的新型产业。

陕西省大力构建幸福产业体系，积极发展幸福产业，根据各市经济基础，在全省范围内有针对性地采取战略方针。基于陕西的历史文化传承、科研教育优势、环境资源禀赋，发展技术含量高、生态环境污染小、产业附加值大、可持续发展的现代化服务业。幸福产业坚持因地制宜，发挥陕西先天优势，推动产业转型，优化产业结构，在解决产业结构失衡问题的同时，发展替代产业，推动陕西经济高质量发展。

二、构建幸福产业体系是陕西实现经济社会目标的客观要求

（一）有利于产业优化，进而推动经济结构转型

陕西省下辖十个地级市，依据其各自独特的地理特征、气候环境等因素，分为关中、陕南、陕北三个区域。关中地区位于关中平原，由于北部紧挨黄土高原、南部毗邻秦岭山脉，因此地理形态类似于盆地地区，北方地区（秦岭淮河以北地区）冬季供暖系统形成的空气污染物难以充分扩散；陕北地区为黄土高原，但近几年随着生态文明建设的深化，部分地区的黄土已被成功治理，如榆林市毛乌素沙漠；陕南位于秦岭南部，具有丰富的自然资源，虽然近些年陕南地区的生态旅游业发展较为迅速，但经济增长动能依然以第二产业为主。

关中地区（2018 年常住人口数量 2399 万人，人口密度 0.04 万人/平方千米），包括西安、宝鸡、铜川、咸阳、渭南；陕南地区（2018 年常住人口数量 849.16 万人，人口密度 0.01 万人/平方千米），包括汉中、安康、商洛；陕北地区（2018 年常住人口数量 566.64 万人，人口密度 0.007 万人/平方千米），包括榆林、延安。2018 年，陕西省三次产业结构总体呈现出“二三一”的基本构成

（如图 1-1 所示），即第二产业比重较大，第三产业次之，第一产业比重最小。由此可见，第二产业在陕西省总体经济发展中占据重要地位，为经济增长的主要动能。

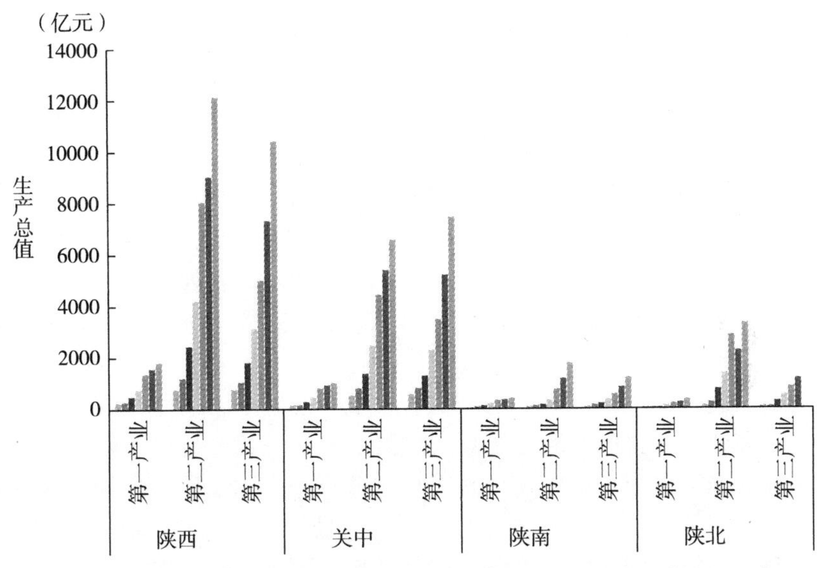

图 1-1　2000~2018 年陕西及三大区域生产总值及其构成

资料来源：《陕西区域统计年鉴》（2014~2018）、《陕西统计年鉴》（2019）。

陕西省为我国工业大省，在能源、化工、重工业、军工、航天等高科技制造业等方面具有相对优势。由图 1-1 可知，在陕北、陕南地区，第二产业比重明显高于第三产业。2000 年为西部大开发的元年，也是我国西部地区各项基础设施加速建设的重要年份，各个产业对能源需求巨大，陕北地区利用自身优势，大力开发煤炭、石油、天然气等资源；陕南则是以水能为主，加快水电资源的开发利用，各地区以此为基础发展资源经济，推动陕南地区经济增长，反映为第二产业比重明显过大。虽然资源经济在经济起步阶段发挥了巨大作用，但长此以往并非可行，资源经济的弊端和问题不断暴露，生态环境破坏、产业结构失衡、人民美好生活需求难以满足等一系列矛盾开始显露。从发展经济学角度来说，依赖自然资源的第二产业发展逐渐呈现疲软态势，未来将逐渐被第三产业取代，不再成为经济发展中后期的主要动能。

总体而言，陕西省第二产业占据较大比重，但在 2018 年关中地区第三产业显著高于第二产业，构建幸福产业能够发挥关中地区第三产业的基础优势。幸福产业主要由以服务业等新兴产业为主的第三产业组成，这类产业具有绿色低碳、增长潜力大、可持续性强等特点，大力发展幸福产业，引导资源、人才、资金向第三产业聚集，促进陕西幸福产业体系建设，助力陕西经济转型，优化陕西产业结构，是推动陕西经济高质量发展的必由之路。

（二）有利于赢得脱贫攻坚决胜局

陕西省作为国家重点扶贫区域，因其贫困面积大、贫困程度深而受到诸多关注。自脱贫攻坚目标确立以来，陕西省委、省政府着力解决省内贫困问题，坚持以科学规划为引导，加快对连片特困地区的扶贫支持，加大对贫困人口的帮扶力度，致力于不断消灭贫困地区、缩减贫困人口。截至 2019 年底，陕西全省贫困人口累计下降 737.66 万人，占 2010 年贫困人口的 97.57%；贫困发生率由 27.4%下降到 0.75%，累计下降了 26.65%，减贫人口数量及减贫速度均处于西北五省区的前列。十年间陕西贫困人口年均减少 73.77 万人，贫困发生率年均下降近 3 个百分点。

纵观陕西脱贫历程，由从前的“大抓大揽”到后来的“精准帮扶”，逐渐走向专业化、高效率，也因此取得了令人瞩目的显著成效，但由于陕西诸多特困地区产业基础薄弱，贫困人口中伤病残人员与孤寡老人占比较多，导致其脱贫基础不牢靠，返贫现象极易发生。如表 1-2 所示，虽然各年返贫人数逐年递减，但仍存在返贫现象。综上而言，随着脱贫攻坚进程的推进，陕西省贫困地区与贫困人口虽然不断减少，但在已脱贫人口中势必会存在一些“临界”人员，即刚刚摆脱贫困，却因其自身能力不足或发展水平受限而极易返贫的人员。因此，脱贫攻坚目标的实现不能过于重视数字脱贫，求一时之快，要强调脱贫效果的稳定性。

表 1-2　2015~2018 年陕西省建档立卡贫困户返贫情况

	2015 年	2016 年	2017 年	2018 年
返贫户数（户）	30288	40526	4646	556
返贫人数（人）	97885	122646	11434	1535

资料来源：胡清升．建立稳定脱贫机制　有效防止脱贫后返贫——以陕西为例［J］．新西部，2020（Z1）：91-96.

陕西省脱贫攻坚虽取得阶段性成果，但从长远来看，脱贫任务任重而道远，如表 1-3 所示，通过对比 2016~2018 年全国分地区农村居民人均可支配收入，陕西省虽然各年数据皆有增加，但与其他地区和全国水平相比依然存在差距。由此可见，陕西省脱贫攻坚目标在各项指标上虽已达成，其实际效果仍需巩固，贫困人口收入有待提升。

表 1-3　2016~2018 年全国分地区农村居民人均可支配收入　　单位：元

地区	2016 年	2017 年	2018 年
全国	12363.4	13432.4	14617
北京市	22309.5	24240.5	26490.3
天津市	20075.6	21753.7	23065.2
上海市	25520.4	27825	30374.7
江苏省	17605.6	19158	20845.1
浙江省	22866.1	24955.8	27302.4
安徽省	11720.5	12758.2	13996
福建省	14999.2	16334.8	17821.2
河北省	11919.4	12880.9	14030.9
山西省	10082.5	10787.5	11750
广东省	14512.2	15779.7	17167.7
河南省	11696.7	12719.2	13830.7
湖北省	12725	13812.1	14977.8
湖南省	11930.4	12935.8	14092.5
江西省	12137.7	13241.8	14459.9
山东省	13954.1	15117.5	16297
黑龙江省	11831.9	12664.8	13803.7
内蒙古自治区	11609	12584.3	13802.6
辽宁省	12880.7	13746.8	14656.3
吉林省	12122.9	12950.4	13748.2
广西壮族自治区	10359.5	11325.5	12434.8
海南省	11842.9	12901.8	13988.9
重庆市	11548.8	12637.9	13781.2
四川省	11203.1	12226.9	13331.4
贵州省	8090.3	8869.1	9716.1
云南省	9010.8	9862.2	10767.9
陕西省	9396.4	10264.5	11212.8
甘肃省	7456.9	8076.1	8804.1

续表

地区	2016 年	2017 年	2018 年
青海省	8664. 4	9462. 3	10393. 3
宁夏回族自治区	9851. 6	10737. 9	11707. 6
新疆维吾尔自治区	10183. 2	11045. 3	11974. 5
西藏自治区	9093. 8	10330. 2	11449. 8

资料来源：《中国统计年鉴》（2019）。

脱贫人口易返贫、脱贫人口收入低是陕西省现阶段脱贫攻坚继续推进过程中的突出问题。贫困地区因产业基础薄弱，资讯不发达，受到技术、医疗、教育等因素制约，这使当地已脱贫的人员在后续发展中动力不足，难以持久保障现有的生活水平，而幸福产业的建设将从根本上解决易返贫、收入低的脱贫难题。“授之以鱼，不如授之以渔”，解决脱贫难题的根本方法是帮助贫困人口自力更生。从李克强总理的幸福产业理论出发，构造陕西幸福产业，完善陕西幸福产业体系建设。从医疗健康、文化教育、住房安全、旅游产业等方面着手，在解决贫困地区当前难题的基础上，帮助贫困人口做到自给自足。

陕西省已进入最后攻坚时期，发展幸福产业将在这一关键阶段起到重要作用。幸福产业的建设将对不同贫困地区、不同贫困群体的致贫原因和脱贫难点做出针对性的发展方案，依托国家脱贫政策内容，打造适合地区发展的幸福产业，为陕西脱贫奠定基础。在保证脱贫效果稳定持久的基础上，通过幸福产业的发展完善，不断提高贫困人民的收入水平和文化水平，彻底阻断贫困现象的代际传递。

（三）有利于实现全面建成小康社会的社会目标

2020 年是实现全面建成小康社会这一重大社会目标的关键时期，全面小康社会不只是关注人民的物质生活，更关注人民的全面发展，人民幸福感提升也将成为社会建设目标之一。陕西积极构建幸福产业体系，发展一批符合经济高质量发展的幸福产业，对关系人民生活的产业进行合理规划，成为实现“全面建成小康社会”这一目标的动力机制。

在医疗健康方面，幸福产业坚持推进完善医疗健康体系构建，保证人民病有所医、老有所养，切实做到“生命为先、健康为首”，对于人民基本生理需求加以重视并落到实处，努力完善基本养老保险、基本医疗保险等社会保障制度。住房作为立世之本、生活之根，其重要性不言而喻，幸福产业建设针对居民住房提出新要求，在保证“人人有屋、户户有房”的基础上，不断改造完善住房环境与住房质量，满足人民的基本生活需要，完善“多主体供给、多渠道保障、租购并举”的住房制度，为人民群众的基本生活提供保障，致力于增强人民群众的获得感、幸福感。不仅如此，幸福产业将致力于推动文化教育普及，以帮助人民更多地了解世界资讯，学习先进技术，从思想上做到富足“小康”。就陕西而言，部分村镇工业基础薄弱、现代化水平较低，但自然、生物等环境资源相对丰富，对于这些地区的人民而言，一味追求专业化程度高、科技含量大的先进产业是不现实的。反之，利用当地天然具备的自然环境资源发展旅游、养老等服务性产业是更为长久的方式。综上所述，陕西构建幸福产业体系将综合考虑当地实际，积极发展与之相适应的幸福产业，秉承“经济实力增长、人民生活幸福、生态环境保护”三位一体的发展理念，推动实现全面建成小康社会这一重大社会目标。

（四）有利于为第二个百年奋斗目标的实现奠定基础

党的十九大报告指出，党的十九大到党的二十大，是“两个一百年”奋斗目标的历史交汇期。我们既要全面建成小康社会、实现第一个百年奋斗目标，又要乘势而上、开启全面建设社会主义现代化国家的新征程，向第二个百年奋斗目标进军。“两个一百年”的奋斗目标虽在具体阐释和目标设定上有所不同，但究其本质仍是实现经济高质量增长、人民生活幸福。

回首发展历程，在过去较长一段时期内，陕西经济增长依赖粗放式的资源经济发展方式，在取得经济成果的同时，也付出了巨大的代价，最显著的弊端就是为追求经济速度的高增长率而错失产业调整和结构改革的最佳时机，短期内尚且看不出差别，但就长远而言，其经济发展的持续性和稳定性令人担忧。建设幸福产业体系将弥补陕西经济发展的短板，转变陕西经济发展方式，保持有质量、同结构调整方向相适应、有利于区域协调发展的经济增长模式。此外，人民幸福也是百年计划关注的重点。进入新时代，随着经济发展水平的提高，人们对文化教育、医疗环境、社会保障等都提出更高的要求，对美好生活的向往更加强烈。陕西发展幸福产业正是立足于人民对美好生活的需求，最大程度满足人民诉求，努力建设富强、民主、文明、和谐、美丽的现代化社会，完善社会保障制度，处理好经济发展效率与人民生活幸福问题，为实现第二个百年奋斗目标奠定基础。

三、构建幸福产业体系是实现陕西人民美好生活的重要路径

（一）有助于缓解传统产业的负面影响

改革开放的推动和市场经济的发展，使陕西经济水平有了显著提升，但长期

依靠第二产业和资源经济的发展模式也给陕西日后的经济发展带来了众多消极影响。首先，产业结构失衡，陕西依托机械化工等重工业的历史积淀和产业基础，在经济建设初期尚且能够持续发展、产生经济效益，但当经济发展到一定水平时，原有产业将逐渐面临更新换代。陕西想要依靠第二产业发展来带动经济增长并非长久之计，结构失衡、产业淘汰将成为陕西经济转型发展面临的重大危机。其次，陕西经济发展动力不足，过去陕西经济发展多以能源、化工等工业为主，发展水平较低，缺乏科技创新，高端产业较少。随着产业更迭和经济转型，原有产业已不再适合继续发展，但因其根深蒂固的影响导致陕西经济发展缺乏转型动力和升级能力。陕西固守旧有产业，错失了新一轮科技新兴产业的发展良机，导致经济发展后劲不足。最后，陕西经济发展依赖能源经济，粗放式发展、高耗能高排放的模式带来了众多问题，资源大量浪费、生态环境污染、产业发展可持续性低。

构建幸福产业体系，将从转变传统经济发展方式着手，坚持科技创新和制度创新，积极吸纳高质量人才，发挥人才优势，引进发达国家的先进技术；利用后发优势，转换增长动力，促进经济发展，优化产业结构，调整发展模式，摒弃以往单纯追求速度和量的发展方式，向质量效率型的集约增长模式转变；以提高经济发展的质量、效益为中心，推动形成绿色可循环的产业体系；坚持生态优先和绿色发展的基本原则，做到经济发展与环境保护两者兼顾，坚持在保护中发展、在发展中保护，走出一条资源消耗少、环境污染小、科技含量高、经济效益好的可持续发展之路；牢固树立“保护生态环境就是保护生产力、改善生态环境就是发展生产力”的理念，实现经济高质量发展和生态环境保护共赢；服务绿色发展，建设资源节约型、环境友好型社会，以适应经济现代化发展的新要求，走出一条质量高、效益好、结构优的发展新路。

（二）有助于满足人民物质与精神生活的多元需求

幸福产业涵盖旅游、文化、体育、健康、养老等众多方面，在经济社会发展尚未达到较高水平时，旅游、文化、体育等产业服务仅是部分富裕人口的生活需求，但随着生产力的发展、人民生活水平的提升，在全面建成小康社会后，这些将成为当前人民对美好生活需要的必需品。人们幸福感的提升不再来自于马斯洛需求层次理论的初级需求的满足，更高层次的需求越来越成为幸福感提升的重要影响因素。旅游能体现人们对美好生活的向往，也是最能增强人们幸福感的消费方式，发展旅游业是满足人民对美好生活需求最直接的路径。随着我国人口老龄化趋势的加重，健康、养老成为大部分人都会关注的民生问题，也是为人民提供生命生活保障的基础服务，健康养老产业的完善是在为人们消除后顾之忧，从侧面着手提升人民的幸福感。

陕西省对幸福产业体系的建设将从人民美好生活需要的各个方面着手，旨在发展与完善满足人民需求的幸福产业，提升陕西人民的幸福感。构建幸福产业体系有利于发挥各个产业对经济高质量发展的促进作用，为就业创造巨大空间。各个产业的发展不仅为人们提供了多样化、高品质的幸福产品与服务，还为人们非物质精神领域的需求提供了保障，不断满足人民物质与精神生活的多元需求，提升陕西人民的生活满足感、幸福感。

（三）有助于推动陕西城乡一体化高质量协调发展

随着我国社会主义市场经济体制的逐步建立，城乡之间的联系不断增强，农村经济有了长足发展，农民收入增加，生活水平提高，但城乡发展仍未进入良性互动的轨道。城乡之间的发展差距不仅表现在文化教育、科技体育、医疗健康等方面，更基础的问题表现在农民人均收入增长远落后于城市。城乡居民的收入差距是影响城乡协调发展的关键因素。此外，城乡公共资源配置不均衡、生态环境破坏等问题也是影响城乡一体化发展的重要原因。虽然党和国家为支持西部地区发展积极采取了帮扶政策，西部大开发战略的实施也为其发展提供了前所未有的历史机遇，但城乡发展不协调的现象尚未根本改变，促进西部地区城乡一体化发展成为迫切需要解决的问题。

表 1-4　陕西城乡居民人均可支配收入

年份	2015	2016	2017	2018
城镇居民人均可支配收入（元）	26420	28440	30810	33319
农村居民人均可支配收入（元）	8689	9396	10265	11213

资料来源：《陕西统计年鉴》（2016~2019）。

如表 1-4 所示，近年来陕西居民人均收入与消费支出都在稳步增长，但是城乡居民收入仍存在显著差距。发展幸福产业有助于推动战略性新兴产业发展，加快发展现代服务业，推动生产性服务业建设，打造文化产业新业态，推动文化与旅游、科技、体育等产业的深度融合，依据陕西特色文化、自然资源，发展一批具有长远前景且社会、经济效益良好的第三产业，带动陕西尤其是陕西乡村经济发展，改善全省人民的生活水平，提升乡村人民的收入状况。不断建设完善社会保障体系，实现公平分配，保障乡村贫困人口的基本生活、缓解社会风险、平衡收入差距，促进城市与农村协调发展，为城镇与农村居民提供幸福产品以及普适性的社会保障服务，切实提升人民的幸福感。

（四）有助于形成“高质量人力资本积累—经济高质量发展”的良性互动机制

当前，我国经济已迈入高质量发展阶段，推动经济高质量发展的关键是实现高质量人力资本积累。当整个行业劳动者的综合素质有所提升，其产业劳动生产率将大大提升，高质量的人力资本有利于带动产业升级转换，推动产业向技术知识密集型发展。高素质劳动者相较于接受初等教育的劳动者而言，必然具有更强的创造性，当整个产业的创新能力和劳动生产率得到普遍提升时，势必能够推动行业进步，进而促进经济高质量发展。陕西是我国著名的科研教育大省，其科教实力出众，职业院校和科研机构的数量位居全国前列，是我国科研院校和高新技术产业发展的重要基地，更是全国高校最为集中的城市之一。如图 1-2 所示，陕西省各类院校、职业技术学校达上百所，在校人数及招生人数多达上百万人，有“世界一流大学建设高校”三所，“世界一流学科建设高校”五所，所涉及的专业学科涵盖医疗健康类、文化服务类、高新技术类等众多学科，陕西丰富的科研教育资源，是实现陕西高质量人力资本积累得天独厚的优势禀赋。

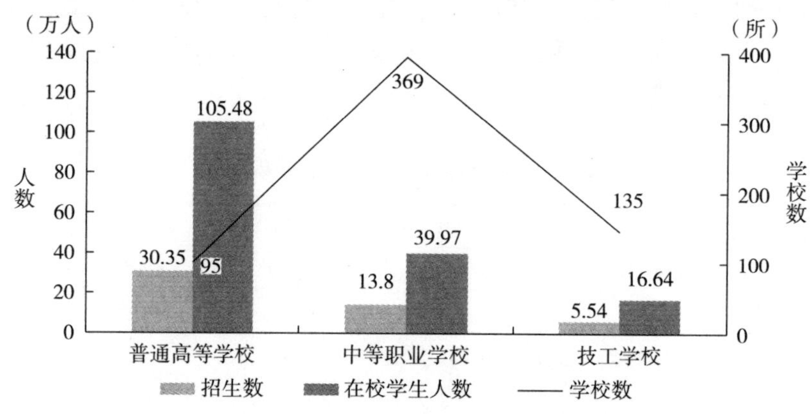

图 1-2　2018 年陕西省各类学校情况统计

资料来源：《陕西统计年鉴》（2019）。

2020 年《中共中央、国务院发布的关于新时代推进西部大开发形成新格局的指导意见》（以下简称《意见》）指出，西部地区需要形成大保护、大开放、高质量发展的新格局。该项政策中的“高质量”一词意味着未来陕西发展需要更多的创新意识，转变旧有观念，寻找适合陕西发展的“新路子”。《意见》指出，积极发展大数据、人工智能和“智能+”产业，大力发展工业互联网。推动“互联网+教育”“互联网+医疗”“互联网+旅游”等新业态发展。陕西幸福产业构建可依托国家相关发展战略，发挥高等教育、科研实力、人力资源等优势，大力发展幸福产业，为建设幸福陕西“添砖加瓦”。幸福产业囊括教育、医疗、旅游等众多方面，其所涵盖的完整产业链为陕西人民提供了不同层次多元化的幸福产品，不断满足人民对幸福生活的精神诉求。产业体系的成功建设也将吸引人才、吸纳资本，推动陕西人力资本高质量积累，带动陕西科研教育蓬勃发展，进而促进陕西经济发展，形成良性互动机制，为幸福陕西建设注入源源不断的活力。

四、构建幸福产业体系是实现陕西经济社会发展战略的关键举措

（一）推动西安国家中心城市建设

2018 年国家发展和改革委员会正式发布《关中平原城市群发展规划》，明确提出建设西安国家中心城市。继北京、天津、上海、广州、重庆、成都、武汉、郑州之后，西安成为我国第九个国家中心城市。国家中心城市作为中国城镇化体系的最高级别，不仅需要自身具有强大的经济实力和发展动力，更重要的是在一个区域内发挥主心骨的示范作用，作为经济发展的新引擎，其占据各城市群发展的核心地位。然而，西安当前的现状与国家中心城市的规划定位仍有差距，如表 1-5 所示，在 9 个国家中心城市中，仅西安的地区生产总值未达到万亿元，至于人均地区生产总值也仅高于重庆。可见，西安与其余国家中心城市相比略显不足，其经济发展水平和辐射能力明显落后，经济增长极作用尚未彰显。

表 1-5　2018 年国家中心城市经济发展情况统计表

城市	地区生产总值（亿元）	人均地区生产总值（元）
北京	33105. 97	153095
天津	13362. 92	85757
上海	36011. 82	148744
广州	22859. 35	155491
重庆	21588. 80	69901
成都	15342. 77	94782
武汉	14847. 29	135136
郑州	10143. 32	101352
西安	8349. 86	85114

资料来源：国家统计局，2019 年。

陕西省是我国科教文化大省，西安作为陕西的省会城市，在发展幸福产业方面具有极大的基础优势。根据李克强总理的“五大幸福产业”理论，即旅游、文化、体育、健康、养老，西安在众多方面极具发展前景。随着我国人均收入水平的提升，旅游日益成为人民消费的重要领域，作为幸福产业之首，旅游业对经济发展的重要作用不言而喻。《中华人民共和国2019年国民经济和社会发展统计公报》数据显示，2019年国内旅游游客60.1亿人次，比上年增长了8.4%，国内旅游收入57251亿元，增长了11.7%。西安市为我国十三朝古都，拥有深厚的文化底蕴和较多的历史名胜，是发展旅游业的绝佳条件。当前，国民对生活质量不断提出新要求，健康养老一再成为人民重点关注的新兴产业，与之相关的体育产业地位也愈显突出。

构建幸福产业从上述领域出发，既是为了提升西安经济的增长速度，推进西安建设国家中心城市，又是为了建设“幸福西安”，提高西安在全国的影响力和竞争力，以此来吸引各类优秀人才，为西安发展注入生机、活力。而大量优质人口的入驻，不仅扩大了城市自身的消费需求，促进了产业结构的转型升级，还强化了西安市对周边地区（关中地区乃至陕西全省）的经济增长极地位和作为我国国家中心城市的核心功能。

（二）引领关中城市群协同发展

2018年国家发改委正式发布《关中平原城市群发展规划》，明确提出要科学确定关中平原城市群边界和空间结构，要在2035年将关中平原城市群建设成为经济充满活力、生活品质优良、生态环境优美、彰显中华文化、具有国际影响力的国家级城市群。同年12月陕西省政府办公厅印发的《陕西省〈关中平原城市群发展规划〉实施方案》指出，关中平原城市群以西安为核心，横跨陕西、山西、甘肃三省，在国家现代化建设大局和全方位开放格局中具有独特的战略地位。明确了陕西省推进关中平原城市群建设的八项主要任务，并提出力争到2035年，关中平原城市群质量得到实质性提升。关中平原城市群地处西北、西南及东部交会处，以西安为核心，包含咸阳、宝鸡、渭南、商洛、临汾、运城、天水等11个城市以及杨凌农业高新技术产业示范区，是我国重要的城市群发展战略之一。

当前，关中城市群经济体量远不及京津冀、长三角等发达地区的城市群，经济发展水平也是参差不齐，总体来看，仅西安、宝鸡、咸阳尚且可观，铜川、渭南等地城市规模较小、产业发展缓慢、吸引外资能力较弱。不同城市间的产业基础差异、资源配置能力、教育文化水平都在影响其发展前景。其中，西安、宝鸡、咸阳、渭南等城市的产业分布存在严重的同质化现象，即大都以机械、化工等为主要产业；临汾、运城作为资源型城市，因其丰富的能源资源，产业多为资源型工业，但并未与其他城市的产业形成互补互助模式，导致关中平原城市群的整体经济发展受到限制。此外，关中城市群因其丰富的自然资源，使资源型产业在城市经济发展中起到较大的作用，但也对关中城市群的生态环境造成了不可忽视的影响。水污染、大气环境污染、水土流失、土质破坏等问题严重制约了关中城市群的发展。

构建幸福产业体系有助于发挥陕西尤其是西安对关中地区的引领作用，强化西安作为关中城市群的龙头作用，全面提升经济发展水平，带动产业聚集效应，推动科技创新，大力发展枢纽经济和门户经济，着力打造内陆改革开放新高地。幸福产业的建设将在改善生态、恢复环境等方面发挥积极作用，推动关中平原城市群协同发展。

（三）促进西部大开发战略纵深化实施

陕西省作为西部大开发的重点区域，经过多年发展，陕西的地区生产总值逐年提升，GDP 占国民生产总值的比重日益增加。2020 年中共中央、国务院发布《关于新时代推进西部大开发形成新格局的指导意见》，该文件指出为推进西部大开发形成新格局、顺应中国特色社会主义进入新时代，党中央、国务院从全局出发，推动形成现代化产业体系，支持教育高质量发展，提升医疗服务能力，健全养老服务体系，强化公共文化体育服务，加快形成西部大开发新格局。

经过多年的发展，陕西的变化显而易见，但西部大开发作为一个长期规划，并非一朝一夕就能完成，长久以来积累的问题难以在短期内迅速解决，陕西地区仍存在问题和短板。与东部发达地区相比，经济发展质量相差甚远，产业结构仍然存在失衡问题，不同地区的教育水平差距明显，医疗保障体系覆盖程度参差不齐。初期粗放式的发展模式导致许多地方生态资源损坏、环境污染严重，虽然经济增长速度位于西部大开发 12 个地区之首，居民收入增长较快，但是人民幸福感却难以得到满足。建设幸福产业是解决上述问题的必要方式，幸福产业是以旅游、体育、健康等新兴产业为代表的第三产业，这类产业受资源环境的约束较小，较为绿色环保，专业技术含量也较高，产业附加值大，对于经济增长的推动具有可持续性；生态文明建设和环境保护是西部大开发战略的重点任务，然而长久以来陕西以第二产业为主的发展方式，使当地环境遭到严重破坏，幸福产业的建设是发展以服务业为主的第三产业，其在调整产业发展方式、合理布局产业结构上占据关键地位，对于生态环境恢复和自然资源保护同样具有重要作用。文化教育产业的逐步发展提升了人民的文化水平，为西部大开发战略的有效实施提供了技术人才支撑。建设幸福产业在促进西部大开发战略纵深化和提升人民幸福感方面具有双重效用。

（四）推动“丝绸之路经济带”高质量发展

2013年习总书记提出建设“丝绸之路经济带”，这一构想的提出，不仅为我国周边外交营造了良好的发展氛围，还为陕西经济发展带来了新的机遇。陕西作为“丝绸之路经济带”的重要节点，是战略实施的核心区域，其所处的地理位置和悠久的文化积淀，使陕西在未来发展中呈现出较大潜力。自然资源丰富、工业基础雄厚、物流交通便利等众多因素使陕西在对外贸易中颇具优势，因而能够寻求更多的发展机会。构建幸福产业体系有助于加快陕西产业聚集，提升产业凝聚力，强化竞争实力，推动科技创新，充分发挥陕西在科技文化方面的基础优势，建设层次较高、科技水平先进的现代化新兴产业，不断完善产业链，推动出口产品的多元化，带动“丝绸之路经济带”发展。

同时，外贸交易需要大量专业人才依据现实情况帮助解决外贸交易中的种种问题。陕西是我国文化教育大省，培养人才的高校众多，人才的专业素质较高。然而从长期来看，陕西整体发展对人才而言并不具备较大的吸引力，这是制约陕西经济发展的关键性因素。人才流失始终是欠发达地区存在的通病，因为高素质人才对生活品质、城市现状、发展前景等方面具有一定要求，这就造成陕西虽然能够培养人才，但却难以留住人才，导致流失情况严重，直接影响了城市建设和经济发展。基于陕西的教育优势和资源禀赋，大力发展幸福产业，建设美好陕西，积极发展幸福产业，提升陕西人民的幸福感，增强自身的吸引力，为产业发展提供立足之本，为“丝绸之路经济带”发展积蓄人才。

构建陕西幸福产业体系有助于产业结构优化升级，生产多元化的幸福产品，提供优质、便捷的幸福服务，以“丝绸之路经济带”为依托，促进沿线国家的贸易往来，推动“丝绸之路经济带”高质量发展。

第二节　研究目标与思路

一、研究目标

本书拟分析如何构建陕西幸福产业体系，根据当下陕西经济发展的瓶颈与侧重点，使幸福产业建设贴合陕西经济发展的实际情况。

其一，拟研究陕西幸福产业发展，要对陕西省经济发展进行整体把握，深入了解陕西经济当前面临的困境与发展差距，根据当前经济发展现状制定经济转型战略，找到幸福产业建设和经济战略重点的契合点，分析幸福感与人民需求之间动态关系，将人民需求放在首位，目标在于构建完备的幸福产业，破除旧的经济发展理念，从而使幸福产业在基本物质生活需求及更高层次的精神文明需求等方面均能够为陕西人民提供促进个人全面发展的幸福产品与服务。同时，突破陕西省经济发展瓶颈，进一步促进陕西经济高质量发展。

其二，对于陕西幸福产业研究，要形成符合陕西发展特征的产业模式。总体上，突出“以人民为中心”的发展理念，在保障人民基本物质需求满足的基础上解决精神文明需求供给相对不足的局面。微观上，陕西幸福产业的建设能够满足陕西社会经济发展的需要，提升人民的幸福感，促进个人的全面发展，有利于陕西省人力资本的积累；宏观上，幸福产业的建设冲击了传统“二三一”的产业模式，消除了传统工业造成的生态环境等问题，刺激了陕西产业的经济转型，进一步促进了高质量经济发展。

其三，社会保障制度的构建是为了促进陕西幸福产业的发展，对陕西社会保障制度发展中存在的问题进行改善，两者相辅相成，以幼有所育、社会公众劳动可以有稳定回报、人民的身体健康得到更全面保障、老年人养老问题优化解决、缩小城乡地区以及收入发展差距为新的战略目标。幸福产业的自身发展容易产生分配不公问题，因此，社会保障制度要重点保障低收入人群与中产阶级，解决收入差距造成的生活水平差异化问题并向全社会提供基本保障。重点优化分配，促进社会公平正义，推动全面建设小康社会的步伐。解决幸福产业的分配不公平、供需失衡问题后，促进陕西经济高质量发展。此外，陕西的经济发展与其他发达省份相比处于落后局面，城乡收入差距大，人均收入水平低，社会保障制度的建设规避了收入差距过大和分配差异问题导致的幸福感降低进而激化社会矛盾的情况，让陕西人民在幸福产业发展中充分获得满足感，形成“幸福陕西”的良好社会氛围，让人民更积极地投身于陕西经济建设，为陕西省经济建设取得突破进展增添活力。

二、研究思路

首先，分析目前陕西经济发展面临的主要问题与经济转型面临的巨大挑战，说明幸福产业建设是符合新时期陕西经济发展需要的，帮助陕西突破发展瓶颈，实现经济结构升级；其次，以幸福感的概念为中心，研究幸福感形成的各个阶段和幸福产业相关的概念，以人民需求与幸福感的动态关系为基础，为陕西幸福产业体系的构成和分类提供理论依据，通过对比分析将产业发展经验应用于陕西幸福产业建设，提供实践指引；最后，分析陕西社会保障制度的现状、发展重点，促进陕西社会经济的稳定发展。

具体研究思路与内容如图 1-3 所示。

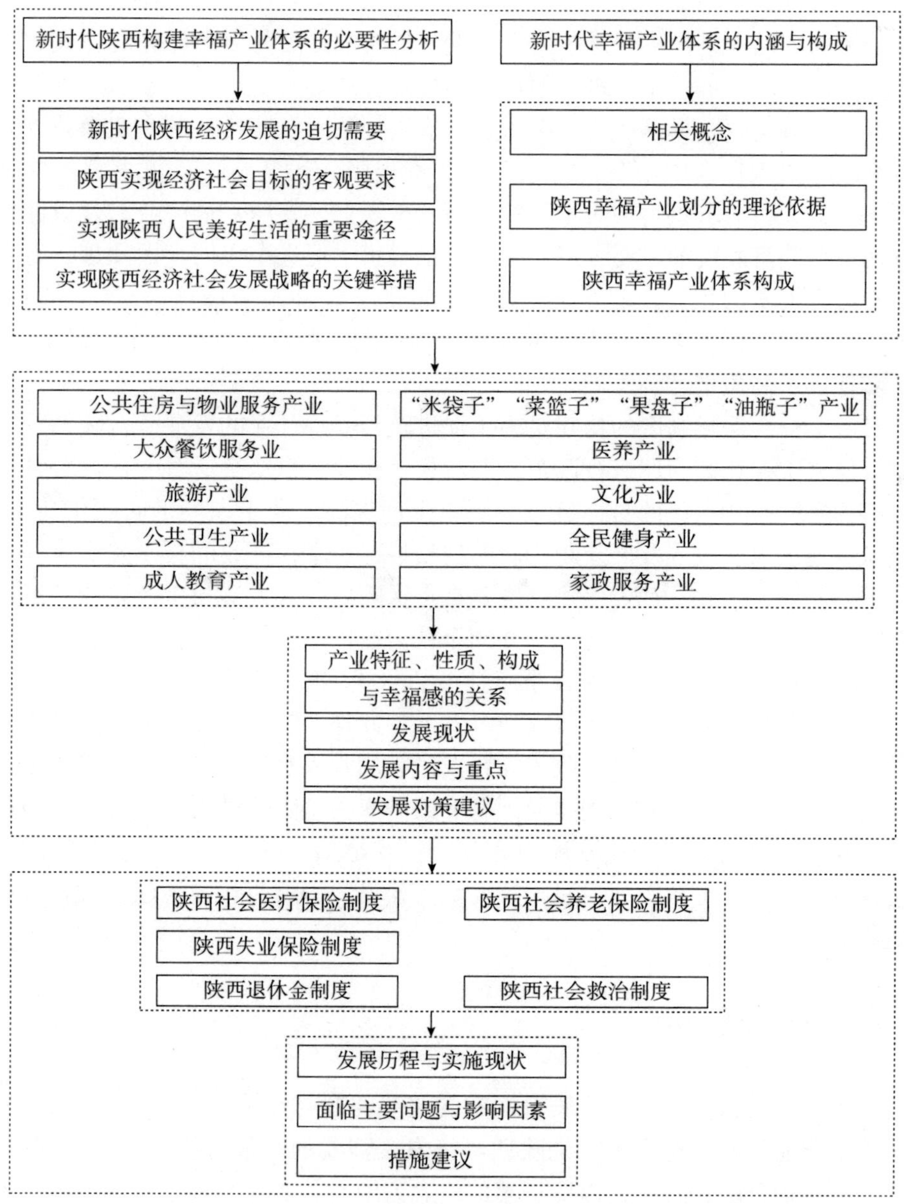

图 1-3　构建幸福产业体系：新时代陕西经济发展的战略重点研究框架

第二章
新时代幸福产业体系的内涵与构成

第一节　相关概念

一、公众幸福

直至 20 世纪 90 年代，公众幸福的概念从传统的快乐主义幸福感逐渐向最大程度地实现自我潜能以获得幸福感转变，公众幸福的定义需要结合个人价值需求和客观条件，即公众幸福是居民个体根据个人设定的标准对生活质量所做出的情感和认知性的整体评价与感受。因此，公众幸福逐渐与心理学、经济学联系起来，公众幸福感研究被赋予越来越重要的现实意义。

公众幸福的心理学解释。公众幸福感作为一种主观的体验，是个体根据个人设定的标准对生活质量所做出的情感性和认知性的整体评价与感受，包括大多数人所谓的幸福、成就和生活等多方面的心理满意度。心理学家从行为科学的角度研究个人幸福感，并提出幸福感的三种界定标准：个体自我评价、内在情绪和外界标准，促使从心理学的角度解析出公众心理幸福感、公众主观幸福感和公众社会幸福感三个视角。公众心理幸福感依据个体自我评价，定义为公众个体心理机能发展的良好状态，包括自我接受、机能自主、个人成长、生活目的、人际关系和环境控制等方面；公众主观幸福感依据内在情绪，定义为公众对当前自身生活状况的积极评价，包括生活态度、积极和消极的情绪；公众社会幸福感依据外界标准，定义为公众对生活层面的社会状态的积极评价，包括社会接受、社会实现、社会贡献、社会和谐和社会整合等不同方面的满意度。综合以上多种心理学视角，公众幸福是公众对生活、自身、环境都感到满意的一种心理状态。公众幸福不仅能表现出自身的身体健康与生活快乐，还能保持与外部环境和谐共生的状态。

公众幸福的经济学解释。公众幸福作为一种主观感受，同样属于经济学的研究领域，经济学的研究建立在人的主观感受的基础上，其中效用被用来衡量人的快乐、享受和满足的程度。经济学家在“理性人”的前提下，将幸福等同于最大效用。在萨缪尔森提出的幸福方程式中，将幸福定义为效用与欲望比值的最大化。经济学家重新对幸福感研究产生兴趣，这是因为所谓的“Easterlin 悖论”。第二次世界大战以后，美国的人均实际收入有了显著的增加，但是所观测到的幸福感水平并没有相应地提高。并且这一现象在美国、英国、日本等很多发达国家均得到了验证。基于既有的“Easterlin 悖论”，对公众幸福的解析主要从以下三个方面展开：①非收入因素的影响。许多非收入因素，如健康、家庭、休闲等，也影响人们的幸福。如果非收入因素与收入因素负相关，那么随着 GDP 的增长，许多影响幸福的非收入因素会消失，从而抵消收入因素带来的正面作用，使幸福感水平保持不变。②相对收入的影响。当社会变得更富裕时，个人的绝对收入提高，但是相对收入并没有提高，因此总效用水平保持不变。③适应水平理论。人类对环境的积极变化具有调整适应能力，人们的收入提高后，通常会较快地形成一种对高收入自动适应的心理习惯，以致于经济条件的改善对提高主观幸福水平不能产生任何实质性的影响。这好比水车在不断地做上升运动，但每次新的上升后都会回到原点。

二、幸福产业

（一）幸福产业的概念

关于幸福产业的概念，目前学术界尚未作出统一的界定，幸福是这个概念需要强调的。

一方面，从狭义的幸福精神文化层面对幸福产业进行解构，聚焦于幸福概念本身，形成狭义的幸福文化产业的认知。幸福产业的概念最早来源于中共十七届五中全会提出的发展文化产业，也就是精神文化产业。幸福文化产业是指以幸福为价值取向，以幸福观为主要内容，通过落实正确的幸福理念而形成的一种合理的、科学的文化产业。广大民众依照幸福的原则决策、行动，从而得以科学地享受、获取幸福生活。要想让全体人民的幸福感不断攀升，就要大力推进幸福文化建设。从整体看，我国的幸福文化建设迎来了幸福文化的大繁荣，社会发展被以开放、幸福、和谐、先进为要求的幸福文化建设所引领。这种精神层面的幸福导向是对心灵层面的诉求的直接体现。

另一方面，学者主要从幸福涉及的生活的服务性层面对幸福产业进行解构，聚焦于人民幸福生活的向往，形成广义的幸福文化产业的认知。广义的幸福产业的相关概念较多地集中在消费性服务业认知层面。消费性服务行业是我国“十一五”规划中提出和强调的概念，消费性服务业又称为生活服务业、民生服务业，为适应居民消费结构的升级趋势，继续发展主要面向消费者的服务业，扩大短缺服务产品供给，满足多样化的服务需求，消费性服务业是市场化的最终消费服务。消费性服务业涉及生活的方方面面，主要包括商贸服务业，房地产业，旅游业，市政公用事业，社区服务业，体育产业。这种生活性的幸福导向是对日常生活质量诉求的直接体现。

综合幸福文化和消费性服务的双重认知，以及个人精神层面和日常生活质量的诉求，可以看出，幸福产业是绿色产业，幸福产业是中高端产业，幸福产业是朝阳产业，幸福产业是人民对美好生活的需要和向往，高质量的发展离不开幸福产业的支撑。幸福产业表现为以满足人由生存到发展的多元幸福诉求为导向，以健康、绿色、时尚、智慧为特征的新兴产业。因其与人民的生活质量和公众幸福感相关，因而被称为幸福产业。

（二）幸福产业主体因素的构成

幸福产业不仅仅是产业，更需要强调的是幸福。任何产业的发展都离不开内外部环境的共同影响，从幸福产业的主体出发，主要涉及以下几个方面：

1. 需求方

社会中的每个人以及组成的家庭。我们每个人作为劳动者在幸福产业中是需求者，通过劳动所得来获取幸福感。

2. 供给方

政府和企业。政府和企业制定相应的制度和规范来开展生产活动，承担支付报酬的任务，同时也激励着每个人为幸福产业付出劳动。

3. 公共产品

公共产品的提供为社会公众带来了幸福感，因此政府还承担着幸福产业的投资角色。政府控制产业的发展方向，掌握发展的质量，通过政策调节引导幸福产业的各项活动。因此，幸福产业的三个相关主体供给、需求和制度共同组成了幸福产业的发展主体因素（见图 2-1）。

（三）幸福产业主体的影响因素

1. 需求影响面

（1）需求变化。幸福产业的需求变化引导了发展方向，有着需求层次的变化，在心理上和生理上都有需求的变化。随着人们物质生活水平的不断提高，对

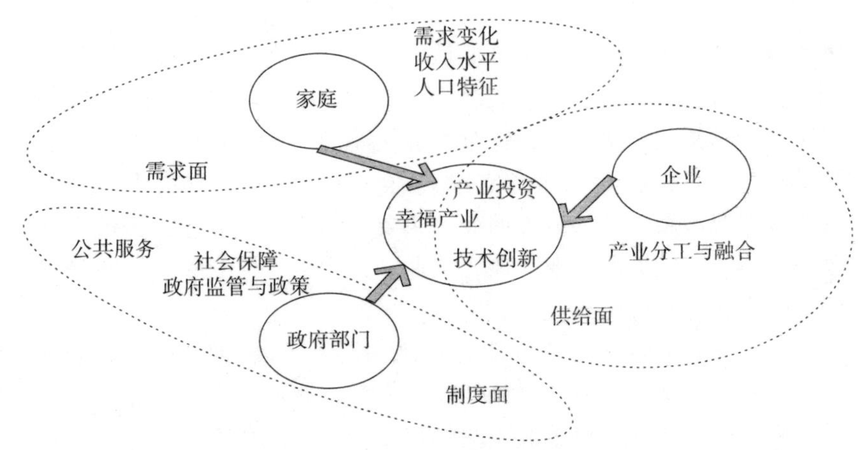

图 2-1　幸福产业发展的影响因素

美好生活的追求是每个人的向往，吃、住是最基本的生理需求，更加舒适、便捷的生活追求才是更高层次的追求。因此，对幸福生活的向往是幸福产业需求的变化演进方向。

（2）收入水平。幸福感的获得与公民的经济情况呈现正相关的关系，当经济水平较高时，在人们基本的衣、食、住、行需求得到满足后，人们往往会对幸福感需求有更高层次的追求。

（3）人口特征。当前，各国家人口出现了显著特点，一是老龄化，更多的老年人对健康、幸福生活有了更加强烈的需求；二是随着经济发展，由经济水平提高所带来的幸福感减少。

2. 供给影响面

（1）产业投资。幸福产业投资的有健康、旅游、医疗、养老等行业，是一个资本和劳动密集的新兴产业，这些企业的成长、行业规模的扩大都源于投资力度的加大。投资的注入，能够加速企业成长、规模扩张，同时也会带来同业竞争，推动行业的规范和标准发展，促使新兴的幸福产业从萌芽到成熟。

（2）技术创新。幸福产业的发展离不开技术创新，可以通过以下方式来实现：一是将技术创新手段运用在健康、旅游、医疗、养老等领域，促进企业生产效率提高；二是通过技术创新，激发、引导幸福产业需求，主动创造幸福，而不是因需求而被动提供幸福，强有力地推动幸福产业的发展进程。

（3）产业分工与融合。幸福产业的发展从根本上讲，不仅提高了社会个人的基本生活需求水平，还通过分工让行业细化，增加了健康、旅游、医疗、养老等行业的环节，提高了服务水平，形成了专业化。而且还通过产业融合使各行业之间的联系紧密，推动了幸福产业的整体均衡发展，形成了绿色、健康、幸福的产业形态。

3. 制度影响面

（1）公共服务。政府需要提供具有医疗、教育等公共产品的设施保障，制度的制定、产业的发展情况等都是幸福产业发展的外部环境。整体社会氛围影响着幸福产业的发展，对社会个人的心理幸福感的获得具有重要意义。

（2）社会保障。社会保障是为了人民的幸福而存在的，更注重公平性。当社会中的个体发生困难时，社会保障会提供其满足一定生活水平的福利；同时满足社会稳定与和谐发展的基本生活物质条件。

（3）政府监管与政策。政府利用政策的制定、专项规划的实施，关注百姓关心的热点民生问题，择优扶持，推广创新方法，达到示范的效果；构建健康培训咨询、管理与服务、数字教学等幸福产业平台，利用技术创新，不断完善产业环境，带来更幸福的新体验；建立政策、税收倾向、金融等有建设性的扶持幸福产业，完善幸福产业体系。

幸福产业通过需求、供给、政府三个维度下的九个方面共同影响，有助于加快幸福产业的发展进程。

第二节　陕西幸福产业划分的理论依据

一、幸福感形成的三个阶段

近年来陕西经济水平不断提高，陕西省国民幸福指数的总体发展水平也随之不断提升。陕西省除了追求经济的增长以外，还追求人民的美好幸福生活。而发展幸福产业是实现陕西省经济高质量发展和提升人民幸福感的一个重要手段。一个人幸福与否基本取决于自身对当下生活的整体评价，其中幸福感的形成主要分成了以下三个阶段。

首先是感知幸福，主要是人们生理和安全需要上的满足，在这一阶段更注重物质条件，主要体现为居民生活水平的提高。其次是维持幸福，主要是人们情感归属需求的满足，是建立在一定物质基础之上的、立足于当下的幸福感。最后是提升幸福，主要是人们尊重需求及自我提升需求的满足。该阶段人们的物质需求和精神需求有了显著的提升，并由此形成了新的、迫切的需求。

幸福感是层层递进的，是在逐步满足自己的既定需求之后所获得的一种幸福体验。只有感受到幸福并加以维持，才能进一步提升人们的幸福感。感知幸福是维持幸福与提升幸福的基础和必要条件。当人们的基础需求满足之后，将会产生新的、更高层次的需求，而提升幸福则是感知幸福与维持幸福的进一步升华。

（一）感知幸福

感知幸福的本质是指人们刚开始获得一定的满足，现阶段的物质和精神诉求初步达到既定目标，然而新的需求并未产生，因此这一阶段的幸福感源于对既有目标的完成，是与过去做比较而获得的满足感。同时，这一阶段的满足感更多来自于物质生活的丰裕。

1. 感知幸福阶段的主要需求

保障人民在感知幸福阶段的生理安全需求，是提升陕西省人民幸福水平的重要基础。在感知幸福阶段，主要需求为生理和安全需求。生理需求是人们基础的维持正常生活的需求；安全需求是为了避免自身生命受到威胁的需求。

2. 感知幸福阶段的主要特征

感知幸福阶段的主要特征是人们“有所得”，主要受到物质财富因素的影响。相比过去，人们现阶段的物质和精神诉求已经基本满足，并且暂时未产生新的需求，主要体现在收入水平和社会福利保障方面。

3. 感知幸福阶段的满足基础

国家的繁荣昌盛是人们的强大依靠和感知幸福的基础，但是人们感知幸福还需要一定的物质基础，也就是收入水平的提高。

财富是人民感知幸福阶段极为重要的影响因素和必要条件。数据显示，截至2019年底，陕西省农村居民人均可支配收入为12326元，纳入农村低保35.23万户，共计85.66万人，可以发现陕西省中低收入群体满足感知幸福的愿望依然强烈，而物质财富的积累是满足人民感知幸福需求的基础。

（二）维持幸福

维持幸福是建立在一定物质基础之上的，通过横向比较，不断拉近与他人各方面的差距所产生的满足感，是立足于当下的幸福感。情感与归属需要成为主要追求的目标。当这些目标达成时，幸福感会得以维持；当这些目标不能达成时，个体会感到焦虑，并形成动力，驱使其通过努力形成幸福感。

1. 维持幸福的主要需求

在维持幸福阶段，人们需要在满足感知幸福阶段需求的基础上，获得更高层次的精神层面的满足。也就是需要满足人们的情感与归属需求，主要包括亲情、友情、爱情等人们相互之间的情感互动需求。

2. 维持幸福阶段的主要特点

维持幸福阶段的主要特点是“有所乐”，该阶段受到非物质财富因素的影响较大。在维持幸福阶段，物质需求基本满足，需要满足一定的精神需求，从而在精神层面和物质层面的双重需求上获得极大的满足感，即不断拉近与他人各方面的差距。维持幸福阶段更具有主观性，比起财富，该阶段更重视自我内心情感的满足，因此具有可持续性。

3. 维持幸福的主要途径和手段

数据显示，2020 年上半年陕西省居民人均月收入为 2130 元，位列全国第 17。居民基本温饱需求的满足，促使陕西省居民的幸福感总体从感知幸福阶段向维持幸福阶段迈进。随着陕西省人均收入水平的不断提高，基础设施和福利水平不断提升，人民逐渐感知到幸福，但还需要良好的生活工作环境和人际关系等情感因素来给人们带来情感与归属的满足，从而使其具有追求更高层次幸福的动力。

4. 维持幸福与感知幸福的根本差异

感知幸福是维持幸福的基础，维持幸福是感知幸福的持续和提升。感知幸福需要满足物质欲望，需要拥有一定的经济实力。感知幸福需要从保健因素出发，通过提高人们的收入水平和待遇，改善工作、生活环境等措施，来提高人们对幸福的感知水平，调动人们对幸福感追求的积极性。维持幸福需要满足人们的情感与归属需求，获得精神层面的满足。维持幸福可以从激励因素出发，了解人们真正需要什么，以此来激发人们追求幸福感的热情，从而获得追求更高层次幸福的动力。

感知幸福和维持幸福是对立统一、密不可分、相互促进的辩证关系，需要协调发展。感知幸福是维持幸福的基础，维持幸福是感知幸福的持续和提升，也就是说精神需求必须有物质需求基础。感知幸福重在物质需求，维持幸福重在精神需求。

5. 实现维持幸福阶段的基础

古语有云：“仓廪实而知礼节，衣食足而知荣辱。”也就是说，只有人们生活富裕，丰衣足食，才能顾及到礼仪和荣辱。陕西省是旅游大省和教育大省，2019 年旅游总收入 7211.21 亿元，拥有 109 所高等学校。2019 年末在校本科生 112.2 万人，研究生 14.67 万人，为居民维持幸福提供了良好的环境。

要实现维持幸福，就需要在满足人们物质需求的基础之上满足精神需求，达到客观上安居乐业，主观上内心充实满足的状态。具体来说，维持幸福阶段需要在感知幸福阶段的基础上，满足人们更高层次的精神层面的需求，也就是满足自身的情感和归属需求，从而获得更高、更持久的幸福感。

（三）提升幸福

提升幸福阶段是个体物质生活和精神世界有了新的显著性提升，已经超过了横向比较的个体，进入新的阶段。此时，个体会向未来的生活标准或更高的社会阶层看齐，形成新的、迫切的新需求。

1. 提升幸福阶段的主要途径

结合期望理论发现，如果需要提升幸福感，就需要了解人们对于达到更大幸福感的信心及之后个人的实际需求。提升幸福需要获得更多的内在满足，需要超出现有的期望，产生新的更高的需求，如对美好生活的向往，需要个性化、专业化的高品质消费等，从而得到更大的幸福感。如果人们更有信心提升幸福，由此带来的动力和积极性就会更强，获得成功的概率也会更高。

2. 提升幸福阶段的主要表现

提升幸福阶段要“有所望”，具体表现为通过人们社会地位的一定提升和自身才能的发挥，来满足人们的尊重需求和自我实现需求，以获得精神层面的高度满足。全民健身活动日益丰富多彩，成人教育产业持续发展，居民个体的物质生活和精神世界有了新的显著性提升，这说明陕西省处于提升幸福阶段的人群在逐年增加。

3. 提升幸福阶段待满足的需求

在感知幸福和维持幸福的基础上，提升幸福阶段需要从物质基础需求到精神基础需求，在一层一层满足之后，然后向更高层次的成长型需求发展。提升幸福阶段待满足的需求就是尊重和自我实现需求，它更注重成长型需求。

尊重需求是希望被他人和社会认可，由此可以充满信心，包括一定的社会地位、实力、信心、被尊敬和独立自主能力等需求。自我实现需求是更高层次的需求，也称之为成长需求，是实现理想、发挥自身才能的需求，有能力成为理想中的自己，包括创造力、处理能力、接受力等需求。

4. 从提升幸福阶段向新的幸福感知阶段跃迁的基本机理

幸福感的三个阶段主要包含了马斯洛需求层次的五个方面，从基础需求向更高的需求层发展，从提升幸福阶段向新的幸福感知阶段跃迁，层层提升，提升幸福需求突破现有幸福的瓶颈，寻求新的幸福感，从而开始新一轮的幸福感晋升。具体来讲，首先，居民需要安居，满足自身的生理安全需求。其次，向维持幸福阶段跃迁，在居民乐业之后，再向提升幸福阶段跃迁，产生社会价值需求，使生活“有所望”。最后，突破现有幸福的瓶颈，从提升幸福阶段再向新的幸福感知阶段跃迁。

陕西省幸福产业的发展也会进一步提升人民群众的幸福感，因此，需要处理好幸福产业和人民幸福之间的关系。在我国经济发展的同时，实现我国对居民美好生活的向往，让人民的物质和精神需求得到相应满足，对未来充满信心，如此才能进一步促进提升幸福阶段向新的幸福感知阶段的跃迁。

二、幸福感形成的阶段差异

2019 年中外城市竞争力研究会对中国最具幸福感的城市进行了调查，数据显示，我国前十大最具幸福感的城市分别是青岛、杭州、烟台、哈尔滨、济南、珠海、信阳、惠州、威海和肇庆，北上广深并未入榜单的前 30。其中，陕西省的宝鸡、榆林、延安、铜川分别位列榜单的第 25、第 27、第 28、第 30。总体来看，陕西省的居民幸福感指数与山东、浙江等省份的居民幸福感指数存在一定的差距。由此可见，幸福感的提升除了依靠城市经济发展之外，还要看居民生活期望的高低，以及需求满足的程度。

社会资源分配不均以及地理环境等因素的影响，导致现在不同的人群处于不同的幸福形成阶段。为了进一步提升陕西省人民的幸福感，我们要利用产业的差异化特点来满足不同层次的需求，以此分析不同人群幸福形成的阶段差异对产业发展丰富性、多样性和层次性的要求，还要对具体的幸福产业的发展方向和发展类型有一定的了解，为构建新时代经济背景下的陕西幸福产业体系打下坚实的基础。

近年来，随着国民经济的增长和人民生活水平的提高，过去那些与生活直接相关的配套产业正在成为城市的主导产业，即健康、文化等休闲幸福产业。在 2016 年夏季达沃斯论坛上，李克强总理提出以旅游、文化、健康、体育、养老为主的五大幸福产业，表明了国家对构建幸福产业的重视。

为了创造新时代经济背景下人民的美好生活，满足物质文化生活提出的更高要求，让人民有获得感、幸福感、安全感，我们应该合理规划幸福产业的发展方向，明确产业类型，为幸福产业体系的构成打下基础。

第三节 陕西幸福产业体系构成

一、陕西幸福产业体系构成基础

（一）幸福产业以传统产业为基础

传统产业同样是幸福来源，是感知幸福的根本保障。幸福产业是以传统产业为基础，以健康、绿色、智慧等为特征的新兴产业。陕西省传统产业，如能源化工、设备生产等创造了大量的就业岗位，是广大人民群众获得基本物质生活保障的基础。人民需求逐渐个性化、高端化、差异化，对幸福的追求更加深层次化，是在现有产业充分发展的基础上形成的；传统产业充实了老百姓的钱袋子，促进了文化、旅游、医养、教育和体育等幸福产业的不断发展壮大。

（二）幸福产业是传统产业升级改造的必然结果

传统产业对于民生的关注较少，注重发展，而不是质量。陕西省的产业升级需要面向民生需求，大力发展幸福产业，同时满足不同群体对感知幸福、维持幸福与提升幸福的需要。幸福产业能满足更高阶段的幸福感，随着物质文化生活的日益充足，陕西省旅游、文化、体育、养老等产业成为了新的发展热点。幸福感的满足必须提升和改造现有的产业格局，以提供更为丰富的幸福产品。

二、陕西幸福产业体系构成内容

2020 年是全面建成小康社会和“十三五”规划收官之年，也是陕西超越发展的重要之年。陕西省幸福产业将从经济社会发展的大局出发，坚持新的发展理念和以人为本的工作方向，加快公共服务体系建设，提高文化遗产的保护和利用水平，促进文化旅游优质发展，加强文化市场的监督和管理，扎实做好一切基本保障工作。同时，发挥幸福产业的作用，尽早地让大部分人都体会到幸福产业带来的满足感。结合陕西省的实际情况进行具体分析，陕西幸福产业体系主要由十大产业构成：

（一）公共住房及物业服务产业

公共住房和物业服务是基础的生活保障型民生项目。2019 年陕西省住房和城乡建设厅表示，为了进一步提高百姓的满意度，接下来将着重围绕住房和城乡建设事业展开工作，关注百姓的物业服务需求，切实保障陕西省居民的住房质量。建设和完善全省的经济适用房、公共租赁住房，扩大覆盖面，完善管理制度。西安市正在推动老街区的改造和升级，计划在短时间内根据实际社区和居民的意愿对全市各地环境恶劣、设施配套不完善或破坏严重，具有合法权利，未纳入拆除范围的危险住房和旧社区棚户区进行改造，让市民真正体会到住房环境带来的幸福感。

（二）“米袋子”“菜篮子”“果盘子”“油瓶子”产业

“米袋子”“菜篮子”“果盘子”“油瓶子”是指粮食、蔬菜、鱼、肉、蛋、奶、水果等农产品，这一类产业直接关乎人民生活的基本物质供应。在稳定粮食生产的基础上，2018 年陕西省政府立足产业布局，打造区域特色产业，全力推进农村产业的升级。2020 年疫情突发时，陕西实行突发公共卫生事件 1 级应急响应，国家农业产业龙头企业西安菊粮油工业集团的职员取消休假，24 小时不间断生产，保障了充分的面粉储备和正常的市场流通。除了加强食用油、鸡蛋、牛奶等“菜篮子”产品的生产和供应保障外，一些龙头企业还积极捐赠物品。这些举动温暖了老百姓的心灵，陕西“米袋子”等产业的快速发展，满足了民生的多种需求，增加了百姓的安全感和幸福感。

（三）医养产业

医养产业涉及医疗、健康、养老等多个领域。根据国家统计局和陕西省政府部署展开的人口抽样调查的统计结果，2018 年陕西省 65 岁及以上的老年人口达到 383.4 万人，占常住人口的比重突破了 10%，80 岁以上的老年人口的增长比例较快，表明该省人口老龄化程度进一步加重。2020 年陕西省将持续推行居家社区养老服务业，在城市街区建立小型养老院，在社区建立老人日间照料中心，在居民社区建立养老服务站点。政府制定支持家庭养老的政策措施，年轻人依法履行赡养义务，承担护理责任。

（四）公共卫生产业

公共卫生是关系到一国或一个地区人民大众健康的公共事业。新冠肺炎疫情的暴发进一步凸显出了发展健全公共卫生产业的重要性。随着医疗体系的逐步完善，陕西省对公共卫生产业的扶持力度将持续加大，以便更好地应对突发卫生事件，为人民的健康幸福生活提供充足的物质保障。公共卫生产业是为了能够提前预测和尽量控制病痛的产生而实施的一些产业，使公众尽量能够提前预防疾病，使大部分公众能够治愈疾病，让老百姓感受到优质的社会健康卫生服务。公共卫生应急产业的发展，不但为推动社会进步提供了友好的卫生环保政策，而且还是促进人类幸福生活的主要举措。

（五）大众餐饮服务业

近年来，西安食品工业已形成以老字号、陕西菜、地方食品小吃、外餐等为标志的多元化食品饮料品牌体系，西安规划将加大食品工业的规模与品牌、提升标准，以现代化和国际发展促进陕西餐饮业的升级和发展。过去，某些餐饮在行业中产生了巨大的影响，以永兴坊、真爱、宗江川菜为代表的食品品牌，在陕西家喻户晓。近年来，陕西食品集团不断涌现，整体素质不断提高，得到了全国食品业同行的认可和好评，满足了陕西人民和各地游客的幸福需求。

（六）文化产业

陕西这片土地曾经孕育了5000年中华文明史上精彩的篇章，有着丰富的文化资源遗产。文化产业的发展应考虑到人们的满意度和幸福感，实现创造性的生活质量。2019年陕西省将坚持和完善这方面的制度，保护文化权益和公共利益，加强图书馆建设，推动文化馆等1900个文化设施免费开放。这些措施提高了文化供给的优越性，促进了文化的繁荣昌盛，增加了人们的文化获得感和幸福感。

（七）旅游产业

"文化+旅游"的双引擎正在成为陕西经济的新支撑。陕西正在成为重要的国际旅游目的地，陕西的文化旅游产业逐步演变为全省持续增长、结构调整、优惠民生的主力军。除了文化和旅游产业，陕西省其他的幸福产业也开始崭露头角。

（八）家政服务产业

家政服务指的是将一些家庭活动与事务交给专门的服务机构的人员来完成，这样使家庭和社会完美相接，还能享受生活的乐趣，提升家庭的生活品质，维持家庭的幸福感，以推动全人类社会的进步与繁荣。政府应该建立健全家政服务标准体系，为劳动人民免费推行家政服务标准化职能训练，助力人们实现就业。

（九）全民健身产业

近年来，随着人们自由时间的增加和生活水平的不断提高，全民健身产业越来越受到人们的关注。陕西省近年来为加快发展全民健身产业，根据当地情况开展了体育、旅游、休闲等城市体育特色建设。陕西注重优化体育产品和服务的供给结构，"体育+"的理念深入心中，建设体育休闲小镇，围绕体育的参与性与体验性，为城乡居民提供休闲、健身、娱乐、养老等服务。

（十）成人教育产业

陕西是西部地区的教育大省，教学资源丰富，目前有30所高等院校开设成人教育，包括高等教育、继续教育和短期培训等，涵盖管理、建筑、语言、法律等专业。人类的幸福来自于欲望的满足，人应该不断追求高级需求的满足，超越自我，这样才会有更加充实的幸福。然而人的这种需求只有与社会现有的条件相适应，才能在社会中得到满足。社会的任务是尽可能满足个人日益增长的各种需求。

第四节　陕西幸福产业体系分析

一、不同幸福产业的功能分析

促进幸福产业快速发展，是保障和改善民生的重要方式，也是实现经济高质量发展的重要途径。未来幸福产业的发展对广大人民群众幸福感的提升具有极其重要的实际价值。长时间的研究表明，在幸福产业中，不同产业的发展对群众生活水平的影响程度是不一样的。

(一) 公共住房及物业服务产业

公共住房最主要的目的就是让那些无房可住的民众体验到拥有住房的快乐，在满足他们最低的居住需求的同时，也要实现对社会生活更高层次的需要与追求。公共住房在物业服务方面最主要的问题就是社区安全问题。到位的社区服务和良好的治安环境会使人感到幸福。城市幸福生活与良好的社区安全环境紧密相连。

(二)“米袋子”“菜篮子”“果盘子”“油瓶子”产业

“米袋子”“菜篮子”“果盘子”“油瓶子”产业作为农业的重要组成部分，有利于调整城镇农业发展的方向，提升其发展水平。突如其来的新冠肺炎疫情或多或少会对经济社会造成一些影响，而民生是国家最挂念的事务。全国各地推出一系列迅捷有力的民生保障举措，这些精准的政策举措不仅有效保障了城乡居民的基本生活供应，还保障了疫情防控过程中的物质需求，给老百姓送去了真真实实的温暖。

(三) 医养产业

人口老龄化是当今社会的一个基本国情，使老年人能够幸福安享晚年是全国人民共同的责任。国家和政府要积极创建养老、尊老、爱老的政策方针和公共环境，促进医疗卫生事业和健康养老产业的发展。面对人口老龄化问题，政府部门应不断加强“社区化养老”的举措，持续推动“医养结合”，加大对养老产业服务的供给水平，在提升老龄人口生活幸福的同时，也为青年人降低家庭负担，提升全民的幸福感。

（四）公共卫生产业

公共卫生产业的发展是为了确保疾病预防控制体系井井有条的工作，为人民提供优质的公共卫生服务，让人民群众可以无病早防、有病能治。突发公共卫生体系的建设为新时代提供了很好的环境卫生保障，同时也体现出了它对老百姓日常生活的关切与注重。因此，我们要努力创造人人享有健康的美好社会。

（五）大众餐饮服务业

随着餐饮业的迅速发展，消费者的餐饮需求不断增强，目前，消费者的餐饮需求呈现出独特化、多样化的特性。现在的民众在消费的时候越来越注重绿色、环保、卫生、环境、特色、服务等方面。现在的主题餐厅就是按照餐饮的基本作用进行的延伸，不断满足独特化的消费需求和精神层面的享受。同时，人们寻求品牌店、特色店和名牌餐饮公司的趋势越发显著，这在一定程度上反映出了人们对幸福生活的更深层次的追求。

（六）文化产业

在市场经济条件下，人们通过文化消费满足各种需求，生活质量的高低在一定程度上代表着幸福感水平。通常来说，人们一般先实现基本需求，再实现更高层级的需求。更高层次的需求便是精神需求，精神需求需要通过消费文化产品得到满足。对于某些地区的部分人口来说，文化消费的需求得不到保障，就不能体会文化消费所带给的幸福感。我们应该让包含着优秀传统文化的文化产品与百姓生活融合在一起，让人民在不知不觉中接受其所传播的文化因子。

（七）旅游产业

作为集聚性、关联性强的产业，旅游业不但和文化、健康、教育、养老、餐饮等产业密切相关，而且还在很大程度上推动着这些产业的持续发展，对百姓的身体健康、心情愉快、知识储备、健康养老和生活质量有着不同凡响的价值和意义。人们出游的最终目的通常体现在比基本的生理需求和安全需求更高级的层面上。

（八）家政服务产业

家政服务行业在我国属于新兴行业，它是伴随着社会的经济发展、细化分工以及居民日益丰富的物质文化需求而产生的。家政服务与人民幸福生活密切相关，事关民众的生活质量和幸福指数，是很多家庭非常重视的一个生活方面。面对人口老龄化和家庭小型化的演变、公共住房和生活质量的不断提高，公众对家政服务的需求量急剧增加，家政服务的需求层次越来越高。家政服务业从物质和精神两个方面满足了当代人民群众提高家庭服务质量的需求。

（九）全民健身产业

全民健身概念的提出是当今社会进步的内在要求，同时也是健身活动有效体现其生活实际意义的重要方法。随着人民生活品质的不断提升，全民健身运动逐渐盛行起来，国民健康已经被认为是健康中国的新时代象征。我们常说，“健康是革命的本钱”，发展全民健身产业是一项国家战略，体现出了国民的综合身体素质和精神风貌。在当今剧烈的社会竞争背景下，人们要拥有坚韧不拔的意志力，健身运动是与社会紧密相接的很好方式。

（十）成人教育产业

成人教育产业作为一种幸福产业，对国民的生活有极大的影响。目前，要建造美好的幸福生活，各方面还存在某些差距，这些社会问题在一定程度上会对人民的幸福感产生影响。面对这种情况，需要不断提升人民的文化教育素养和思想政治觉悟，建立和完善成人教育制度体系。成人教育的学习过程在一定程度上成为了各级政府部门与老百姓交流的途径和联系的桥梁，促使社会更加和谐美好。

总之，不同的产业在推进幸福螺旋过程中发挥着不同的作用。公共住房及物业服务产业，“米袋子”“菜篮子”“果盘子”“油瓶子”产业，颐（医）养产业以及公共卫生产业满足了人基本的生存和安全需求，为感知幸福提供了基础。大众餐饮服务业、文化产业、旅游休闲产业和家政服务产业满足了人的情感和归属需求，为维持幸福提供了保障。全民健身产业、成人教育产业则满足了更高级的尊重和自我提升需求，为提升幸福提供了源泉。

二、陕西幸福产业体系的层次分析

依据产业功能及需求层次理论，将幸福产业划分为不同层次（见表 2-1）。

表 2-1　幸福产业层次划分

需求层次	产业类型	产业功能	产业层次
生存需求，安全需求	公共住房及物业服务产业，“米袋子”“菜篮子”“果盘子”“油瓶子”产业，医养产业，公共卫生产业	为感知幸福提供基础	基础型产业

续表

需求层次	产业类型	产业功能	产业层次
情感与归属需求	大众餐饮服务业，文化产业，旅游休闲产业，家政服务产业	为维持幸福提供保障	保障型产业
尊重需求，自我提升需求	全民健身产业，成人教育产业	为提升幸福提供源泉	提升型产业

（一）基础型产业

基础型产业指的是为经济的增长、社会的发展和人民的生活提供公共服务的一种产业，包含公共住房及物业服务产业，“米袋子”“菜篮子”“果盘子”“油瓶子”产业，医养产业和公共卫生产业，为感知幸福提供了基础。它与需求层次中的生存需求和安全需求相对应，当人类的生存需求得不到满足时，人类就无法正常生活。安全需求也属于较低级别的需求，包括对生命安全、生活稳固以及避免遭受疾病和威胁等的需求。满足人民这些需求是幸福产业的基础，只有满足了生存需求和安全需求，人们才能够感知到幸福。

公共住房及物业服务产业是人们生活的基础，也是人们感知幸福的基础。只有住房问题得到保障，其他问题才能逐步解决。物业服务产业的参与主体包括物业服务企业和业主，政府有关部门也参与其中。政府有关部门通过颁布政策和法律法规对物业服务产业进行管理，同时从建设与管理城市的方向出发，把物业服务质量和城市发展相结合，改善城市面貌和居民生活环境。

“米袋子”“菜篮子”“果盘子”“油瓶子”产业为人民的饮食生活提供了基础。在2020年的新冠肺炎疫情期间，陕西省围绕“米袋子”抓好备耕工作，围绕“菜篮子”抓好蔬菜和肉类生产，围绕“果盘子”抓实抓好水果生产保供，围绕“油瓶子”抓好食用油的生产与供给，在特殊条件下保证了人民基础物质需求的满足。“民以食为天”，无论何时，“米袋子”“菜篮子”“果盘子”“油瓶子”产业都是维持社会稳定与和谐的基础条件。

医养产业未来有着广阔的发展前景。我国老龄人口数量居世界前列，受传统观念的影响，中国老人一般会选择在家养老。不过近年来，越来越多的老人开始选择去养老机构，医养产业得到了迅猛发展。近几年，在政策的鼓励下，市场上不断推出为不同需求的老年人量身定制的养老机构，提升了养老机构的运营效率和稳定性。

公共卫生产业为人民提供优质的公共卫生服务，满足广大人民群众的公共卫生需求。公共卫生产业是造福人民的产业，与广大人民群众的切身利益密切相关。随着我国经济的快速发展，城市与农村、差异人群享有的公共卫生服务水平的差距不断缩小，公共卫生产业能够使广大人民群众得到安全、方便和实惠的基本医疗和公共卫生服务，使广大人民群众的生命安全得到保障。

（二）保障型产业

保障型产业为维持幸福提供保障，包括大众餐饮服务业，文化产业，旅游产业，家政服务产业等，与需求层次中的社交需求相对应。社交需求属于较高层次的需求，人们只有在生理需求和安全需求得到满足时，才会产生社交需求。基础型产业让人们感知到幸福，保障型产业进一步提升了人们的幸福感。

大众餐饮服务业是我国发展较早的产业，随着人们需求的逐步提升，对餐饮业的需求不仅仅是吃饱，而是吃好、吃健康、享受餐饮环境和服务等。随着互联网的发展，大众餐饮服务业也从线下走到线上，如今，大众餐饮服务业已经形成了餐饮商务网络，不仅促进了销售和采购之间的交流，还推动了网络社区服务的发展。随着我国国际地位的提高和大众餐饮服务业的高速发展，未来餐饮商务网络也将与社会各界展开合作，推动大众餐饮服务业的健康有序发展。

文化产业不仅仅是经济的一个非常重要的部分，还代表着一个国家的文明程度和发展水平。在当今世界，文化强大意味着国际影响力的强大，所以文化体现了国家的软实力和国际竞争力。在全球化的情形下，文化的地位和作用在综合国力水平中显得更为重要。

旅游产业对经济和社会就业具有带动作用，有助于人们提升幸福感。在资源丰富而市场不足的一些偏远地区，旅游休闲产业在消除贫困、平衡经济发展方面做出了积极贡献。旅游行业就业层次多、涉及面广、市场广阔，能够促进整个社会的就业。

家政服务产业不仅促进了市场经济的发展，也满足了家庭服务的消费需求。一方面，它为很多家庭提供了保姆、护理、保洁等方面的服务；另一方面，它解决了很多人的就业问题。有关部门的调查显示，家政服务产业非常有潜力，可为我国提供至少五百多万个就业岗位。

（三）提升型产业

提升型产业为提升幸福提供源泉，主要包括全民健身产业和成人教育产业，与需求层次中的尊重需求和自我需求相对应。在满足了生理需求、安全需求和社交需求之后，人们便开始追求尊重需求和自我需求，这也说明了提升型产业是比基础型产业和保障型产业更高层次的产业。

全民健身产业是朝阳产业，发展较快，产业的领域在不断拓展，发展的规模在不断扩大。发展全民健身产业能够适应市场经济体制的需要，促进体育改革和自我发展能力的提升。

成人教育产业对提升幸福感来说有着重大意义。成人教育是一种与普通全日制教学形式不同的教育形式，这种教育不限年龄和性别。它深入社会发展的各个方面和领域，与社会生活关系紧密。成人教育产业能够影响和参与社会，同时也能促进社会的发展和改革。

第三章

陕西幸福产业之公共住房及物业服务产业发展研究

公共住房及物业服务产业是政府为中低收入者提供的住房建设、分配、运营与管理的产业组合。其目的在于解决中低收入者的住房问题，由中央或地方政府直接投资建设，对建房机构（如房地产公司）提供补助、税费减免，再由建房机构建设，然后按政府规定的价格、租金或由政府出资购买后再以规定的价格、租金向中低收入阶层出售或出租。

第一节　产业的特征与构成

一、产业特征

陕西公共住房产业除了拥有公共住房的一般特征以外，还具有以下三个重要特征。

（一）多样化的公共住房

根据党的十九大报告关于住房制度改革精神，陕西省已经形成了“六大供给主体、四类保障渠道、三类住房、两类补贴、租购并举”的住房保障，明确了居住用地的两个20%原则，优化了供应结构，建立了以公租房、共有产权房、棚户区改造为主的多层次、多渠道、租购并举的住房供应体系。组建国有专营机构，负责公租房、共有产权房、人才住房、租赁住房的投资、建设、回购、代持、运营管理和综合服务，通过企业化、市场化融资和政策性银行贷款减轻财政压力，促进可持续发展。调整公租房建设模式，将商品住房配建作为公租房筹集的主渠道，商品住房按照15%的比例配建公租房，其中，5%无偿移交、15%成本价回购。在土地出让环节，将配建公租房作为土地招拍挂的前置条件，同步建设、同步交付，进一步拓宽公租房的筹集渠道。

（二）公租房试点工程，无经验可复制

2017年陕西省被列为包括浙江、安徽、山东、湖北、广西、四川、云南在内的8个开展政府购买公租房运营管理服务试点工作省（区）。在试点地区建立健全公租房运营管理机制，完善政府购买公租房运营管理服务的管理制度与流程，形成一批可复制、可推广的试点成果，为提升公租房运营管理能力提供支撑。在这之前，陕西省并没有相关建设与管理公租房的经验，因此这成为陕西省公共住房发展的一大特征。

（三）公共住房物业运营及管理难度较大

陕西公共住房物业管理难度较大，主要是由公共住房的特征造成的，具体表现在以下几个方面：一是公共住房社区的规模普遍较大。社区面积大、规模大，多数小区的建筑面积在100万平方米以上；社区人口规模大，多达万人以上。二是社区形成的时间短，邻里关系构建较困难。社区形成快速，邻里关系缺少基础；居民在地域、文化、工作、生活、习惯等方面的异质化程度高，新的邻里关系构建难度大；公共租赁房的承租人出于工作、收入等原因流动性大，不利于邻里关系的构建。三是公共住房社区的社会矛盾集中。公租房社区集中了大量的特殊人群（如残疾人、特殊病人、吸毒人员、重点管控人员，以及大量的低保人口），各种特殊人群高度聚集，社区的社会矛盾的复杂程度可想而知。另外，居住人员的社会心态特殊，部分人对政府有强烈的依赖思想，认识上有偏差，有较多不合理的要求和违规行为。四是公租房社区的居民人户分离现象突出。根据现行的户籍政策，除农转城人员外，不接受其他公租房租住人员的户口迁入，导致绝大多数已入住公租房社区的人员的户口没能随人迁入本地，造成人户分离现象，这也是居住人员流动性大的原因之一。种种特征表明，陕西公共住房的物业管理要比商品房以及其他地区的公共住房的物业管理难度更高。

二、产业构成

（一）陕西公共住房的构成体系

公共住房由经济适用房、廉租房、限价房、公共租赁房、棚户区改造房构成。经济适用房是政府对特定家庭进行特定房屋出售的保障性住房。在中国陕西，公共住房体系包括如表3-1所示的几部分。

表 3-1 陕西省公共住房体系

类别	面向人群	租售方式	资金来源	套型
经济适用房	低收入住房家庭与廉租住房保障对象衔接	出售	集资合作	60 平方米左右
廉租房	低收入住房困难家庭	租金补贴或实物配租	土地出让净收益的 10%、提取相关费用后的住房公积金增值收益	50 平方米以内
限价商品住房	中低收入家庭	出售	开发建设单位	80~100 平方米
公共租赁房	中等偏下收入住房困难家庭；新就业职工、外来务工人员	出租	政府及私人	60 平方米以内
棚户区改造	棚户区的居住民	出售	政府及私人	无
农村危房改造	居住在 C 级或 D 级危房中的建档立卡贫困户、低保户、农村分散供养特困人员和贫困残疾人家庭四类重点对象	补贴	政府及农户	40~60 平方米

(二) 陕西公共住房物业管理体系的构成体系

公共住房的物业在工作内容上不仅有传统物业公司所需要做的工作，还有需要协助政府进行的公共住房管理工作。运营管理单位的业务内容包括代产权人与符合条件的保障对象签订公租房协议；公租房的租金收缴；公租房房屋的养护、大中维修、公租房室内附属设施及设备的管理及维护；小区物业管理；采暖费代缴。

物业管理的工作内容有以下几个方面：①治安。保护住户的人身财产安全，保护住宅的安全。②保洁。对住宅区内的卫生进行管理维护，包括绿化及垃圾清理。③设备设施维修。房屋维修，水电维修等关于住宅区内的设备设施维修问题。④路面管理。即停车管理、消防通道的管理等，保障住宅区内的道路通畅。⑤收费管理。对物业费、取暖费等收取问题的管理。

第二节 产业与幸福感的关系

一、产业发展对幸福感的影响

陕西公共住房及物业服务业主要通过三个途径来影响居民的幸福感：

（一）相对收入水平

良好的公共住房保障系统可以降低人们的住房成本，确保人们拥有较高的相对收入，从而提高居民的财富积累，进而提高其总效用水平。在居民面对流动性约束的情形下，住房可以通过缓解流动性约束来提高居民的幸福感，住房缓解流动性约束能力越强，居民的幸福感越高。公共住房的价格、物业费用、周边配套的基础设施等因素影响了居民的相对收入水平，一方面，有利于促进居民合理的居住消费；另一方面，有利于突破传统的住房消费观念，引导年轻人建立理性的消费方式，从而影响居民的幸福感。

（二）社会参与

社会参与作为居民在社会交往中实现自身价值、发挥自身作用的行为方式，与居民的幸福感息息相关。社会参与有益于个人与社会的融合以及信任关系的建立，能够提升幸福感。健全的物业管理系统能够促进居民进行社会参与，提升其自我认同度，进而提高居民的幸福感。由于现阶段购买不起商品房的群体大部分处于社会底层，生活的艰辛使他们承受的心理压力远远高于一般社会群体。同时，生活的贫苦、机会的匮乏和困难的处境使他们容易产生与社会隔离的心理状态，进而引发不良的过激行为。公共住房的补充使他们能够参与到社区的居住与管理上来，进而提升陕西居民的幸福感。

（三）居民心理感知

心里感知是指居民内心的主观感受，和居民的幸福感有密切联系。拥有完整的住房将提高居民在社区内部的心理认知，进而提升其幸福感。公共住房的居住条件、物业服务的服务质量、社区以及周围环境等都会影响居民内部的心理感知，进而影响居民的幸福感。目前，陕西省的房地产市场以商品房销售为主要模式，这种单一的住房消费方式很难满足人们对住房的不同需求，不同人群和不同类型的住房需求确实存在，随着流入人口的增加，这种需求更加旺盛。目前，刚毕业的学生想要有一套安全、装修精致、有情调的房子；外来务工者想要有一套交通方便、设备齐全的房子；学生家长想要有一套学校附近的两居室；有些有房产的市民出于各种原因不能住自己的房子，只能租房而居。因此，需要公共住房满足不同阶层多样化的需求，从而提升居民的幸福感。

因此，从以上分析可以得出，陕西公共住房的价格越高，居民的幸福感越低，居住条件越差，会导致居民的幸福感降低；公共住房的地理位置越偏远，其周边的配套基础设施越不完善，这最终会导致居民对公共住房的幸福感越低。

二、产业发展对幸福感影响的计量分析

本节所采用的微观数据全部来自中国综合社会调查（CGSS）的调查问卷数据，选择的是 2015 年的住房保障的数据。通过提取陕西省数据，进行普通最小二乘法（Ordinary Least Square，OLS）估计，得出陕西省公共住房及物业服务与居民幸福感之间的关系。所有回归变量的统计特征如表 3-2 所示。

表 3-2　变量的描述性统计

变量名称	均值	标准差	最大值	最小值	样本量	指标测度问题
住房保障充足情况	2.91	0.89	5	1	126	您觉得目前基本住房保障公共服务机构提供的服务资源是否充足？
住房保障均衡情况	2.44	0.81	5	1	126	您觉得目前基本住房保障公共服务机构提供的服务资源在不同地域间的分配是否均衡？
住房保障市场化情况	2.48	0.80	4	1	126	您觉得目前基本住房保障公共服务过于市场化而公共性不足的情况严重不严重？
住房保障获取便利情况	2.72	1.01	5	1	126	您觉得目前获得基本住房保障公共服务是否便利？
居民对住房保障的整体幸福感	63.02	16.40	90	0	126	综合考虑各个方面，您对基本住房保障公共服务的总体满意度如何？如果 0 分代表完全不满意，100 分代表完全满意，您给打多少分？
性别	0.58	0.50	1	0	126	性别
年龄	45.52	15.67	86	19	126	您的出生日期是哪一天？
家庭年收入	33112.84	0.68	240000	0	126	您家 2012 年全年家庭总收入是多少？

影响居民对公共住房服务的幸福感的因素有很多，本节采取了住房保障服务是否充足、住房保障服务供给是否均衡、住房保障服务过于市场化而公共性不足的情况是否严重、住房保障服务的获取是否便利四个指标来度量。选取这四个指标是因为它们是居民能够切实感受到的，并且是最能够直接影响居民对公共住房服务的整体幸福感的。以居民对公共住房服务的整体满意度为被解释变量，以公共住房服务的资源充足情况、分配均衡情况、市场化程度以及获取的便利度为解释变量。研究公共住房服务中这些变量与居民幸福感之间的关系，以及对居民幸福感产生的影响。因此，公共住房及物业服务与居民幸福感之间关系的模型如下：

$$Y_i = \alpha_1 X_{1i} + \alpha_2 X_{2i} + \alpha_3 X_{3i} + \alpha_4 X_{4i} + \beta_j \sum_{j=1}^{n} Controls_j + \varepsilon_i$$

其中，被解释变量 Y_i 表示居民对基本住房保障公共服务的整体满意度。$Controls_j$ 表示一组控制变量，包含受访者的年龄、收入、性别、身体健康状况等；ε_i 为随机扰动项。陕西公共住房供给水平对居民幸福感的估计结果如表 3-3 所示。

表 3-3　陕西公共住房供给水平对居民幸福感的估计结果

	住房保障充足情况	住房保障均衡情况	住房保障市场化情况	住房保障获取便利情况	截距项	拟合优度	F 检验
估计系数	2.26**	0.17*	4.83***	3.65***	34.83***	0.21	10.79
t 值	1.28	0.09	2.73	2.25	7.11		

注：*、**、*** 分别表示在 10%、5%、1%的水平上显著。

从数据处理结果可以得出，陕西省公共住房及物业服务与居民幸福感之间的关系为：

$$Y = 2.257X_1 + 0.167X_2 + 4.834X_3 + 3.648X_4 + 34.838$$

根据计量结果，我们可以看出，F 统计量显著通过检验，表明陕西省公共住房的发展确实能够很好地拟合陕西省居民的幸福感。相比较全国而言，陕西省居民对住房保障公共服务的满意度均值为 64.148，比全国居民对住房保障服务的满意度稍高。而陕西省居民对住房保障的充足情况、均衡情况、市场化状况、获取便利程度的满意度都相差不多。

陕西省基本住房保障公共服务不充足的情况与居民幸福感正相关。住房保障每增加 1%，居民幸福感增加 2.26%。基本住房保障公共服务资源越不充足，居民对住房保障的满意度越低。陕西省居民认为本地住房保障公共服务资源一般充足。

陕西省基本住房保障公共服务资源不均衡情况与居民幸福感正相关。住房保障均衡情况每增加 1%，陕西居民的幸福感增加 0.17%。基本公共住房保障资源在地区间越不均衡，居民对住房保障的满意度越低。陕西省居民认为本地住房保障公共服务一般均衡。陕西省住房保障资源不均衡对居民幸福感的影响小于全国。

陕西省基本住房保障非市场化程度与居民幸福感之间呈显著正相关。住房保障公共性每增加 1%，陕西居民的幸福感增加 4.83%。相反，基本住房保障公共服务资源市场化越严重，公共性越不足，居民的幸福感越低。陕西省居民认为本地住房保障公共服务的市场化情况比较严重，陕西省居民对住房保障市场化情况的满意度最低。陕西省住房保障公共服务市场化程度对居民幸福感的影响高于全国平均水平。

陕西省基本公共住房保障公共服务的便利情况与居民幸福感之间呈显著正相关。住房保障获取的便利程度每增加 1%，陕西居民的幸福感增加 3.65%。基本住房保障的获得越不方便，居民的幸福感越低。陕西省居民认为本地住房保障公共服务一般便利。

第三节　产业发展现状

中华人民共和国成立 70 多年来，陕西省房地产市场蓬勃发展，房地产业成就瞩目。居民住宅从最初的以自建自住为主发展成为商品住宅、保障住宅、公租住宅、租购并举住宅等形式多样化的供给方式。城乡居民住房从草房变瓦房，从平房变楼房，从砖木变钢混，从陋巷危房变高楼华宇。自 2013 年以来，陕西省保障性安居工程保持全国前列，住房保障体系基本形成，多年来，陕西省累计开工建设保障性安居工程 175 万套，改造各类棚户区 132 万套，政府投资公租房累计分配 70 万套，累计发放租赁补贴 86.4 万户，有效地改善了部分中低收入群众的住房状况。加大了农村危房改造，提升了危房改造户的院落环境。2009～2019 年实施建档立卡贫困户危房改造 17.68 万户，2019 年提供深度贫困县区补助资金 2.58 亿元，鉴定出 C、D 级危房 2024 户，户均补助标准提高至 2.1 万元。

一、产业发展成就

中华人民共和国成立70多年来，陕西商品房建设规模逐步扩大，城镇居民和农村居民的人均居住面积稳步增加，居住环境和质量逐年提升，住房条件得到了极大改善，建立了健全和完善的住房保障体系，陕西省房地产市场蓬勃发展，房地产业成就瞩目。具体表现在以下几个方面：

第一，住房保障和供应体系不断完善。城镇居民的人均住房面积是1981年的7倍，人均住房面积快速增加。2018年陕西省城镇居民和农村居民的人均居住面积分别是38.2平方米和41.5平方米，是1981年的7倍和4倍。坚持“房子是用来住的、不是用来炒的”定位，加快建立符合省情的多主体供给、多渠道保障、租购并举的住房制度，初步构建以公共租赁住房、共有产权住房、棚改回迁安置住房、社会租赁住房、商品住房为支撑的住房保障和供应体系。

第二，住宅品质明显增强。自2000年以来，住宅小区的综合品质不断增强，道路、环境、绿化、景观、教育、医疗及文化娱乐等各种配套设施日益完善，新建住宅小区的物业管理几乎全覆盖，规范化、人性化、智能化的物业服务全面展开，同时，居住的硬件设施日益健全。2018年陕西省城镇有管道供水的家庭占97.3%，有水冲式卫生厕所的占82.6%，有供暖的占90.7%，用管道燃气和电做饭的家庭占81.3%，生态、文明、现代的居住小区不断涌现，居住需求已经开始从刚性需求向改善型过渡。

第三，农村危房改造工作成效显著。2018年陕西省实施农村危房改造8.03万户，开工100%，竣工99%，其中，实施建档立卡贫困户危房改造7.95万户，竣工7.89万户，40254户年度脱贫对象已全部入住，竣工率、入住率分别为年度计划的131.5%、167.7%。危房改造成果被中宣部作为全国农村危房改造典范，在改革开放40周年成就展上进行宣传报道。建立的农村危房改造信息监管平台得到了国家住房和城乡建设部的充分肯定，已在全国进行推广。

第四，棚户区改造规模较大。自2018年以来，陕西省全力推进公租房分配入住，实行台账管理、挂牌督办，分类明确准入条件，西安、宝鸡等11个城市已将外来务工人员和新就业职工全部纳入保障范围，政府投资公租房分配70.5万套，分配率排名全国第五，发放租赁补贴8.14万户，持续推进“和谐社区·幸福家园”创建，45个小区通过省级验收，陕西省被住建部列为政府购买公租房运营管理服务的8个试点省份之一。在一系列的相关政策以及政府的支持下，陕西省公共住房的建设取得了良好的成果。如表3-4所示，2018年陕西省全省公租房基本建成约1.8万套，公租房新增分配约9万套，租赁补贴发放76709

户，与 2017 年相比，公租房分配套数在增加，这说明前期工作是有效的，居民的住房问题得到了政府的重视。

表 3-4　2018 年陕西省保障性安居工程目标项目分解　　单位：套、户

项目名称	棚户区住房改造开工	棚户区住房改造基本建成	公租房基本建成	公租房新增分配	租赁补贴发放
全省	202035	62959	18341	90491	76709
西安	48000	15000	7287	35000	9201
宝鸡	9696	10000	2000	2757	1623
咸阳	13514	5000	2500	5150	5393
铜川	2277	1324	1000	1167	6100
渭南	28787	3000	3000	20170	3767
延安	32000	9200	1000	5655	10026
榆林	8317	1200	300	6030	10898
汉中	19545	4305	1000	4000	4589
安康	9600	2280	0	2347	16075
商洛	7019	3000	254	4004	12603
杨凌	150	150	0	1145	0
西咸	20016	8000	0	798	213
韩城	3114	500	0	2268	3988

二、存在的问题

（一）发展不平衡

陕西公共住房及物业服务业的发展不平衡主要表现在三个方面：第一，地理分布的不均衡。陕西被分割为三大自然地区，分别是陕北高原、关中平原和陕南盆地。由于地势起伏不同，三大地区之间差异明显，适合人类居住的环境各不相同。陕北地区面积较大，占据整个陕西省的 46%。在陕北高原地区，由于各地区之间的地势起伏，人口分布受气候等自然条件的影响很大。陕南地区的大部分属于高山盆地，人口大多分布在汉中盆地以及安康等海拔比较低的地区；关中平原的面积较小，但最适合人类居住，人口密度较大。这种地理环境的差异造成了公共住房建设与居民实际需求在空间上的不匹配，因而人口密度较高的地区发展公

共住房及物业服务业的压力更大，因此，公共配套设施普遍不足，与香港公屋周围的便民商业区，包括超市、银行、街市、邮局、诊所、小型商铺、巴士车站、地铁、接驳巴士、小巴等相比，陕西省保障性住房只有室外活动场地，健身、休闲设施有待提高。

第二，城市农村的不均衡。我国的二元经济结构长久存在，城乡收入差距还在增加，但居民的居住需求依然大量存在，如城市居民的棚户区、老旧小区问题较为严重，农村存在大量的危房，这造成了农村脱贫必须以解决危房需求为首要目标，使农村危房改造的压力更大。

第三，不同收入阶层的需求分配不平衡。由于房价的快速上涨和需求的不断攀升，不同收入阶层对公共住房都有一定的需求，但目前较为僵化的申请标准使得中等收入者，如大学毕业生和外来务工者的住房需求得不到满足，这成为陕西房屋空置率较高，申请廉租屋以及公租屋的人数和申请成功率差距较大的主要原因之一。

（二）资金缺乏

目前，陕西省公共住房建设资金的主要来源有以下几种：一是政府财政性资金；二是年度土地出让收入或土地出让净收入的一定比例；三是住房公积金的部分净收益；四是部分公租房的租赁收入；五是通过各类市场化手段募集的资金。近年来，伴随着财政收入的提升，财政支出的部分也越来越大，其中，用于保障性住房的比例在不断地增加。2015 年用于保障性住房投资建设的资金高达 249. 10 亿元，在近十年的保障性住房投资资金中为最高，自此以后，财政在保障性住房方面的投资逐渐减少，如表 3-5 所示。因此，在现有的保障性住房建设的过程中资金仍然存在着很大的问题。公共住房投资建设资本中社会资本占据的比例较小，大部分由政府主要投资建设，在补助标准尚未公布之时，各个市县政府的资金在建设公共住房方面承受着巨大的资金压力。因此，建设项目的工作也会受到比较大的影响。同时，现有的保障政策不完善，缺乏专业性的政策银行，这会导致生产建设的资金来源不平稳，也不能对公共住房建设进行长期有效的供给。

表 3-5　2010~2020 年陕西省财政收支情况　　单位：亿元

年份	财政收入	财政支出	保障住房支出
2010	958. 2	2218. 83	68. 72
2011	1500. 18	2930. 81	150. 28
2012	1600. 69	3323. 80	151. 51

续表

年份	财政收入	财政支出	保障住房支出
2013	1748.33	3665.07	167.59
2014	1890.40	3962.50	227.89
2015	2059.95	4376.06	249.10
2016	1833.99	4389.37	215.98
2017	2006.69	4833.19	199.36
2018	2243.14	5302.44	194.00
2019	2287.73	5721.56	165.62
2020（1~7月）	1344.09	3309.72	95

（三）准入标准混乱

对于陕西省能够申请公共住房的人群，陕西省政府做出了相关规定，出台了《陕西省保障住房管理办法（试行）》，明确规定保障性住房供应对象为城镇低收入、中等偏下收入、中等收入住房困难的家庭。公共租赁住房保障对象为城镇中等偏下收入家庭、新就业职工和外来务工人员等住房困难者。对低收入的定义也有着明确的界限，这样在一定程度上使保障性住房能够真正发挥其用处，使其分配在确实有需要的人手中，解决低收入群体的住房问题，提高居民的生活质量。对于无房或者现住房面积低于所在县（市、区）人民政府的住房困难标准的人群，可以申请购买一套保障性住房，但是，在实际的执行过程中，评判申请公共住房的人是否符合规定的标准，并不能只依靠书面材料来判定。如果只通过一张证明文件就能够判断申请居民是否符合申请公共住房的标准，那么陕西省建造公共住房的意图就明显弯曲了，这不仅使那些超出保护范围的人可以发现漏洞而采取投机取巧的行为，还会使本来需要公共住房才能过上正常生活的人离我们很遥远。因此，在分配公共住房的过程中，对使用者必须经过严格的审核，以此来保障整个过程的公平，使有困难者能够得到保护，从而控制整个市场上使用该住房的人群是我们原先所期望的人群。

（四）法律体系不健全

目前，公共住房的发展在陕西省呈现出较好势头，但是不可否认的是，陕西省的公共住房起步晚，一些法律法规方面的建设仍然不够完善，与发达国家或地区相比则呈现出缺失的状态。目前，陕西省公共住房在法律法规方面的建设不完善，一些法律法规主要依靠指导意见以及国务院有关部门所发布的通知来进行推动，因此，法律层次较为落后。陕西省主要以省人民政府出台的有关管理办法来执行相关的管理，地方层面上的法规很少，所以，为了推动公共住房在陕西省的稳定发展，应该从国家层面上进行相关法律法规的完善，以此来规范陕西省公共住房的发展，在公共住房实施的各个层面，都应当有相应的法律法规，使整个公共住房发展的过程有序。

（五）出租房源缺乏，整合改造难度较大

培育和发展规模化、机构化的住房租赁市场，对有大量多层次租房需求的西安市住房租赁市场来说，重要的是需要稳定的房源供给，因为管理的原因，单个分散的租赁住房并不是租赁企业需要的房源，需要整栋的房屋，至少是房屋的整个单元，装修改造后作为经营场所，以便后期统一管理。目前，适合的房源有房地产公司销售不好的公寓、办公楼、商业房屋项目、经营不好的酒店等，工厂的废旧宿舍和厂房因产权问题很难列为合适的房源，房地产商对开发住房租赁项目意愿不高，近期提供给住房租赁市场的房源会很有限，从这些方面来看，规模化发展租赁市场很大问题就是房源短缺。

（六）物业服务成本较高，市场竞争力不足

据不完全统计，截至 2019 年初，陕西省注册登记的物业公司已经达到了 8102 家，在如此庞大的数字背后，也暴露出一些问题。物业服务行业的准入门槛降低，市场上可能会出现商家由于恶性竞争所带来的服务质量降低的情况，不能达到一个物业服务公司应该做到的标准与服务，导致居民的生活水平与质量得不到有效的提高。

由于市场上存在大量的物业服务主体，企业为了在物业服务产业中生存盈利，在提供物业服务时，可能会出现由于控制成本的考虑不能够选择专业度较高的人员的现象，在提供的相应基础设施的建设上也会出现不配套的问题，导致居民对社区内的住房满意度不高，居民反馈的问题可能会出现处理不及时的情况，物业所面临的问题大多都是较为烦琐的，因此，对物业管理人员都有着较高的要求。如果物业管理人员的要求不高，那么就不能胜任这样的工作，会经常性地出现纰漏，也会因此与业主产生不必要的矛盾，不利于两者建设和谐的关系。不仅如此，新进入物业管理行业的企业可能会因为利润低的缘故使员工获得的薪资福利并不高，不能够吸引高素质管理人员，导致企业现存的管理人员素质普遍不高，不利于物业管理相关工作的开展。

第四节　产业发展模式与重点

一、产业发展模式

（一）公共住房发展模式

研究发现，陕西省在发展自身保障性住房建设时，结合本省的实际情况，在城镇化建设的道路上依据大众对于保障性住房的需求，形成了一种彰显地方性特色以及发展优势的保障性住房发展模式，即政府主导与特色发展的保障性住房发展模式。具体来说，就是陕西省保障性住房发展的模式是建立在政府主导的基础上的，应以廉租房、经济适用房和共有产权住房各个方面的特点为出发点，形成鲜明的住房发展特征。

政府主导与特色发展的保障性住房发展模式主要包含两个层面：第一，政府主导模式。政府继续在保障性住房发展的过程中发挥领导作用，继续制定适宜的住房发展政策和目标，制定发展计划，保障土地资源的供给，在财政上给予支持，制定覆盖群体及标准，负责房屋的住房分配等问题。第二，结合陕西省优势，制定特色的发展模式，即加大利用陕西省的优势。在探索陕西省的优势时，应当全方位进行，全面发展。例如，在保障性住房的建设主体的选择上，可以适当地引入居民参与的方式；在建设资金的来源上，可以增加民间性质的融资，扩大社会上的资金来源渠道；在保障性住房的监管上，可以采用市场化招标的方式来增加选项，增强居民的满意度。

以西安市为例，西安市是陕西省流动人口最多的城市，住房租赁需求旺盛。目前，西安市住房租赁市场主要有四种方式：一是中介租赁。有房源需要出租的个人通过中介公司在门店和网络平台发布房源消息，租房者来到门店或在其网上住房平台选择所需住房，整个租房过程，中介公司全程参与。现在各个小区及周围均可看到这类房屋中介公司。二是“互联网+房管+金融”。它是长租公寓的运营方式，这种新型的租赁方式正面临着资金风险的考验，要健康发展还需要建立有力的监管制度。三是房地产企业建立的规模化租赁模式。企业可以出租自有住房，也可以通过租购的方式获得房源，装修后出租。四是隐形租赁。这是房源持有者直接招租的住房租赁模式，这种租赁方式主要集中在房源比较集中的城中村和城中村拆迁后的安置小区。住房租赁的主要房源有商品房性质的出租房、农民出租房、廉租房和公租房。廉租房和公租房是保障性质的住房，住户的准入门槛设置、租金设定和调整、租户退出机制等方面均有政府进行管理和调控。近期国务院为了解决公租房运营管理中专业人员不足、服务水平不高、管理不规范等日益突出的问题，在八个省开展政府购买公租房运营管理服务试点工作，陕西省也在其中，但规定购买服务内容不得包括对保障资格的准入和取消。可见廉租房和公租房在一定程度上仍隔离于住房租赁市场之外，严格地说不能算租赁市场的一部分，但却是租房市场的重要补充。

（二）公共住房的物业服务发展模式

对于公共住房的物业管理，主要是将社区融入周边成熟的社区进行统一服务和管理。常见的房屋管理模式分为两种：一是零星的房源以区局管理为主；二是集中小区的房源以物业公司管理为主。目前，陕西的公共住房物业管理模式有两种：一是将小规模公租房小区融入周边成熟的社区进行统一服务和管理；二是较大规模的公租房小区以区政府为统率，社区居委会、房产经营中心、物业服务公司、社区警务室、社区卫生服务站等驻区社会管理单位协调配合，共同提供服务和管理。其中，房产经营中心是政府的下属单位，负责租赁合同签订、租金收取和年审、入户调查和资产巡查以及档案管理等，受各级住房保障中心的指导和监督；物业服务公司是房产经营中心的下属单位，与房产经营中心合署办公，负责物业管理，并协助房产经营中心完成相关工作。

二、产业发展内容与重点

（一）产业发展内容

根据陕西省目前公共住房产业发展的模式与现状，需从以下几个方面进一步推进陕西省公共住房及物业服务产业的发展。

1. 加强陕西公共住房的管理与运营

（1）完善公共住房的保障体系。在扩大住房保障覆盖面方面，第一，继续降低城镇低收入家庭的标准，住房保障要全面覆盖到所有低收入家庭；第二，进一步扩大特殊保障群体范围，将公交司机、环卫工人等新市民群体纳入住房保障范围；第三，可效仿重庆市取消公租房户籍限制。在降低住房保障门槛方面，重点是安置旧城改造拆迁的直管公房承租户，解决国企破产改制、重点工程建设项目拆迁以及土地储备整合中需要搬迁的群众住房问题，提供过渡性周转房源。

（2）保证公共住房供应质量。按照国务院的规定，统筹建设标准，在对申请对象需求进行摸底调查的基础上，根据申请、轮候对象的家庭人口数量、性别结构、代际结构、支付能力等因素，合理配置不同户型，主要建设小户型住房，严禁面积超标。

（3）完善公共住房进入退出机制。健全的进入退出程序是保障公共住房发挥最大效用的重要手段之一。一方面，应当完善公共住房的进入机制，申请资格应当综合考虑家庭收入、居住年限、家庭规模等因素，同时考虑申请先后顺序，采取轮候制或打分制来确保公共租赁住房资源向最需要的家庭倾斜。另一方面，设置灵活的退出机制，对于收入不断提高的租户，不一定需要立刻搬出公共租赁住房，而是根据其支付能力设定租户实际支付的租金（如收入的30%）；收入越高，支付的租金越高，收入能够支付市场租金的租户也要为所租住的公共租赁住房支付市场租金。

2. 加强公共住房物业服务产业的运营与管理

由于物业服务产业的特殊性，因地制宜地发展共管模式是物业服务产业发展的重点，具体来说：

（1）制定物业服务标准和内容。由于公共住房小区的住户的特殊性，管理委员会和物业管理公司在签订物业服务合同时，必须制定出一系列具有针对性的物业服务方案，依据住户的实际情况确定物业服务事项，选定相应的物业服务标准，以满足保障性住房小区内特定住户群体的需要。一般物业管理的内容可以分为以下三个层次：必备型物业服务（常规性公共服务）、完备型服务和完善型服务。三类不同的物业管理提供不同层次的物业管理服务，第三类服务是这三个服务层次中最高的层次，服务内容可根据住户的需要灵活确定。

（2）吸纳住户参与物业管理工作。管委会指导和组织一些住户参与绿化、保洁等简单的管理和劳动工作，对于一些具备一定技能的下岗人员，还可以组织维修队、安保队参与本社区物业管理的基础管理工作。物业管理公司可以充分利用劳动力富余且相对廉价的优势，把社区现有的劳动力资源作为培训重点，政府还可以以一定的税费优惠条件鼓励物业公司按一定比例聘用本小区内的下岗失业人员和具有相应劳动技能的残疾人员作为物业服务公司的员工，帮助这些人用劳动和汗水挣取生活费和物业服务费。

（3）引导社会力量加入小区物业管理工作。在保障性住房物业管理人、财、物均不足的情况下，管委会可以引入社会力量建设小区，具体做法与形式可以是多样化的，如积极与社会各界公共团体（附近的大中小学校、街道办事处、居委会、青年志愿者协会等）建立联系，调动环保人士在社区内开展环境保护的教育和交流活动；邀请退休教师免费为住户开展环境保护意识教育；联系学校培养小区内青少年热爱环境的良好意识；组织志愿者开展相关的热爱社区的宣传活动等。积极发动义工和社会公益组织，联合他们为特困家庭奉献爱心，加强与大学之间的合作，努力使这里成为青少年爱心教育基地，成为志愿者的爱心服务基地，成为文明公约的展现窗口。

（4）落实公共住房物业服务业政策。明确公共住房供应及后期管理过程中的职责范围，畅通群众反映公共住房供应及后期管理过程中问题的通道，使公共住房及物业服务的全过程在准确、及时、有效的监督下有条不紊地进行。畅通信息反馈渠道，接受社会各界的监督，开通多种形式的群众监督平台，广纳谏言，是抓好落实的一条重要途径。

（二）产业发展重点

1. 稳步推进棚户区改造，全面提高陕西公共住房覆盖面

陕西省是棚户区改造的重点大省，2018 年棚户区改造新开工 1.68 万套，基本建成 0.7602 万套，发放租赁补贴 3.9273 万户。棚户区的稳步推进能够继续扩大城市公共住房的覆盖人群，保障中低收入者的共享改革福利，因此，以棚户区改造为主的保障性安居工程是目前公共住房产业发展的重点之一。陕西省应当认真评估财政承受能力，严格审核市、县财力评估报告，科学安排每年的棚改任务，将近期棚户区改造与未来公共住房规划有序衔接，整体谋划，从而解决中低收入城市居民的住房问题。同时，着力加快棚改安置住房的回迁安置，对逾期未竣工和回迁入住的项目实施清单式管理，化解棚改债务风险，适时开展棚改债务风险指标测算，按照债务风险“分级负责”要求，厘清关系，明确债务偿还责任，保障居民的合法权益。

2. 加快空置公共住房统筹利用，保障陕西公共住房供应量

加快空置公共住房的统筹利用，提高公租房的使用效率，化解公租房建设分配中存在的突出问题，并充分发挥公租房的社会保障效益的重要手段：一是实行扩面精准保障。在确保城镇中等偏下收入住房困难家庭、新就业职工和稳定就业的外来务工人员的基本保障面的基础上，将更多的公租房空置房源统筹用于棚户区改造中的困难户和“三供一业”以及老旧小区改造中的危房户的安置，也可将其作为“双创”基地、文化教育、养老等重大项目的周转用房。二是实行差异化租售政策。实行不同地区差异化价格政策，缓解紧俏的公租房分配压力，加快盘活非紧俏区域的公租房空置房源，解决保障性住房项目的建设资金缺口问题。三是分类盘活和处置。在确保全市保障水平不降低、国有资产不流失的前提下，对于选址较偏远，交通不便，公共服务设施不完善，多层房源中面积小、楼层较高且长期空置的房源，在保障公租房性质不变的前提下，不设保障条件，实

行分类盘活和处置，以充分确保公共住房的充裕程度。

3. 建立“和谐社区·幸福家园”，提升陕西公共住房物业服务满意度

陕西省的特点要求陕西省的公共住房不仅要加强供给，更要注重后期管理服务的加强。坚持将硬件建设作为提升小区品位的重要抓手，从资源资金整合、软硬环境建设、机制体制创新等方面，提升保障性住房小区的整体品位。完善小区配套服务设施，建成集居住、休闲、商贸等功能于一体的服务便捷、优美宜居的幸福家园。将公共住房的物业服务列入公共住房管理的重点，公共住房居民同商业住房居民一样有享受物业服务的权利。公共住房的物业服务应由政府与市场协调管理。公共住房的物业服务与商业住房的物业服务在质量上应该是大致等同的，但在物业费缴纳等方面应该有所区别，政府需在一定程度上给予补贴。围绕让保障房居民享受更加便捷高效的公共服务，聘请物业公司对保障房小区进行管理，实现保障房物业管理社会化服务全覆盖。

4. 因地制宜进行老旧小区改造，创建幸福文化街区

习近平总书记强调，打造共建“共治”共享的社会治理格局。党的十九届四中全会提出，建设人人有责、人人尽责、人人享有的社会治理共同体。2019年陕西省住房和城乡建设厅与省发展和改革委员会、省财政厅联合出台了《关于推进全省城镇老旧小区改造工作的实施意见》和《城镇老旧小区改造中央补助资金申报指南》，改造范围包括各城市、县城（城关镇）建成区范围内2000年以前建成、具有合法产权、配套设施不全、环境脏乱差的住宅小区以及与老旧小区直接相关的城市基础设施。老旧小区改造不仅是房屋和环境的翻新，更是在基层推进的一项社会治理工程。同时，新冠肺炎疫情治理的经验告诉我们，只有提升老旧小区的社区治理水平，补齐治理短板，才能够更有效地进行防控工作，因地制宜、因时制宜地完善街老、院老、房老、设施老、生活环境差的老旧小区改造，通过打造风格迥异的幸福文化街区，在提升居民幸福感的同时拉动经济增长。

5. 构建公共住宅智慧社区的运营模式，提高公共住房与物业服务的品质

通过将ICT技术运用到公共住房的建设与管理过程，提高居民的健康舒适便利程度，降低生活能耗，进而提升住房科技感与生活效率。在台湾地区，公共住房的智慧社区建设已经非常成熟，为我们提供了很好的借鉴经验。对于陕西省来说，有序推进公共住房社区设施智能化升级，支撑社区网格管理信息化，将专业化能力提升与老旧小区改造、城市更新相结合，推进5G、物联传感终端、人脸识别、智能康养驿站等社区基础设施建设，兼容多种设施互联互通，有效支撑社区精准感知、个性服务等能力是未来陕西公共住房智慧社区的主要建设目标。结合智能设施完善网格化管理机制，从事后介入向事前掌控转变，进一步织密网格

并提升合理性。针对政府各直管部门的多类网格化管理系统，在社区层面进行“多网合一”的动态化管理，不断提高网格责任人的素质和能力，定期开展政策法规、业务和职业道德的培训，未来网格化的社区治理手段将基于信息技术的演进和机制的完善得到进一步的提升。

第五节　产业发展对策与政策建议

一、加强公共住房分配及管理

（一）建立健全信用激励机制

一是要进一步完善退出机制。要进一步完善和细化退出审核管理机制，充分利用信息化技术手段，加强事前申请和事后定期审查，建立健全严格的个人信用评估及负面清单机制。对于违法违规人员，可视不同的情节予以相应的处罚处理：情节轻微的，可在适当范围内给予通报批评；情节严重的，可通过行政手段和法律手段进行处理。

二是要建立健全个人信用体系。要加强与用人单位、税收、银行、公安等多部门的沟通联系和联合管理，充分利用社会力量进行监督。可借鉴新加坡等国的相关经验，通过健全和完善个人财产收入登记制度，建立健全个人信用激励机制。在加强对申请人、承租方等个人责任约束的同时，明确用人单位的责任范围，用人单位应当承担一定的告知义务和连带责任，如在申请人或承租方离职时，用人单位应及时向公租房运营机构告知，并承担对其租赁行为是否合法合约的协助查处责任。

（二）以智能信息建设为抓手，推进公共租赁住房信息系统建设

一是充分应用智能化管理工具。实施公租房租赁合同网上签约，推广人脸和指纹识别门禁等智能化管理工具，既能有效解决违规违约的租赁难题，又能提升承租方的入住体验，还能提高公租房的运营管理水平，从而形成“制度+科技”的租赁管理长效机制。

二是加快网上平台建设。网上集中统一发布全市市筹、区筹公租房房源信息，方便用人单位和个人及时获取房源信息，支持和鼓励公租房网上申请、选房

等。探索优化公租房申请审核流程，加快住房核查后台数据交换，缩短审核办理时限，提供更多、更好的便民化服务。同时，还要及时掌握、更新、清查全市各个公租房运营机构的全部租户信息，建立健全全市统一的公租房信息定期评估机制，便于评判期满的承租方是延期续租还是退出。

三是合理设置租金标准。在公共租赁住房租金的确定上，应该由政府、用人单位、承租方、申请者及社会公众等多方主体共同参与、相互协商，政府及产权所有者等都不能单方面确定公租房的租金价格。在租金的确定标准上，应该按照法定的定价程序，充分考虑承租人的实际收入与政府财力的可负担性等综合因素，形成公正公开的租金形成机制。

二、建立相应的物业管理机构

目前，陕西省公共住房的建设资金来源渠道相较于发展初期已经拓宽，从最开始政府的完全包揽到现在政府与私人相融合的模式，缓解了政府在公共住房建设上的投入资金压力。但同时我们也应该看到，虽然公共住房的建设资金压力已经缓解，但是在公共住房的物业服务上，资金来源仍然是一项艰难的任务，陕西省公共住房的物业服务资金来源一直存在很大的问题。目前，市场上的公共住房物业服务企业占据很少的一部分，因此，可以考虑在公共住房的物业服务资金来源上，启用租户入住时所缴纳的租金或者购买公共住房时所付的款项，这样可以减少政府在这一部分的资金支出。同时，我们可以考虑建立专门的公共住房物业服务管理企业，这样的物业管理企业标准不同于平常的物业管理公司，但是企业主要由政府专门负责，对物业费用的缴纳金额进行明确规定，不仅对资金来源进行明确规定，而且还要详细记录资金支出，对于社区内的公共设施、卫生绿化设施建设，可以使用租户的租金部分。同时，对于物业管理公司的人员培训以及上岗所需要的设施装备，在使用租户租金的同时，政府也考虑进行一定的补贴；对于公共住房的物业管理公司，不应该以盈利为目标，应在做好入住居民的物业管理工作之后，再考虑机构的盈利，以此来保障物业管理公司的正常运行。

三、居民充分参与公共住房社区的管理

在公租房的中低收入群体中，城镇无业以及老龄化群体占相当大的一部分，怎样组织和解决这部分人的工作和生活问题是公租房社区管理的重点。对于这个问题可以从以下几个方面解决：一是把部分有丰富工作经验的人引入公租房管委会，在治理社区的同时，提高其管理能力；二是号召和吸纳有健康身体素质却失

业的群体加入到物业管理人员中，其劳动价值不仅可以抵消其物业费，而且物业公司还可以补偿其一定的薪酬；三是组织社区居民自我开展相互学习、自我提高的培训讲座，每周末都可以挑选社区内具有各种工作技能的人作为客座讲师，以促进社区人员的再就业；四是组织社区志愿者对社区内的老年人进行日常托管照顾，其工作时长可以抵免部分房租费。

第四章

陕西“米袋子”“菜篮子”“果盘子”“油瓶子”产业发展研究

“米袋子”“菜篮子”“果盘子”“油瓶子”产业的发展不仅关系着人们的生活，也关系着农民的钱袋子，还关系着国家宏观调控目标的实现，是最实际的民生。习近平总书记强调，保障和改善民生没有终点，只有连续不断的新起点。抓好“米袋子”“菜篮子”“果盘子”“油瓶子”，找准发展与改善民生的平衡点，让老百姓感受到实实在在的民生福祉，是凝聚社会合力、适应新发展的必然要求。近年来，陕西以落实强农惠农政策为抓手，以促进农民持续增收为核心，以确保农产品有效供给和质量安全为重心，主动转变农业发展方式，积极推进农业机械化进程，农业生产能力不断提升，农产品供给能力进一步增强。“米袋子”“菜篮子”“果盘子”“油瓶子”产业的生产、加工、流通环节涵盖了一、二、三产业，保障了城乡居民的基本生活需求，其产业发展状况（生产、流通、分配等）及产品的数量和质量直接影响着人民基础或基本幸福感。

第一节　产业的特征与构成

“米袋子”“菜篮子”“果盘子”“油瓶子”产业指能为消费者提供粮食、蔬菜、水果、食用油等农产品和服务的产业，包括农产品的生产、加工、流通等多个行业。

一、产业特征

（一）基础性

“米袋子”“菜篮子”“果盘子”“油瓶子”产业的发展代表着我国农业的发展水平。农业发展是国民经济的基础和前提，具有其他产业不可替代的特殊地位和作用。农业为人类提供赖以生存的生活资料，是人类生存的先决条件，是社会生产的起点。粮食好比基础能源，菜蔬好比加工配料，粮食的生产、供应和市场稳定，对民生和抑制通胀具有重要意义。近些年，我国出现的几次幅度较大的物价上涨几乎都与农产品涨价有关。例如，2010 年突出表现为蔬菜价格上涨，2019 年猪肉价格的上涨推动着物价达到新高。农业丰，百姓安；粮价稳，百价稳。“手中有粮，心中不慌”，农业的发展是国民经济的基础，事关经济发展和宏观调控目标的实现，是稳民心、安天下的战略产业，不管经济发展到什么程度，农业和粮食的基础地位都不会改变。

（二）季节性

农产品生产具有明显的季节性，受自然因素的影响较大，所以农产品产业也具有一定的风险性。农业生产受自然条件的影响较大，风调雨顺年份和灾害年份为社会提供的农产品数量存在差异。在农产品供应不断增长的总趋势下，存在年度的差异性，即各年份增长快慢不一样，有时还会出现下降。

（三）农产品产业链涵盖范围的宽泛性

农产品产业链是指产业间通过投入与产出关系而形成的一种有机联系。农产品产业链的构成包括农产品从原料、加工、生产到销售等各个环节的关联。农产品产业的生产、加工、流通环节涵盖了一、二、三产业，体现了产业链涵盖范围的宽泛性和与其他产业的关联性。

二、产业构成

“米袋子”“菜篮子”“果盘子”“油瓶子”产业由生产者、消费者和流通三部分构成。生产部分是产业发展的基础，农民通过生产把一部分农产品留下自用，剩下的卖给其他部门加工，农产品从生产者到消费者手中要经过从农户到加工企业，由加工企业到销售企业，最后由销售企业流入到消费者手中的过程。这个过程就构成了一个农产品流通的产业链（见图 4-1）。产业链是指产业间通过投入与产出关系而形成的一种有机联系。农产品产业链的构成包括农产品从原料、加工、生产到销售等各个环节的关联，主要以农产品的流通环节为主体，囊括了收购、运输、储存、加工、包装、配送、分销等环节，分别面向农贸市场、超市/直营、餐饮企业等农产品销售商，上游是农产品的种植（包括产前的育种、肥料、机具等农资的流通和产中的种植、养殖、采摘等），下游是终端消费者。

从产业链的角度来看，农产品产业由以下四部分构成：

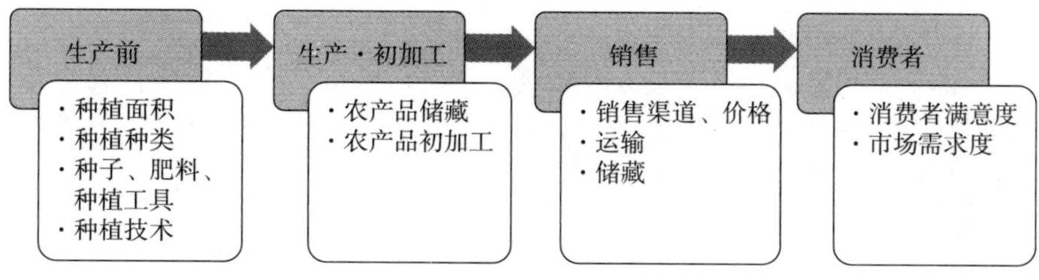

图 4-1　农产品流通过程

（一）生产体系

主要是农产品的种植，包括产前的育种、肥料、机具等农资的流通，产中种植、养殖、采摘等。农产品产前主要包括种植面积及种类的规划、种子的研发与供应、肥料供应以及新技术的开发。在这个阶段的农产品产业链中，需要充分了解农产品需求和供给的市场信息，这一阶段虽然不能直接产生价值，但可以提高农产品在销售市场上讨价还价的能力。生产体系是农业产业链的基础环节，产前体系服务于产中生产体系，产后销售和服务体系又以此为基础。

（二）产后加工销售体系

主要以农产品加工环节为主体，囊括了加工、包装等环节。农产品初加工主要是为了通过机械的方式将生产出来的农产品进行高效率、集约化处理，把农产品转化为满足现代人们消费需求或者第二、第三产业需求的基础产品。初加工的过程提高了农产品的利用率，在一定程度上增加了农产品的价值。

农产品深加工主要是指农产品加工过程中利用一定的科学技术对初级农产品进行的深度加工，这一过程是价值增值的重点环节。其作用不仅在于满足日常生活和生产需求，还在于获得更高要求的生活享受。

（三）农产品销售体系

主要以农产品流通环节为主体，囊括了收购、运输、储存、加工、包装、配送、分销等环节，分别面向农贸市场、超市/直营、餐饮企业等农产品销售商。农产品销售体系主要包括农产品的物流环节和销售环节。物流环节不仅包括农产品达到预售状态后，从加工企业运输到销售地点和消费者手中这个过程，还包括之前的运输和储存。

（四）农产品服务体系

农产品的服务体系主要包括农产品流通过程中的物流服务、农产品安全保证以及农产品售后突发问题的处理等。农产品服务体系主要是农产品产业链的辅助体系，能够减少可能带来的损失，因此核心企业需通过与连锁企业、大型批发市场和出口加工企业建立直供关系，在发展现代农业、增加农民收入、保障农产品有效供给等方面提供支持。

第二节　产业与幸福感的关系

一、理论分析

农产品产业的主要参与者为生产者和消费者，群体不一样，对幸福感的要求不一样。在一些调查报告中，我们发现与过去相比较，农民的幸福感增强但仍偏低，其中，农业增收难、就业压力大、物价上涨、社会保障水平低、农村文化建设缺失等都是影响农民幸福感进一步提升的原因。另外一些研究指出，住房条件、农村道路、生活饮用水等基础设施建设对农民幸福感具有显著影响。从现有的研究分析发现，多个研究在幸福感影响要素中都提到了农民经济收入。随着经济的发展，我国城镇居民和农村居民收入差距显著，2018 年农村居民的收入仅为城镇居民的 37%。在农民收入问题上，习近平总书记强调，增加农民收入是“三农”工作的中心任务，农民小康与否，关键看收入，高水平全面建成小康社会，农民最直观的感受就是收入水平有没有提高，这是农民提高获得感的重要基础。所以，提高农村居民的收入可以提高农民的获得感和幸福水平。

一些关于消费者的调查研究提到，消费者最关心的问题是食品安全问题。农产品生产过程复杂、周期漫长，更重要的是农产品销售渠道单一，由于陕西省传统农产品的流通渠道不畅，中间环节较多，导致农产品销售价格较低，农民入不敷出，收入往往无法抵扣农资成本。再加上农产品种植面积逐年减少，农民种植积极性受到打击，导致消费价格高出初始价格几倍，促使一些不健康、不安全的非法农产品流入市场，危及人们的身体健康。从幸福经济理论的角度来看，发展“米袋子”“菜篮子”“果盘子”“油瓶子”产业不仅可以提高农民的收入效益、改变农民的生活水平，还间接提高了农民的自由指数、平等指数、和谐指数等非收入效益，保证了农民的幸福感，可以从根源上解决食品安全问题，从而提高消费者的幸福感。民生通，则民心通。“米袋子”“菜篮子”“果盘子”“油瓶子”产业一头是农民，一头是市民，产业的发展不仅关系着人们的生活，还关系着农民的钱袋子。提高农民收入，让农民感受到实实在在的民生福祉，保证生产质量，促进社会和谐稳定，不断满足人民对美好生活的向往。

二、计量分析

在理论研究的基础上，通过问卷对相关影响进行计量研究。问卷调查对象为农产品消费者，问卷设置的目的是调查农产品消费中影响消费者幸福感的因素。以消费者的感受为本，进一步改善农产品消费过程的问题，为消费者提供更加完善的农产品消费环境。研究的主要变量是农产品消费中影响消费者幸福感的因素，包括农产品的质量、价格、品种多样性、包装、品牌、购买的便利性等方面。

本书所涉及的分析数据都是通过问卷结果整理出的数据。为了保证研究数据的有效性和可靠性，问卷的发放与回收主要通过问卷星的方式进行。问卷的来源渠道主要通过微信和手机提交（见图 4-2）。有效样本 157 个，样本量足够。信度系数值为 0.890，大于 0.8，因而说明研究数据信度质量高。综上所述，研究数据信度系数值高于 0.8，说明数据信度质量高，可用于进一步分析。

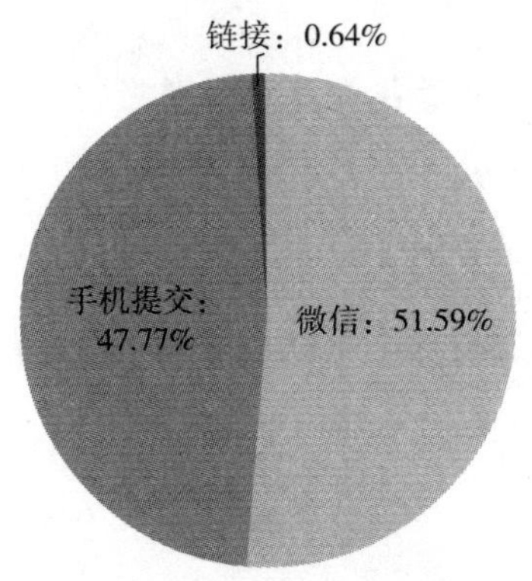

图 4-2　问卷的来源渠道

关于消费者对农产品各影响因素的注重程度，通过问卷数据来分析相关评价信息的比例分布（见图 4-3）。通过统计结果可以看到，假设每个影响因素的注重程度为 100%，消费者在农产品的消费过程中最关心的是农产品的质量安全，注重程度为 61.15%；其次是农产品的品牌，注重程度为 49.04%；农产品购买的便利性为 44.59%；价格因素为 43.95%。按照注重程度的统计结果，可以看出农产品的质量安全越高，消费者的满意度越高，保证农产品的质量、做好农产品的品牌、提高购买便利性、控制好农产品的价格，能有效提高消费者的满意度（幸福感）。

为了进一步明确各影响因素对消费者满意度的影响程度，进行计量经济分析。计量经济的理论模型为：

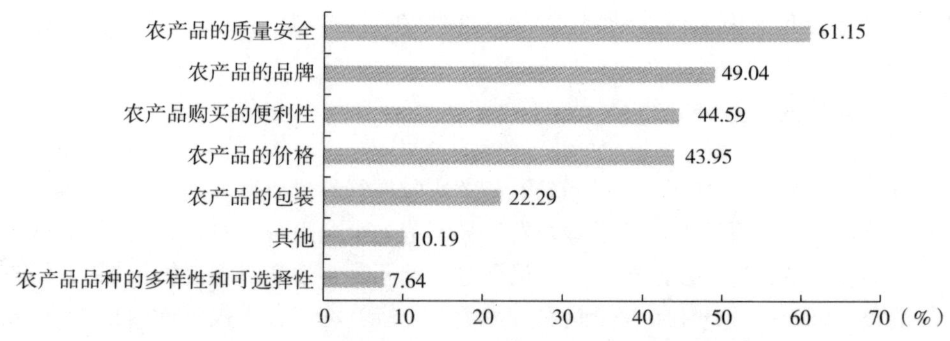

图 4-3　消费者对农产品各影响因素的注重程度

$$Y_{ij}=\beta_0+\beta_1 X_{ij}+\gamma P_{ij}+\varphi S_{ij}+\varepsilon_{ij}$$

其中，Y_{ij} 表示被访者的幸福感，X_{ij} 表示影响因素，P_{ij} 和 S_{ij} 表示模型的控制变量（性别、年龄、家庭经济状况），β_1、γ、φ 为各变量待估计参数，ε_{ij} 为随机误差项。

根据模型的分析结果，农产品的质量、品牌、购买的便利性、价格、包装、品种多样性与消费者的幸福感存在正相关关系；农产品的质量、品牌、购买的便利性对消费者的幸福感影响显著；农产品的质量安全对消费者的影响最大，保证农产品的质量安全能够大幅度提高消费者的幸福感。

第三节　产业发展现状

一、总体情况

该产业发展对全省经济发展的贡献不断扩大。第一，对地区生产总值的贡献：2018 年农业生产总值为 1830. 19 亿元，占地区生产总值的 7. 49%，占生产总值的比重为 2. 8%。第二，对地方就业的贡献：2018 年陕西省的农业从业者人数为 788 万人，占全省就业人数的 38%。

（一）区域性产业特色日渐明显

陕西省南北跨越三个气候带，关中、陕南和陕北的种植结构各有特色。陕南城固县主导产业的基本布局是南山茶叶，北山杂果，沿汉江两岸蔬菜蚕桑，平川优质米；旬阳县以黄姜、药材为主，户均种植面积达 1. 47 亩；关中的周至县发展猕猴桃和苗木花卉，种植面积占全县耕地面积的25%以上；泾阳县的大棚蔬菜是县域经济的主导产业；大荔县成为棉花主产区；陕北定边县发展出口换汇的荞麦产品和向日葵，子洲县发展绿豆，出口创汇。陕西省已从过去的"一乡一业"和"一村一品"向"数乡一业"和"多村一品"的方向发展，逐渐形成地域性产业特色的发展态势，成为推动全省农村经济健康发展的重要支柱。

（二）"米袋子"产业在生产方面

2018 年产粮 1226 万吨，全国产粮 65789 万吨，占全国的 1.9%；种植面积 3005.98 千公顷，有逐年减少的趋势；分布区域为关中地区，粮食面积占全省的 54%，陕南 24%，陕北 22%；发展模式为以政府为主导的家庭承包责任制。

（三）"菜篮子"产业在生产方面

2018 年蔬菜产量 1808.4 万吨，肉类 114 万吨，奶类 160 万吨，蛋类 62 万吨；蔬菜播种面积 495 千公顷，有逐年稳步增长的趋势；分布区域为关中地区，蔬菜面积占全省的 59%，陕北 10%，陕南 31%；发展模式由政府主导向市场主导转变。

（四）"果盘子"产业在生产方面

2018 年水果产量 1566 万吨，苹果 1008.7 万吨，占总体的 64%，占全国总产量的 1/4；播种面积 495 千公顷，有逐年稳步增长的趋势；分布区域为关中地区，蔬菜面积占全省的 59%，陕北 10%，陕南 31%。目前，水果产业已成为继粮食、蔬菜之后的第三大农业种植产业。随着居民收入水平的提高，消费升级的一个结果就是老百姓买水果更注重品质、品牌。进口水果消费的持续暴增是不争的事实。由于生鲜水果属于高频消费、高损耗品，所以城市周边都发展了不少农庄、水果基地，真正做到了产地直供。发展模式主要为市场主导型。

（五）"油瓶子"产业在生产方面

2018 年菜籽和花生产量 61 万吨，全国 3433 万吨，约占全国的 1.8%；播种面积 285 千公顷，种植面积稳定；分布区域主要集中在陕南，陕南油料面积占全省的 56%；发展模式为政策调控与市场引导并存。

二、存在的问题

结合陕西省的农产品产业发展现状来看，"米袋子""菜篮子""果盘子"

“油瓶子”供给总体充足。但是，农产品产业在生产方面，优质农产品品种较少，价格较低。农产品产业链是一个半截子的产业链，产销不对接。产业链各个主体之间的协调效率较低，产前、产中环节以分散的农户为主；产后加工环节大部分为中小企业；流通销售环节，渠道多而混乱，成熟的农产品往往得不到及时的销售，时常出现“销售难”问题。传统的农产品产业发展模式已经不适合现代农业的发展。

“米袋子”产业目前存在的问题是粮食生产的基础还不牢固；粮食生产的抗灾能力还不强，靠天吃饭的问题还没有得到很好的解决；农民种粮规模小、效益低、抵御风险能力差。粮食产业的集约化管理，规模化生产是发展的关键。

“菜篮子”产业目前存在的问题是产销信息不对称，同类型农产品重复生产，造成供大于求，滞销问题严重。在未来的发展中应当掌握农产品的种植规模和市场信息，正确引导农民积极调整种植结构，规划生产，扩大销售渠道、解决销路问题。完善批发市场、超市、零售市场等交易场地的建设，在不同地区建设不同形式的销售市场，改善销售地的交通问题，西红柿、葡萄等对新鲜度要求较高的农作物，应尽可能地减少从产出到销售过程的时间，降低农户的运输成本，提供更多的销售地供农户选择。

“果盘子”产业目前存在的问题是水果单产水平低，主要表现为苹果产业的发展主要依靠规模扩张来增加产量，果业产业大而不强。提高质量，树立品牌是解决问题的关键。

“油瓶子”产业目前存在的问题是主要油料作物只有菜籽和花生，品种结构单一，满足不了消费者对食用油的高端化、多样化需求。在未来的发展中品种多样化是关键。

第四节　产业发展内容与重点

一、产业发展问题的成因

（一）粮食作物的播种面积连年减少

种植面积是粮食产量的保证。2010～2018 年陕西省粮食播种面积年均递减 6.3%。从主要粮食品种看，内部结构呈“一平、四减”的变化。“一平”为稻谷面积基本持平。就年均递减速度而言，“四减”中以薯类为最，年均递减9.5%；小麦其次，年均递减7.4%；豆类年均递减3.7%；玉米年均递减1.8%。耕地面积减少是直接导致农作物播种面积减少的首要原因。一是随着退耕还林还草政策的逐年实施，山区农户的耕地面积逐年减少，抑制了农作物播种面积的增加。二是随着西部大开发步伐的加快，国家基建占地、其他基建占地和耕地改为园地的趋势日益明显。

（二）品牌效应低，价格不稳定

截至目前，可以拿得出手的品牌化农产品还太少。例如，榆林地区曾在央视打出广告的米脂小米，还有《舌尖上的中国》中提及的油馍馍、空心挂面，让这几样产品迎来了全国各地的客商和订单，价格随之上涨，对整个榆林的农产品产生了很大的拉动作用。“洛川苹果”“周至猕猴桃”“关中黑猪肉”的知名度不高，品牌效应低。相比东部省区，陕西品牌化的农产品仍然偏少，挖掘还远远不够。

（三）生产规模小，产业链不完整

从之前的靠天吃饭，到后来的集体生产，再到20世纪80年代的家庭联产承包责任制以及后来的土地流转，大多数地区的农业生产并没有形成一套完整的产业规划，农、林、牧、渔等各自为战，生产模式单一；绝大多数农户的农业生产为自产自用，种植、养殖没有形成规模，对农产品的精深加工不够，尚未形成完整的、可持续发展的产业链。

现阶段，陕西的农产品产业链的整体产业化水平不高，产业链各个主体之间的协调效率较低。产前、产中环节以分散的农户为主；产后加工环节大部分为中小企业；流通销售环节，渠道多而混乱，缺乏有效管理。

最近几年，一些农产品在农村地区得到了推广。例如，规模性的葡萄种植，大棚西红柿、辣椒、蔬菜等的栽培，在当地生产效果好，产量较以前有所增加，但是由于产业链不完整，产销信息不对称，种植同种农作物的农户较多，总体产量高，而当地农民主要在农贸市场上销售，市场上同类农产品供给大、价格低，农民只能以较低的价格卖出去；加之储存技术不足，许多滞销的农产品只能浪费掉，并未达到所预期的高收益。

（四）生产科技不高，精深加工不够

市场上出售的婴儿用小米粉产自山西，一盒（400克）三十几元，而榆林米脂小米营养丰富，远近闻名，500克只能卖到6~8元。定边的土豆“论吨卖”，

设立淀粉加工厂后“论斤卖”，而外地厂商把它加工成薯条、薯片后“论克卖”，价值翻了数十倍。所以说，绝大部分的农产品没有通过生产科技、精深加工使之价值更高。

（五）劳动力不足，青壮年外流，劳动力老龄化

近年来，外出务工的农民越来越多，相比在家务农，外出打工的成本更低，所得到的收入更多。一些农民常年在外务工，农业劳动人口老龄化严重。2018年陕西省的农业从业者为788万人，相比上年减少了2万人，主要原因是农民收入低。2018年陕西省农村居民的年人均可支配收入为1.1万元，仅为陕西省城镇居民的年人均可支配收入的34%；与全国农村居民的年人均可支配收入的14617元相比还差3617元。农产品生产过程复杂、周期漫长、劳动付出和收入不成正比，打击了农民的生产积极性。

二、产业发展的重点

（一）加快农村土地使用权流转，实现农业规模化发展转变

规模化生产、集约化管理、产业化经营是现代农业发展的必然。加快农村土地使用权流转，实行连片开发，提高土地产出率、资源利用率和农业劳动生产率。

促进土地向种田能手及农业企业合理流动，使农业从传统的小农生产经营逐步向规模化、市场化、现代化方向发展，让农业企业和农业大户成为陕西农业生产的主力军。

陕西省榆阳区的土地流转政策在全国范围内属于首创，在实践过程中已经收到了很好的效果。截至2019年初，共有11个乡镇112个村553个组实施了“一户一田”，整合耕地面积37万亩，农户户均耕地由7.7块变为1块，户均耕地面积增加了3.9%，亩产值增加了15.2%，减少了土地撂荒，提高了土地利用率，有力推动了产业结构调整和适度规模经营。

（二）打造区域特色农业

根据关中、陕南和陕北种植结构的特色，充分利用当地的气候条件，发挥各地的资源优势，调整农业产业结构，做大特色产业规模，发展优质、高产、高效、生态、安全的绿色农业，促进产业园区带动当地特色农产品或优势农产品的基地化生产以及相关服务行业的发展，打造“产业园区+物流园区+服务基地+区

域农业”的产业体系。

关中和陕北为粮食重点产区。关中粮食的单位生产水平高，是稳定粮食生产的基本保障。陕北秋粮面积占比大，是未来面积扩大和秋季杂粮发展的重点，如打造粮食生产基地。渭北为苹果优生区，果品品质好、产量高，产业优势已经形成，可以打造苹果产业园区。

(三) 扶持龙头企业，形成政府引导龙头、龙头带动合作社、合作社组织农民的发展模式，促进整条产业链的完善

目前，陕西省农村农产品的销售多以个体自行销售为主，信息不对称所导致的客商压价、产量较小没有话语权、供大于求的买卖现象给农民的农产品销售带来了不利影响；农户对农产品的储存、加工、物流等延伸性环节了解较少，增加了农产品销售的局限性。随着我国经济的发展，人们对农产品的需求向高端化、安全化、多样化、快速化、便捷化等方向发展，这对农产品的销售提出了更高的要求，传统销售方式已不能满足消费者的个性化需求。

当前，我国农户的农产品生产和销售的主要特点是：农户的生产规模和土地经营规模过小，农户经营行为过于分散。对比国外农业发达国家，要实现农业现代化，提高农产品的市场竞争力，就必须实现农业的规模化和产业化。构建农产品产业链，可以促进消费者与农户的良好互动，更快速、准确地传达消费者的需求，促使农户规模化、专业化种植，促进农业向绿色、有机、健康的方向发展，加速农业现代化进程。完善产业链是该产业的发展关键和方向。

2019 年陕西省的农业产业化重点龙头企业除了动态监测合格的 429 家企业外，再添 143 家新企业，共计 572 家。陕西省农业农村厅公布，2020 年省级农民专业合作社百强示范社已经达到 310 家。农民专业合作社上联企业下联农民，对发展现代农业、带动农民增收具有十分重要的作用，应加大扶持力度。

(四) 建立农产品电子商务平台销售链

相较于传统销售模式，电子平台销售链可以更好地集中交易信息，进一步强化传统产业链上各节点的产供销系统，从而形成以顾客需求为导向、规模化生产、精准化营销、多样化支付的市场模式，减少中间的复杂流通环节，提升生产者的利润空间。

陕西省供销合作社的电子商务发展迅速，已拥有专业电子商务公司 113 家。2018 年陕西省供销合作社的电子商务销售 31. 78 亿元，同比增长了 36. 3%。代表企业为陕西供销电商集团，陕西供销电商集团已建成“苏宁易购 · 西安馆”“三秦供销”淘宝集市店等电子商务平台，开设了农产品销售专区，特色、优质农产

品受到了顾客的热捧。

未来，应该组织供销系统资源与电商对接，逐步形成全省性、一体化的农产品电子商务平台销售链。打通工业品下乡和农产品进城双向流通渠道，为农民提供更加便利、安全的消费环境，引导农村消费提质升级。

第五节　产业发展对策与政策建议

一、加强基本农田建设，确保陕西粮食生产稳定

保证耕地面积。耕地面积减少是直接导致农作物播种面积减少的首要原因；正确处理经济发展用地和农业用地的关系，切实加强耕地保护和基本农田建设力度，保持农用耕地总量相对稳定。虽然陕西人均耕地略高于全国平均水平，但优质耕地比重低于全国平均水平，因此要加快农田水利设施建设，提高抗旱能力，加强中低产田改造，提高优质农田数量，夯实陕西农业生产发展的重要物质基础。

调整种植结构。政府要合理规划粮食作物种植面积与经济作物种植面积。在农业产业结构调整中，政府的职能就是引导、服务和宏观调控，帮助农民分析市场行情，指导农民确定适应市场需求的种植养殖计划；加快土地流转，促进土地向农业企业和种粮大户、种粮能手集中和转移，推进农户家庭集约化经营，实现粮食的规模化生产，确保粮食安全。陕西省榆阳区的土地流转政策在全国范围内属于首创，在实践过程中已经收到了很好的效果，应在省内积极推广。

二、优化产业布局，打造优势品牌，做大做强陕西水果产业

陕西果业生产规模不断扩大，但水果亩均产量在全国的位次与水果面积、总产量在全国的位次不匹配，果业生产大而不强，应加快调整果业产业布局，稳步扩大优生区种植面积，调减非适宜区种植面积，促进果业向优生区集中；大力推进果品标准化生产，积极发展绿色果业，培育壮大龙头企业和专业合作社，发展果品深加工、综合加工，重点提高苹果主产区的产后加工处理能力。延长果业产业链，建设苹果网上交易平台，实现苹果现货挂牌交易和中远期交易，做强陕西果业。

三、以设施农业为抓手，加快推进现代农业发展

设施化是现代化农业的重要标志之一。陕西以日光温室、大拱棚为代表的设施蔬菜产业迅速发展，对转变农业发展方式发挥了重要作用；各级政府要采取有效措施，大力支持设施农业发展，加大财政对设施农业的投入，整合涉农项目资金，拓展融资渠道，逐步建立多元化的投资机制；运用政府引导，龙头带动，合作社对农户积极推广等多种途径和方式推动优质、高产、高效的设施农业发展，以日光温室和大拱棚设施建设为突破口，加快推进陕西现代化农业发展进程。

四、提高农民的科技素质

根据第三次全国农业普查主要数据公报的统计结果，2016 年西部地区农业生产者的受教育程度为，小学 32.7%，初中 52.6%，高中或中专 7.9%，大专及以上 6.8%，受教育程度普遍偏低。农业生产模式的改变、现代化农业的发展都离不开农业生产者业务水平的提升。农业生产者是农业发展的主力军，普及教育，提高劳动者的文化素质，使农民有能力走向市场。首先引导农户改变观念，提高对农业经济的认知，消除人们对农民的偏见。从教育入手，注重农业类大学与农业生产的紧密结合，培养应用型的农业技术人才；对于农业职业类学校，培养方式为理论联系实际，使学生既学会种植、养殖等基本技能，又熟练地掌握农业生产经营和流通等相关知识，培养出实用性人才。重点培养农业产业化发展急需的企业经营管理人员、农民专业合作组织带头人和农村经纪人，切实解决农业产业化推进中的人才紧缺问题。

五、培育农业龙头企业，促进农产品产业链延伸

农产品加工行业具有产业关联度高、带动能力强、基础支撑作用大等特性，应当引导社会资本由煤炭等产能过剩的工业行业流向农产品加工行业，在解决企业经营困境的同时带动当地就业。择优选取一批有发展前景的中小型农产品加工企业给予重点扶持，构建“市场牵龙头、龙头带基地、基地联农户”的农业产业链经营模式；鼓励龙头企业加快引进新技术、新工艺、新设备，用高新技术改造传统生产工艺，逐步实现由初加工向深加工、由粗加工向精加工的转型，不断增强市场竞争力；通过龙头企业促进陕西农产品的生产、加工、物流、销售产业链的延伸，有效地提高陕西农业的附加值，确保陕西农产品产业的持续健康发展。

第五章
陕西幸福产业之医养产业发展研究

伴随着以老年人为主的群体的多样化养老需求的增加，陕西省为应对老龄化做出了积极举动和广泛探索，形成了多种具有特色的医养服务模式，在一些实力较为雄厚的养老机构或医疗机构也得到了较好的实施，并取得了良好的经济和社会效益。但医养产业的发展也仍存在着一些制约医养服务水平提升的问题，只有突破这些发展瓶颈，才能更好地满足以老年人为主的群体的多样化健康和养老需求。

第一节　产业的特征与构成

一、产业特征

医养产业是根据老年人群体的需求，以养老服务为基础，以医疗服务为重点，消除医养分离状态，囊括日常照料、心理健康、价值体现等方面，为老年人提供生活服务、医疗监护、长期护理、康复锻炼及临终关怀等服务。陕西省医养产业的发展特征主要表现在以下几个方面：

（一）未来发展需求大

2019 年陕西 60 岁以上的老年人口 674.7 万，占人口总数的 17.46%。老龄人口以每年 3%左右的速度增长，随着社会经济水平的进步和发展，医疗技术条件不断改善，有效延长了老年人的寿命。与此同时，许多独生子女离家追求更好的发展空间，社会中独居和空巢老人越来越多。这些变化促进了人们对养老、医疗机构的需求，需求量远远大于供给。随着老龄化程度的继续加深，医养结合的市场还将不断扩大。

（二）涉及范围多元化

医养产业作为原有医疗、养老产业功能的扩展，体现了国家将老年病防治、康复护理、临终关怀等医疗服务加入养老服务的观点，是养老服务社会化的新阶段。陕西医养产业的服务范围不能仅仅局限于以往的医疗和养老服务，除了基础产业，还要有相关和衍生出的组成产业，产业构成涵盖了生活保障、精神心理、价值实现等方面，涉及医疗、康养、旅游等多个产业领域。

（三）对服务品质要求高

医养结合服务不再是以往简单的日常生活照料服务，而是医疗和养老服务的整合，更加强调专业的服务水准。养老机构的老人多属于失能半失能的老人，他们不仅需要生活上的照护，更需要医疗作为保障。对于医养结合型养老机构，服务种类、质量上的要求要高于传统医疗机构和普通养老机构。能否提供更高品质的医养结合服务对医养产业的可持续发展具有重要的影响作用。

（四）市场化特征明显

医养产业发展要求市场力量参与，提高市场运行效率和市场供给能力，资金来源、服务对象、运行管理等市场化特征明显。完全依靠政府组织实施养老具有一定的局限性，医疗养老服务体系建设属于全社会共同事业，政府在这一过程中扮演的角色更倾向于协调者和管理者，在不放弃责任的基础上，把可以交给市场的环节让市场去做，市场对资源有效配置有着天然的优越性，从而达到降低服务成本、提高服务品质和效率的目的。

（五）合作主体的多样性

陕西省首家医养结合联盟（西电集团医院医养结合联盟）正式签约成立，打造以合作的形式为养老机构提供分层级、无缝隙医疗服务的“三级医疗体系+养老机构”的新型医养结合模式。陕南地区通过提升公办养老机构对“医”的职能拓展；关中地区的宝鸡、西安等地很多医疗机构通过转型进行养老服务，对一些发展规模较大的养老服务机构增加医疗设施；而陕北地区能够实现医养结合服务的机构还较少。但全省各市都进行了大量的尝试和探索，越来越多的传统型养老机构和医疗机构依据自身独特的优势，积极转型为各具特色的医养结合养老服务机构。

（六）公共服务的智慧性

运用信息通信、人工智能等新兴技术来提供智能化的医养服务和产品，为医养服务的智能性创造技术条件。西安马应龙医院就以群众实际养老需求为出发点，开启了“三三联动”智慧养老服务信息系统的服务模式。通过“三三联动”医养融合服务平台及配套智能硬件，把医养结合服务向社区、居家养老延伸，为更多老人提供全方位的医养服务。这种医养结合新模式的尝试体现了新兴技术与传统产业的融合，更好地满足了多层次、多样化的健康养老服务需求。

（七）社会资本的参与性

陕西医养结合的养老服务机构大都有社会资本等社会力量的参与，老年公寓和养老护理院成为养老服务市场的投资热点。例如，民营的西安博瑞养老院、商洛的百顺山老年公寓、安康的反哺堂和夕阳红老年公寓、宝鸡的姜炎老年公寓和福乐养老公寓等发挥了民营资本的优势，集聚了一批医养结合养老服务的经营管理专业人才，创新了管理服务方式和方法。它们大量使用“互联网+”的信息技术，服务能力和服务质量较高，充分发挥了民间资本在参与养老服务中需求的针对性，在满足老年服务的个性化需求方面发挥了重大作用。

二、产业构成

医养产业属于大医疗、大养生的范畴，医疗的目的是祛除疾病，而祛除疾病不能光靠“医”，很多时候还得靠“养”。因此，医养产业是集医疗、康复、养生、养老等为一体，为社会提供医养结合产品和服务的产业总和（见表 5-1）。

表 5-1　医养产业构成

医养产业	基础产业	养老服务机构、老年医药与健康、医院
	相关产业	专业养老医疗设施、康复器械与装备、专业护理人员招聘、颐养旅游
	衍生产业	老年金融、老年保险

从服务内容上看，医养产业不仅为中老年人提供了日常起居、文化娱乐、精神心理等养老服务，更强调为老年人提供医疗保健、健康检查、疾病诊治、大病康复、临终关怀等医疗卫生服务。在服务对象上，传统养老服务多针对身体健康、具备自理能力的中老年人，而医养产业不仅能为身体健康的老人提供养老服务，还能为失能、半失能老人提供针对性服务。

第二节　产业与幸福感的关系

一、理论分析

（一）满足新型养老需求

就养老问题来说，中老年人除疾病治疗以外的健康维护和健康促进需求迅速增长，单纯以疾病治疗为中心的医院已无法有效满足老年人不断增长的多样化健康服务需求，这势必会制约中老年人养老幸福感的提升。医养结合社会养老服务就是在老年人群体的日常照料与医疗护理的双重需求日益旺盛的背景下，提出的一种有利于老年群体健康养老的探索模式。因此，大力发展医养产业，可以有效地满足社会养老健康需求，提升中老年人的幸福感。

（二）提高养老生活质量

中老年人面临着“三下降”的社会危机，即经济活动能力下降，收入急剧减少甚至中断；身体机能下降，慢性病高发，尤其是高龄老人，他们中有很大一部分已经丧失了自理能力；精神需求下降，中老年人逐渐退出社会生活，仅靠忙碌的子女陪伴大多无法满足精神需求，中老年人普遍会产生孤独感。基于此，医养产业顺应了中老年人的现实需要，以健康维护和健康促进为中心，依托社区，从中老年人的生理、心理、社会适应三方面提高健康养老质量。提高社会福祉，增强人民幸福感、获得感，发展医疗养老结合产业成为了必然选择。

（三）减轻家庭养老负担

如今，家庭人口日趋小型化，养老压力越来越集中，一对夫妻对于如何分配工作之外的有限时间既照料抚养双方父母又培育后代的考验越来越严峻。医疗与养老系统各自独立，日常生活照料与医疗监护服务相对分散，无形中给赡养人和中老年人造成了奔波于家庭和医院之间的负担。医养结合建立了医疗机构与养老机构间的绿色通道，能够缓解仅仅依靠个人和家庭的力量承担养老和医疗护理的重担。这种“减负”不仅使家庭中的年轻劳动力可以全身心地投入到工作中去，增加家庭收入，提高生活质量，而且还为社会提供了更多的工作岗位，有利于维护社会稳定，提高社会幸福感、获得感。

二、计量分析

本书以陕西省的中老年人为主要调查对象，采用分层整群随机抽样方法，分阶段进行抽样。以陕西省为调查区域，发放问卷 270 份，收回有效问卷 205 份，有效回收率为 75.9%。采用 SPSS 24.0 统计软件对问卷数据进行录入、整理和分析。为了考察陕西省中老年人的主观幸福感，我们请受访者对自己生活中有关医养产业服务的几个主要方面进行打分。我们将受访者的问卷按五分法归类，取值从 1 到 5。其中，1 代表非常不满意，2 代表比较不满意，3 代表一般，4 代表比较满意，5 代表非常满意。同样，我们还请受访者对医养产业服务的满意度、获取及时性和供给充裕度进行了打分。将调查问卷数据整理后，作为分析的样本数据。

（一）模型构建

本节采取医养服务的及时获取性、医养服务的满意程度及医养服务的供给充裕度这三个指标来度量。选取这三个指标是因为它们从产业服务质量和产业供给规模两个方面测量了中老年人对当地医养产业的直观感受，是中老年人能够切实感受到的，并且与中老年人对医养产业的整体幸福感直接相关。以中老年人的幸福感为因变量，以医养产业服务的满意度、获取及时性、供给充裕度为自变量，构建陕西省医养产业对中老年人幸福感影响的模型（见图 5-1）。

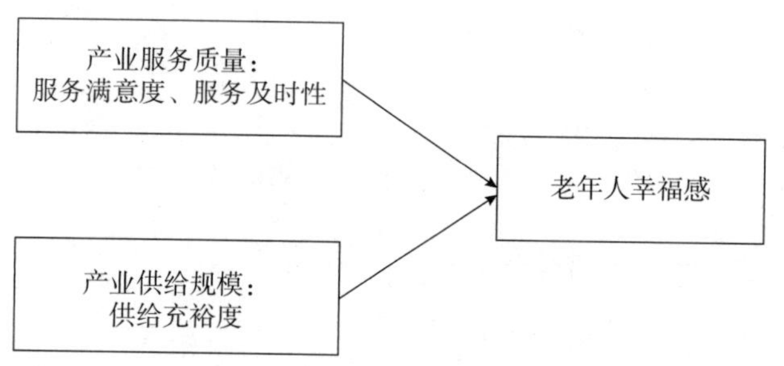

图 5-1　中老年人医养幸福感评价模型

（二）实证分析

本书采用线性回归分析方法对 205 个样本进行线性回归，测量结果见表 5-2。

表 5-2 线性回归结果

因变量：幸福感 y		估计系数	t	显著性	F
截距项		3. 385	110. 344	0. 000	81. 451
产业服务质量	服务满意度 X_1	0. 005	11. 347	0. 000	
	服务及时性 X_2	0. 028	4. 322	0. 000	
产业供给规模	供给充裕度 X_3	0. 021	3. 034	0. 002	

由表 5-2 可以看出，陕西省医养产业服务与中老年人幸福感之间的关系为：

$$Y=0.005X_1+0.028X_2+0.021X_3+3.385$$

根据分析结果，可以得出：第一，医养产业服务质量与中老年人的幸福感正相关。医养产业服务的满意度和及时性每增加 1%，中老年人的幸福感就分别增加 0. 005%、0. 028%。一般来说，身体健康状况对中老年人来说是至关重要的幸福感影响因素，大多数中老年人都十分担心自己因为身体原因日后无法生活自理，这会直接影响中老年人的就业、生活以及精神状况。医养服务满意程度越高，中老年人越能得到及时的治疗和康复。健康的身体是安度晚年的保证，因此，高质量的医养服务可以正向提升中老年人的幸福感。第二，医养产业的供给规模与中老年人的幸福感正相关。截至 2018 年，陕西省已有 146 个二级以上医疗机构开设了老年病科，1497 个医疗机构开设了中老年人就医绿色通道。但这些只能在短时间内解决中老年人的医疗需求或康复需求，对于失能、半失能、失智老人的生活照护及长期康复和治疗等问题依然无法很好地解决。医养产业供给充裕度每增加 1%，中老年人幸福感就增加 0. 021%。随着医养产业供给规模的扩大，越来越多的个性化医养需求得到满足，能够正向提升中老年人的幸福感。

第三节　产业发展现状

一、产业发展规模

（一）陕西省养老产业的发展规模（见表 5-3）

根据《陕西统计年鉴》（2019），截至 2018 年底，陕西省各类养老服务机构和设施 6768 个，其中老年收养性机构 478 个（包括城镇及农村的敬老院、养老院、老年公寓）。

表 5-3 陕西省养老产业的发展规模

年份	老年收养性机构（个）	工作人员（人）	床位（张）	年在院总人数（万人）	65 岁及以上人口数（万人）	65 岁及以上人口占总人口比重（%）
2009	817	2799	39125	872.3	343.99	9.11
2010	822	3401	49861	1013.1	318.41	8.53
2011	856	3949	64432	1296.8	325.98	8.71
2012	846	4076	65734	1323	336.65	8.97
2013	840	4709	80979	1409.4	354.92	9.43
2014	630	5532	71474	1378.3	376.38	9.97
2015	455	5087	71999	1127.6	383.46	10.11
2016	471	5735	75402	1140.4	394.99	10.36
2017	489	7252	76464	1008.6	414.23	10.80
2018	478	8006	76696	1008.6	439.72	11.38

一方面，从年鉴数据可以看出，伴随着以老年人为主的群体的养老需求的多样化，陕西省为应对老龄化做出了积极举动和广泛探索，并取得了一定成就。从事养老产业的工作人员的数目显著提升，2018 年达 8006 人，老年收养性机构床位显著增加至 76696 张，医院承载能力增强。

另一方面，养老服务供给量仍小于需求量。2018 年陕西省 65 岁及以上人口 439.72 万人，比上年增加了 25.49 万人，该年龄段的人口占比达 11.38%，一直呈上升趋势，2018 年较上年上升了 0.58 个百分点。面对人口老龄化的趋势，养老服务供给量仍小于需求量，以老年人为主的群体需求难以得到满足。

（二）陕西省医疗服务产业发展规模

根据《陕西统计年鉴》（2019），截至 2018 年底，全省拥有医疗卫生机构 35300 个，在全国各省市中排第十一位（见表 5-4）。其中医院 1175 家，基层医疗卫生机构 33412 个，专业卫生机构 613 个，其他卫生机构 100 个。陕西省卫生机构共有床位 253711 张，其中医院病床 204359 张，基层医疗卫生机构 39933 张，专业卫生机构 8651 张，其他卫生机构 768 张。陕西省的卫生医疗资源相对比较充裕，2018 年底全省医疗卫生机构 35300 个，与 2017 年相比减少了 561 个，其中医院增加了 25 家，由于撤乡并镇，基层医疗卫生机构、卫生院都有所减少。

表 5-4　陕西省医疗服务产业的发展规模

年份	医疗卫生机构数（个）	卫生人员数（人）	卫生机构床位数（张）	出院者平均住院时间（天）
2009	33928	245400	134400	
2010	35696	260100	142300	9.7
2011	36396	275500	153800	9.8
2012	36271	293800	169200	9.5
2013	37137	321900	185100	9.3
2014	37247	336300	199400	9.2
2015	37030	349900	211900	9.1
2016	36598	372600	225400	8.9
2017	35861	393800	241300	8.8
2018	35300	410900	253711	8.6

除此之外，陕西省老年人住院时间整体较长，工作人员数和床位数逐年增加，为陕西省的医疗服务产业提供了坚实的基础，使 2018 年医疗卫生机构出院者平均住院时间较 2017 年缩短了 0.2 天，减少为 8.6 天。

二、产业结构现状

陕西省医养产业的结构主要分为三种，包括基础产业、相关产业和衍生产业，三者都有不同程度的发展（见图 5-2）。

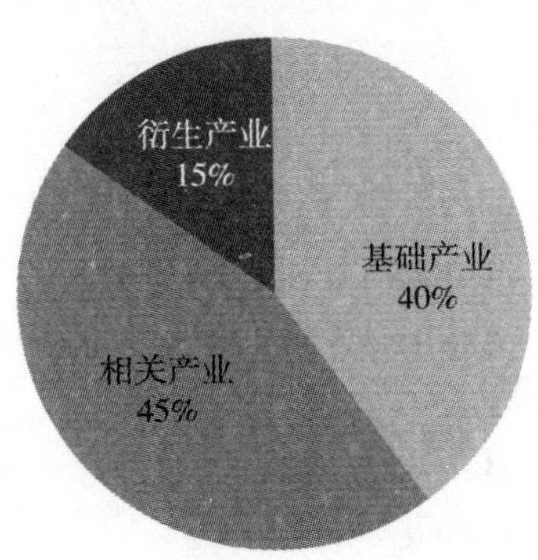

图 5-2　陕西省医养产业构成

（一）基础产业

陕西省医养产业结构中的基础产业包括很多种类。首先，老年医药与健康包括中药的种植、原材料的开发等，其供应医疗药品和用品的制作。陕西省的中草药材主要集中于陕西南部，种植在森林或山坡下，作为一项重大的产业扶持项目，已经形成了一批具有明显地理优势和品牌效应的种植基地，带动了中草药材在全省的稳定发展。2020 年第一季度，全省中草药材播种面积 203.4 万亩，增长了 1.8%；中药材产量 9.11 万吨，增长了 4.2%。由于中草药在治疗新冠肺炎方面的有效性，其已逐渐被社会认可，尤其是在海外市场，市场需求显著扩大，中草药产业快速发展。截至 2018 年，共有 35300 家医疗卫生机构以及 478 个养老机构。陕西省正在继续加快家庭护理设施建设，按照人均土地面积至少 0.1 平方米的标准，实施居家养老服务设施的配套建设，在城市街道上建立一院（小型社区养老院），在城市社区建立一中心（社区日间照料中心），在城市居民小区建设一站（养老服务站点）。

除此之外，还包括养老地产。陕西省西安雅荷花园地产是陕西省第一家提出养老地产概念的公司。随着其首个老年人专业公寓的建设，养老地产已逐渐成为陕西产业发展的新增长点。但总体而言，陕西养老地产仍处于开发的初期阶段。这些产业为陕西医养产业的发展奠定了良好的基础，约占陕西医养产业总量的 40%。

（二）相关产业

陕西省医养产业的相关产业主要包括三个方面：一是为老年人提供专业医疗设备、专业消耗品和专业家具的产业。中间生产的机器和药品是这方面的主要物品，其作用是确保医疗药品和消耗品的正常使用。近年来，陕西省医疗器械行业发展迅速，截至 2018 年底，全省共有 232 家医疗器械制造商，注册产品 800 种，医疗器械制造商和注册数量在西北地区排名第一。

二是智能专业护理产品、康复设备、专业护理人员的招聘以及老年人护理服务的培训等供应链中的产业。供应链中的产业主要负责将医养研究以及所使用的产品连接并运送到使用这些产品的机构和社区。截至 2018 年底，陕西省卫生人员已达 410900 人。老年人居家养老时，输液之类的服务可以上门，和医院的服务一样，使老年人群体在家就可以得到护理，那么人们不必去医院占用人力资源，也有助于缓解三甲医院中人很多的情况。

三是包括学习、心理咨询、娱乐、旅游、营养和医疗保健以及其他满足老年人“老有所乐，老有所为”需求的产业。截至 2019 年底，各级建设了 10000 多处养老机构和服务设施，培训了20000多位养老护理人员，床位拥有率为每1000名老年人31.9张床位。医疗服务主要包括为社会提供的能够满足人们医疗需求并为人们带来实际利益的医疗成果和非物质服务。医疗成果主要指医疗及其质量，可以满足人们对医疗服务效用价值的需求。非物质服务主要包括服务态度和承诺等，可以为患者带来额外的信任和心理满意度。陕西省医养产业中的相关产业稳步发展，约占医养产业的45%。

（三）衍生产业

陕西省医养衍生产业主要包括老年金融、老年保险和老年理财。“暖分助老”项目是老年金融的一个典型例子。对于陕西如此庞大且迫切需要帮助的老年人，西安市民政局和陕西建设银行分行依靠智能养老服务信息平台，根据老年人的需求建立了新的共享养老模式。老年人及其子女可以通过储蓄、消费和参加慈善活动分别赚取储蓄积分、消费积分和公益积分，然后家中的老年人可以使用积分获取相应的老年护理服务。“暖分助老”为整个社会提供了帮助老年人的新渠道，不仅可以减轻老年人及其家庭成员的经济压力，还可以提升社会的养老服务能力。

关于老年保险，调查显示有96.4%的医养结合机构的老年人拥有医疗保险，其中，城镇职工基本保险占64.6%。除了参与程度最高的基本医疗保险之外，由于医养结合机构的护理风险以及医患纠纷的风险较高，针对老年人的社会保险和金融服务也较少。为了填补老年人意外伤害保险的空白，中国人寿保险股份有限公司陕西分公司于2015年启动了老年人意外伤害保险。省民政厅与中汇国际保险经纪公司等有关机构合作，为陕西省养老服务业开展了研究，并提供了长期护理保险，建立了养老机构责任保险制度，降低了养老保险机构的经营风险，改善了养老保险机构的经营环境，衍生产业约占医养业的15%。

三、产业发展问题

（一）专业人才匮乏

工资待遇问题是影响医养结合机构引入优质人力资源的重要因素。调查结果显示，目前医养结合机构各级养老服务人员的工作水平尚未发展为统一的行业标准，但总体情况是，各机构养老服务人员的工资水平通常较低，平均工资为每月2000元左右。养老护理人员的工资是根据看护人数确定的，看护人数越多，薪水越高，但同时劳动强度高，工作时间长。长此以往，医养结合机构的工作人员不可避免地会对工作产生倦怠，逐渐失去对养老服务的热情，变得不认真、不负责任、不与其他同事团结，这种行为对机构的长期发展非常不利，尤其会影响医养服务的深入和长期发展。

对医养结合机构而言，对人才数量和质量的要求要高于普通的养老机构。人才的结构、数量和质量在医养结合服务的可持续发展中起着关键作用。但大多数护理人员教育程度低，专业素质低。根据调查，陕西省大多数护理人员的年龄在45岁左右，其中80%以上来自农村和城镇，教育水平低，专业培训少，并且在老年人护理方面缺乏知识、经验和技能，这远未达到合格的护理人员的要求。服务人员的整体素质和服务质量不能满足老年人的需求，已成为机构提高服务质量的主要障碍，对发展医养结合养老服务有很大的影响。

（二）投入资金不足

目前，经营医养结合机构的困难是显而易见的。首先，机构只有单一的资金渠道，收效甚微。一些民营机构基本上会提供自己的资金和贷款，甚至还有一些高息贷款。例如，陕西省博瑞养老院和医院的总投资达到了1000万元，其中一半是个人资金，另一半是贷款，到目前为止，高息贷款刚刚还清。

其次，高昂的运营成本和较长的投资回报周期。医养结合机构的运营成本包括租金和人工成本。尽管国家对养老服务采取了一些优惠的减税和免税措施，以及床位补贴等扶持政策，但从实际运营的角度来看，这些补贴对医养结合机构而言，只是杯水车薪，甚至还有基层出现没有实施补贴的现象。除此之外，由于缺乏医养结合的专项资金，将医疗资源与养老资源相结合的运行成本过高。例如，西安第一爱心护理院已经运营了十年，仍需要在铁一局医院的资助下才能继续发展医养工作。

最后，从制度角度看，医养行业存在着护理和医患冲突的高风险，而陕西省尚未形成一套完整、统一的长期护理保险体系，不同机构的实践和管理标准不同。在陕西省医养结合制度方面，关于陕西省长期照护保险制度的研究相对滞后，缺乏统一规范的法规制度，不利于医养结合养老服务的整体系统发展。在机构管理制度方面，陕西省五所医养结合机构基本有明确的规章制度，但仍处于研究的初期。医养结合服务是一种新的服务形式，在发展过程中缺乏统一的发展理念。

（三）医养结合不够紧密

医养结合是将养老资源与医疗资源相结合，调查表明，陕西省养老与医疗的实际融合程度还没有达到预期。造成这种现象的原因是，养老和医疗资源的结合确实不够紧密，医养结合深度缺少明确定义。

第一，医养资源的紧密结合存在障碍。可以独立建立或作为配套建立的医养机构大多数是民营养老机构，尤其是独立建立的方法，需要强大的经济支持。但是，长期以来，中国的医疗体系一直以公共医疗机构为主导，高质量的医疗资源相对集中，因此，即使可以建立独立或配套的医疗机构，也无法满足老年人对医疗资源，尤其是人力资源的需求。大多数机构实际上是通过与三级医院合作，并雇用高级专家提供建议来吸引老年人的。但是，在实际工作中，医疗水平较高的医生实际上很难在此类医养机构中长期工作，可以为老年人服务的主要是民办机构雇用的医生，他们的资历和水平无法保证，会使提供的医疗服务在不同程度上打折。

第二，政府和有关部门目前对医养结合的结合深度尚缺乏明确的定义，这也是为什么大多数老年人对现有的医养结合机构是否可以执行养老和医疗的双重功能感到困惑的原因。尽管受我国经济和社会发展水平的限制，这一阶段可以实现的医养结合不是医疗与养老的完全结合，但可以做到部分结合。它主要包括以下三个方面：紧急医疗、健康管理和康复护理。近年来，健康管理和康复的概念在中国还未广泛普及，与养老的融合程度还不高，因此，需要花费时间来体现医疗手段在养老上服务中的效果。

(四) 需求与承载力不对称

首先，医养结合机构的床位空置率较高。从收入情况来看，多数老年人的月收入不高，城镇老年人的月收入集中在1000~2000元，乡村老年人的月收入则在0~1000元，并且大多数老年人会选择和老伴居住、和子女或者其他人居住或者独居，只有0.7%的农村老年人会选择养老院或者相关机构，有6.5%的城镇老年人会选择养老院或者相关机构。当一些社会资本进入医养产业时，他们盲目投资、扩大项目，并运行了一些床位数非常大的项目，而这些项目本身并不符合当地老年人的经济条件和需求。此外，还有一些机构在相对偏远的位置，如城市近郊区甚至远郊区，这些地方使子女没有办法经常去看望老人或老人去医院看病不方便，所以空置率比较高。

其次，医养结合机构无法理解以老年人为主的群体的个性需求。具有不同身体素质和健康水平的老年人对医养结合服务有不同的要求。目前，陕西省的医养结合服务水平不足、种类单一，无法应对医养结合服务需求的多样化发展趋势，造成了供需结构不平衡的困境。另外，缺乏深入的需求挖掘和基于无效研究的评估会导致医养资源分配效率低下以及市场定位不明确，从而难以形成全面的供应模式。

最后，老年人缺乏对医养结合服务的认识。老年人不能主动参与当地基层医院的健康管理，也不能积极配合创建电子健康记录，所以机构无法预防和干预重大疾病。当前，我国除了部分发达城市的老年人对医养结合具有相对较好的认知和合作意愿外，其他多数城市的医养结合服务普遍不被广大老年人所重视。

第四节　产业发展模式与重点

一、产业发展模式

目前，陕西省医养产业的发展模式按照运行机制可以分为医疗为主型、养老为主型、医养结合型和社区居家服务型。

（一）医疗为主型

医疗为主型主要以医疗机构为主体，结合现有资源，延伸养老服务产业，设置老人养护的服务科室。例如，设置老年人专科诊室和病房，或者直接给老年人开办养老院。利用资源和距离优势，使老年人在突发疾病时能够迅速得到救治，在术后能够得到科学养护。具体包括以下三种形式：

1. 医院建养老院

各市区积极鼓励社会医疗机构投资医养事业，如西安市博瑞医院，宝鸡市第三人民医院等。博瑞养老院由博瑞医院建设而成，借助医院与养老院的位置便利为养老院入住的老年人提供专业的医护服务；宝鸡市第三人民医院通过中心与医院之间楼层相同的优势，建立老年病医院，实现医疗资源与养老资源贯通。

2. 企业医院转型

在激烈的医疗资源竞争情况下，一些企业医院、职工医院根据实际情况，依托现有的医疗资源，向医养服务行业转型。例如，金华社区的卫生服务中心带动社区居民医院进行企业转型，目前已形成集医疗、康复、养老、保健、养生、护理六位一体的无缝对接模式。中铁一局集团在住院部设置老年科，成立碑林区第一爱心护理院，兴建医疗养老康复中心，贯通医疗资源与养老资源，从而破解医院发展的瓶颈期。

3. 优抚医院延伸服务范围

民政优抚医院原本的服务对象主要为部队军人，给医院的发展带来了一定的限制。陕西省荣誉军人康复医院、省荣军第二医院等民政优抚医院结合自身在精神病、伤残康复等方面的治疗优势，积极开展医养结合探索，延伸服务范围，拓展服务对象，该措施发挥了医院专科优势，盘活资源，推动了医院经济的可持续性发展。

（二）养老为主型

养老为主型的医疗服务主要针对老年人住院难的问题，提出养老机构可以根据自身情况聘请医生、护士，购买基础性医疗设备，同时可以在院内设立门诊部，甚至可以直接申请开办附属医院。养老机构按建设性质可分为以下两种：

1. 公建民营

公建民营型如西安市长安区中心敬老院，该医院被确定为全国社会福利机构标准化试点单位和陕西省医养结合试点单位。自 2013 年 5 月建院起，确立“以养为主，以医为辅，养为主业，医为保障”的工作理念，在敬老院中引入医疗、康复、养生、心理服务等专业团队，缓解老年人住院难的问题。

2. 民建民营

民建民营型如天佑养老公寓在园区建设二级甲等老年康复医院，开创集医疗、护理、康复、生活照料为一体的医养结合新型模式。宝鸡市福乐老年公寓拥有养老机构和医疗机构双重许可证，将医疗服务与养老服务精细划分并有机结合。

（三）医养结合型

养老服务与医疗机构相结合主要是指医疗机构利用医疗资源为养老院提供医疗护理、健康恢复等服务，并为养老机构的病人提供绿色通道；养老机构为医疗机构提供稳定的服务对象，同时接收医院大病初愈需要后期康复的病人，促进养老资源和医疗资源的整合共享。

1. 建立医疗联合体

医疗联合体如陕西省第二人民医院和陕西省荣誉军人康复医院于 2015 年 11 月 27 日成立医疗联合体，联合体的主要目标定位为医养结合养老服务。另外，还有养老院与医疗机构合作办医院分院或者护理院，如荣华・亲和源养老公寓与陕西友谊医院合作，在养老公寓内办分院，解决养老院的医疗需求。

2. 签约上门服务

签约上门服务如瑞泉养老服务机构积极整合医护资源，建立健康移动医疗网络，运用医疗物联网技术，与陕西省保健协会建立合作关系，试点签约家庭医生，为社区居家老人提供医疗咨询、陪医与夜间紧急救援等服务。

(四) 社区居家服务型

社区居家医养结合服务模式主要通过整合社区内的医疗卫生资源和养老服务资源，为居住在社区中的老年人提供上门或集中照料的医养结合服务。社区居家医养结合服务以社区卫生服务中心为核心，以基本的社区居家养老服务为基础，根据老年人的个体差异，提供不同类型的医养结合养老服务。如西安市太白南路社区为辖区内部分70岁以上的空巢老人配发了30部免费手机，并在老人持有的手机上设置了一键呼叫功能，以备老人在遇到困难时可以及时得到帮助。社区卫生服务中心缓解了西安市大医院的就诊压力，并给社区居民就诊提供了便利，针对老年人看病难、看病贵的问题提供了有效措施。

二、产业发展内容与重点

(一) 加强医养结合养老服务信息化平台建设

1. 发展内容

2019年10月，国家卫生健康委发布的《关于深入推进医养结合发展的若干意见》强调加强医养结合信息化支撑。现阶段，全国各地在利用“互联网+”推进医疗卫生信息化、智慧养老、电子政务等领域取得了一定成效，为互联网技术在医养结合领域的开展打下了坚实的基础。陕西省在发展医养产业的过程中应加强医养结合养老服务信息化平台建设，将医疗资源与养老资源结合起来，促进机构间的信息共享和人才流动。这种方式不但创新了医养结合养老服务方式，而且极大地节约了人力、物力、财力，高效整合了养老资源和医疗资源。

2. 发展重点

（1）通过信息整合，高效实现供需匹配。医养结合养老服务信息平台首先应借助互联网等信息技术手段为以老年人为主体的人群建立电子健康档案。就医养结合机构而言，一方面，机构内部可以充分掌握和了解老年人的养老和医疗需求，帮助医养结合机构有效实现功能定位；另一方面，不同机构之间可以实现医疗诊断、延续照料、双向诊治等信息共享，加强机构间的信息传递和联合服务能力，提高医养结合养老服务质量和效率。

（2）借助信息技术，建立行之有效的转诊制度。“互联网+”为医养结合机构依托三甲医院的优质医疗资源留住以老年人为主体的患病人群提供了便捷的条件。当入住医养结合机构的老人的病症无法在本机构内部诊治时，通过远程医疗服务或双向转诊制度，使老年人能在第一时间得到有针对性的诊治，不仅为老年患者和家人免去了不必要的麻烦，而且还缓解了三甲医院看病难的问题；老年人治愈后，又可以借助医养结合养老服务信息平台转回医养结合机构。

（二）鼓励社会力量举办医养结合机构

1. 发展内容

当前，陕西省同样面临着医院和养老机构发展不平衡的难题，具体表现在公办养老机构与民办养老机构的比例不合理，企业和社会组织参与养老服务业困难重重，养老机构市场化程度不高，严重抑制了社会力量的投资积极性。为解决这一难题，陕西各地相继出台了一系列文件，尝试全面放开养老服务市场，积极引入市场化运作机制，鼓励社会力量举办医养结合机构。在老龄人口规模不断壮大的背景下，陕西省应继续坚持在以政府为主导的基础上鼓励社会力量举办医养结合机构，逐步使社会力量成为医养结合机构服务的主体。

2. 发展重点

（1）优化医养结合机构审批流程。进一步降低社会力量举办医养结合机构的门槛，简化审批手续，缩短审批时限，规范程序，公开信息，为社会力量举办医养机构提供一站式便捷服务，对社会资本举办的医养结合机构的基本建设项目一律实行备案制。养老机构举办二级及以下医疗机构的，设置审批与执业登记两证合一。医疗卫生机构利用现有资源提供养老服务的，涉及的建设、消防、食品安全、卫生防疫等有关条件，可依据医疗卫生机构已具备的上述相应资质直接进行登记备案，简化手续。

（2）明确医养结合资金优惠政策。为了帮助社会资本克服进入医养结合领域所面临的困难，加大对社会举办医养结合机构的支持力度，相关部门要制定金融扶持配套政策，完善贷款贴息和融资担保措施，拓宽资金渠道，增加资金供给，激活带动医疗养老服务市场。政府要明确公办民营、民办公助、政府补贴扶助等相关政策规定，制定社会化医养资助范围、标准和办法，对设施建设给予资金补助和税收减免。

（3）提高医养结合机构发展水平。加强对医养结合机构服务水平的评估与监督。一是引导社会向西方发达国家以及国内医养产业发展较好的城市学习先进的服务模式与管理经验以及指标体系；二是采取招标、邀标、委托等方式引入资质较强的第三方评估机构，对社会举办医养结合机构展开专业、全面的评估，可根据评估结果决定后续的地方财政支持方向、标准、力度。与此同时，支持规划建设医疗养老社区，重点引进国内外优质医疗养老资源或大型企业集团、战略投资者，发展具有优质服务、先进管理模式的高端医疗养老机构。

（三）加快机构养老服务建设

1. 发展内容

目前，陕西老年人口数量多、老龄化速度快，为破解城市养老“一床难求”等突出问题，陕西省密集推出建设“15 分钟城市养老圈”和“时间银行”助老服务以及“智慧养老”等多项措施来解决人口老龄化难题。但重度失能老人的照护和部分抵触养老机构的老年人的养老问题仍是一个棘手的问题。机构养老作为家庭养老和社区养老的补充，能够有效弥补两者的不足，发挥其特有的优势。因此，陕西省应该把机构养老作为未来医养产业的重点发展内容，突出重点领域，着力补齐短板，突出整合服务，强化协同创新。

2. 发展重点

（1）建立政府主导的失能老人照护机构。陕西省应主动发挥政府的主导作用，建立政府主导的失能老人照护机构，加大对失能老人的照护，同时与其他相关机构进行合作，成立失能老人照护机构发展基金，制定鼓励和扶持政策，助推建立发展基金，让社会各方积极参与失能专业照护机构的建设。政府主导、社会参与，形成多方合力，共同促进陕西省医养产业的发展。明确各级政府在医疗养老服务事业中的职责、定位和主导作用，制定以失能老年人为主要服务对象的养老机构服务质量标准、评价体系，推动服务规范化、标准化进程，提高服务水平。提高政府对失能老年人专业照护机构建设的补助标准、运营补贴、服务收入税收减免政策，制定相关的法律，尽快建立统一的失能老人照护机构运营评估机制，使照护机构的运营补贴力度与服务专业水平挂钩。

（2）引入专业机构服务进社区（家庭）。传统的养老机构具有明显的缺陷，如同质化的生活，与外界的隔离，缺乏亲人的陪伴以及固化的环境，再加上中国特有的以“家”为单位的传统观念，导致中国有一部分老年人不愿意去专业的养老服务机构。针对这种情况，建议以社区服务中心为载体，引入专业化机构服务进社区（家庭），提供一对一服务；探索建立嵌入式照护中心，实现位置上嵌入、功能上相融、服务上整合，为老年人就近养老提供专业化、个性化、便利化的一站式养老服务；在日间照料、阶段康复、短期托养、长期照护、安宁疗护等方面，做到专业机构、专业服务，提高服务质量，实现家庭、社区、机构养老一体化。

（四）创新“旅游+养老”新模式

1. 发展内容

随着经济的增长、老年人口规模的壮大以及大众旅游时代的推进，以老年人为主体的人群的消费观念已经发生转变，大量有钱、有闲、身体健康的老年人不再满足于居家和养老院单调的生活养老模式，而是有更高层次的生活追求。“旅游+养老”兼有旅游与养老的特性，可以充分满足老年人生理和精神的双重需求，再加上不断完善的国家制度和政策，参与的社会机构和有实力的企业越来越多，旅游养老产业的前景非常广阔。

陕西省应充分发挥自然资源的优越和旅游服务业发达的优势，制定旅游养老产业发展规划，明确旅游养老发展的基本规范，探索旅游养老专业资格制度，吸引更多异地游客实现旅游养老，积极培育养老旅游产业，建立综合旅游养老盈利模式，推动旅游养老产业迅速壮大。

2. 发展重点

（1）兼顾专业化的服务和综合化的布局。注重老年群体的修养与旅游需求的相互融合，大到养老旅游度假区的功能定位、选址建设和项目设置，小到智能传感、室外精准定位、室内颜色等细节的无障碍设计，都要充分考虑以老年人为主体的人群的生理特点、生活需求和心理感受，想老人之所想，急老人之所需，为老年人提供专业的身心照料服务。

（2）适当开展非营利性质的旅游项目。创新商业模式，适当地开展非营利性的养老项目，作为非营利性机构独立运营。公益化与市场化的结合，不仅可以体现企业的社会责任，争取更多的政策优惠和支持，还可以采取“公助民办”的方式，降低开发运营成本，同时提升经营主体的知名度和美誉度，增强吸引力和集聚力，这对扩大异地旅游养老来说也是一项有意义的开拓。

（3）地产销售与养老度假相结合。养老度假与地产开发的结合可以为项目的正常运转和持续经营缓解资金压力。一方面，养老地产引入旅游项目有利于加强服务配套，丰富老年人的晚年生活，还能提升项目的核心竞争力；另一方面，在目前旅游地产疲软的背景下，旅游地产引入养老概念和服务设施，有利于集聚人气，加快地产销售，缩短投资回报。

第五节　产业发展对策与政策建议

一、正确认识医养结合理念，合理统筹医养资源

管理者、服务者需要改变传统医养分离的管理理念，打造医疗资源同老年人

生活相结合的服务理念，科学制定医养服务的内容和标准，真正实现基本照料、预防保健、康复护理及精神慰藉一系列的老年服务，更好地促进医养结合养老服务的进一步发展。在人口老龄化加剧的背景下，政府、社会可以通过公开政策解读、微视频宣传片等方式扩大和加强医疗养生、医养服务的宣传，提高人们对医养结合的社会认知度和接受度，让更多人意识到医养结合服务的重要性。

根据陕西省实际情况，发动社会力量进行医养结合养老机构建设，兼顾不同需求层次的消费者，实现医疗资源与养老资源的有效配置与有机衔接。以西安市碑林区为例，在医疗资源较丰富的情况下开展医养结合服务，以整合资源为主，在基本完成“十五分钟救助圈”建设后，尝试设立社区家庭医生工作室，推动医疗资源再次下沉，直接与社区或居家养老相契合。

随着空巢化的蔓延，家庭养老已经不能满足保障老年人身心健康的养老服务，因此，政府以及当前发展迅速的自媒体等平台都应该加强对医养结合养老模式的宣传，让这一模式在更多家庭中普及。改善当前养老机构存在的一些负面影响，要做到建设真正适合老年人生活的新型医养结合机构，还要扩大对此养老模式的宣传，提升整个社会对医养结合机构养老的接受度，吸引更多的社会资金以及专业的医养护理人员，为老年人的晚年生活提供更好的服务。

二、创新医养机构养老服务，拓展医养模式

陕西省医养结合养老服务还在探索创新阶段，政府应该积极引导，打破行业的固有规范与制约，拓展运营方式，打造科学化、本土化的医养结合发展道路。我国养老产业的基础是居家养老，借助社区养老和机构养老的产业模式，但陕西省的发展模式仍存在问题，因此，当前应重点考虑医养结合养老服务如何送至社区乃至居民家庭。

陕西省的医疗资源在总量上相对充足，但是存在分布不均的问题，所以，首先应该鼓励各类养老机构与医疗机构签订长期协议，形成紧密的医养合作关系，支持有能力的养老机构设置基础的医疗诊治部门，对符合城镇居民医保报销的定点单位按规定纳入医养范围；其次，引导二级以上综合医院开设老年病科、康复科等；最后，大力推动医养服务向家庭、社区延伸，实现基层医疗机构与居家、社区养老服务的无缝对接，完善家庭医生护理培训、远程医疗等服务。

当前，陕西省医养结合模式中的“整合照料”和“联合运行”模式都具备了有效的探索，在居家养老模式的前提下，覆盖面最大的“支撑福射”模式并没有达到预期的目标。陕西省政府应进一步加大对基层医养结合模式的探索力度，扩大基层医养结合的覆盖范围，形成立体化医养结合养老服务体系。

推动基层医疗卫生机构改革转型。一要提高基层医疗卫生机构的服务水平，做到对基本老年病、慢性病的诊断、治疗、康复、护理；二要加快“医联体”建设，让基层医疗卫生机构与二级、三级医院形成对口服务链条，形成“初步诊断—转院治疗—返回康复”的有机整体；三要尽快将护理病房纳入医保结算体系，减轻老年人的护理负担；四要以具体、可行的激励模式提高家庭医生团队签约的积极性，使基层医疗卫生服务更加多元化，更好地为医养结合模式服务。

推动智慧养老服务进程。建立数字医疗信息平台，推进区县、街道办两级养老服务信息平台建设，制作社区老人健康数据库，让医生及时掌握老年人的化验、查体等健康数据，高效地对病情进行诊疗，提高老年人的就医效率和安全系数。

三、加强医养结合强度

陕西省政府要在遵照中央政府多项指导性政策的前提下，依据陕西省医疗资源、养老资源的发展现状，制定完整翔实的政策，让医养结合的发展有章可循。

一是要完善医养结合模式的法规，明确医养结合机构的服务模式、水平、内容要求，规范医养结合的法律流程，让养老机构和医疗机构的规范化合作有法可依。二是要完善医养结合模式的标准体系。结合陕西省医养发展的实际情况，制定有梯度、分层次的评价和分级体系，使被照护者可以按自身需求选择不同级别的医养结合机构。

四、加大医养产业资金支持力度

养老产业通常是非营利性质的，所以在前期投资阶段需要政府大力的财政支持，但仅靠政府投入很难满足养老需求，必须将社会等各方面的可利用资源整合起来，实现医养结合机构多主体、分层次的发展目标。

第一，向医养结合机构提供资金方面的帮助。积极吸纳社会资本，以社会和政府共建、纯社会资本等不同形式开展医养结合服务，引导各级医院及基层卫生院向康复、护理和养老服务延伸，引导一批医院转型为专门化的养老机构，同时政府给予其相应的政策支持或者资金补贴，帮助其发展为公益性质的医养结合机构。

第二，降低医养结合机构的贷款门槛。提高授信额度，吸引更多的企业积极参与医养结合型养老服务的建设、运行和管理。在各类资金中拿出一定比例设立专项基金，专门用于医养结合养老机构的建设与发展，打造产业化的医养服务平台，增强医养结合养老机构的可持续发展能力。

五、加强医养人才队伍建设

重视对人才的吸引是确保医养服务专业性和可持续发展的根本保证。针对陕西省当前养老专业人才缺口的问题，必须加强相关从业人员的专业化培训。一是要注重对从业人员职业道德的要求，通过提高福利待遇、改革考评机制等多种途径，让从业者对职业前景产生信心，提高服务热情。二是要建设老年医学、护理的职业化教育，通过政府专项拨款的方式，鼓励高校、职业院校加强对相关专业学生的教育，加强高校与养老机构之间的合作关系，为相关专业的学生提供实习、就业机会，对毕业后参与养老工作的学生提供奖励，提高相关专业学生的职业认同感和使命感。三是要将医养从业人员队伍建设纳入卫生部门的用人规划，通过统一招生考试，提高其专业化水平，同时，推动医养结合服务机构以为学生实习和教师实践提供岗位的方式参与人才培养。

第六章
陕西幸福产业之公共卫生产业发展研究

公共卫生产业旨在为公民提供基本卫生服务，一般由政府主导，多个部门、机构、团体等共同协作，法律、组织、保障等多个体系相互配合。不仅涵盖公民健康的方方面面，还包含已知疾病的预防与控制，以及未知、突发疾病的预警与响应；而且具有任务多样性、影响广泛性、危害严重性、治理综合性四个主要特征，以及公益性、公平性、可及性与均等化四个主要特性。

第一节　产业特征

一、基层疾病防控能力有待加强

近年来，陕西省致力于推动基层卫生尤其是农村卫生的发展。不仅通过适当布局省一级优质卫生资源，全面加强县、乡两级的卫生机构，提升基层卫生服务能力；而且还在地方病防治、卫生与健康教育等方面取得了显著成绩。然而，城乡卫生资源配置不合理、城乡卫生服务差距大等方面仍制约着陕西省公共卫生的发展，尤其是传染病的预防和控制能力有待加强。在基层卫生机构中，缺乏传染病发热门诊与综合医院的有效互动。在综合医院中，尽管设置了传染病门诊及病房，但在规模与数量上较为有限，面临着突发公共卫生事件发生后患者陡增带来的资源紧缺压力。

二、卫生资源配置有待优化

陕西省具有良好的卫生资源基础，《2018 年中国卫生健康统计年鉴》表明，2017 年陕西省每万人拥有的卫生机构数为 9.84，每千人拥有的卫生机构床位数为 6.62，均高于全国平均水平；陕西省近年来致力于缩小区域间的卫生资源差距。《2018 年陕西区域统计年鉴》显示，关中、陕南、陕北地区的卫生机构数分别为 18329 个、9499 个和 7313 个，卫生机构病床数分别为 153160 张、51591 张和 33909 张。尽管如此，陕西省各区域间的卫生资源配置结构仍待优化。关中地区每万人拥有的卫生机构数为 7.58，低于陕南地区（11.19）及陕北地区（12.91）；每千人拥有的卫生机构床位数为 6.33，高于陕南地区（6.08）及陕北地区（5.98）。可见，相比陕南与陕北地区，关中地区的卫生机构规模较大，集中了更为优质的卫生资源。由于公共卫生救治体系依托于医疗卫生机构，故卫生资源的配置差异将在一定程度上影响公共卫生服务的提供。

三、卫生筹资构成有待完善

《中国卫生健康统计年鉴》（2019）显示，2017 年陕西省卫生总费用共计 1538.05 亿元，占地区生产总值的 7.02%，人均卫生总费用 4010.09 元。其中，政府卫生支出 424.72 亿元，占陕西省卫生总费用的 27.61%；社会卫生支出 638.79 亿元，占陕西省卫生总费用的 41.53%；居民个人现金卫生支出 474.53 亿元，占陕西省卫生总费用的 30.85%。如图 6-1 所示，与同年全国卫生费用构成进行比较可知，陕西省个人卫生支出的比重相对较高，社会卫生支出和政府卫生支出的比重偏低，在一定程度上影响了公共卫生服务的提供。

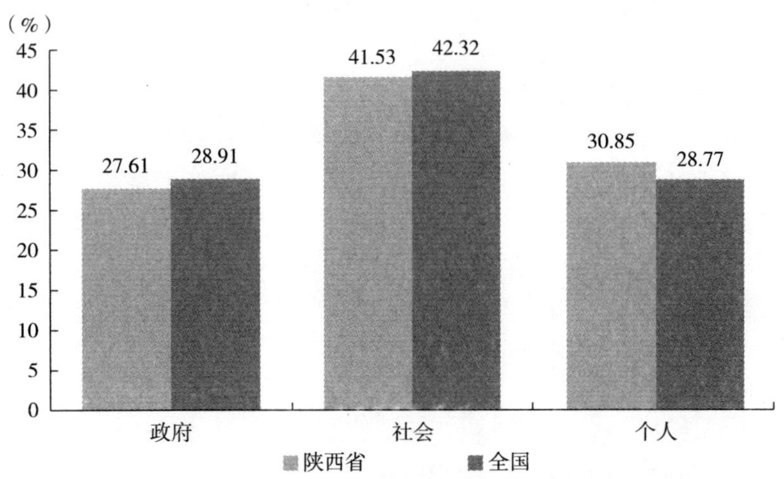

图 6-1　2017 年陕西省及全国卫生支出占比情况

资料来源：《中国卫生健康统计年鉴》（2019）。

第二节　产业与幸福感的关系

一、理论分析

公共卫生是关乎国计民生的大事，优质的公共卫生服务能够有效提升居民的幸福感。学者们指出，个体收入、性别、年龄、教育水平、健康状况等对幸福感具有重要影响。其中，健康状况对居民幸福感的影响不言而喻。

现有理论研究表明，政府在卫生领域的公共支出用于为居民提供更优质的健康服务，提升居民健康水平，增加居民幸福感。一方面，相关研究通过实证数据证实了卫生支出直接影响居民的幸福感。例如，郭靓（2015）采用世界价值观研究协会调查得到的居民幸福感数据以及《中国统计年鉴》的相关数据，对政府支出与我国城乡居民幸福感的关系展开研究，结果表明政府医疗支出等保障性支出最能促进居民的幸福感。何凌云（2014）结合《中国综合社会调查》及《中国区域经济年鉴》等，证实了医疗卫生支出对居民主观幸福感的正向显著影响。

另一方面，相关研究表明公共卫生有助于提升居民的健康水平，从而对幸福感产生积极影响，并且重点关注了老年人的健康状况与幸福感的关系。例如，亓寿伟和周少甫（2010）的研究发现，健康状况有助于提升老年人的主观幸福感。胡宏伟等（2013）与张瑞玲（2016）的研究同样支持了该观点。王时雨（2018）结合2015年《中国综合社会调查》，指出政府部门通过帮助维持并提高老年人的健康状况，可提升老年人的主观幸福感。

综上所述，本书认为公共卫生的发展通过影响居民个人健康及对公共卫生服务的总体满意度作用于居民幸福感；并且结合2013年《中国综合社会调查》的微观数据，重点检验了公共卫生服务特征、公共卫生服务总体满意度、个人健康与幸福感的关系及内在机理，从而揭示了公共卫生对居民幸福感的影响。

二、计量分析

2013年《中国综合社会调查》覆盖了陕西省在内的全国多个县（区）市，涉及众多具有理论意义和现实关怀的社会议题。其中，与卫生医疗相关的题目为公共卫生与居民幸福感的关系研究提供了有益的依据。剔除缺失的关键变量和异常的数据，得到5135个有效样本，其中陕西省样本160个。

本书以陕西省160个有效样本为研究对象，检验公共卫生服务特征、公共卫生服务总体满意度、个人健康与幸福感的关系。

（一）描述性统计分析

居民幸福感、公共卫生服务特征、个人健康、公共卫生服务总体满意度以及控制变量的描述性统计分析如表6-1所示，各项指标正常。

表6-1　变量的描述性统计（N=160）

变量	均值	标准差	最小值	最大值
性别	0.43	0.50	0	1
年龄	46.12	16.93	18	86
受教育程度	1.17	0.55	1	4
家庭经济状况	2.49	0.72	1	4
居民幸福感	3.68	0.95	1	5
资源充足性	3.11	0.82	1	5
资源分配均衡性	2.55	0.88	1	5
公共性	2.58	0.86	1	5
便利性	3.26	0.94	1	5
个人健康	3.69	1.09	1	5
公共卫生服务总体满意度	67.21	17.39	5	100

（二）相关分析

居民幸福感、公共卫生服务特征、个人健康、公共卫生服务总体满意度的相关分析结果如表6-2所示。

表6-2　关键变量的相关系数（N=160）

	1	2	3	4	5	6	7
1. 居民幸福感	1						
2. 资源充足性	0.189*	1					

续表

	1	2	3	4	5	6	7
3. 资源分配均衡性	0.099	0.514***	1				
4. 公共性	0.080	0.261***	0.339***	1			
5. 便利性	0.172*	0.501***	0.442***	0.193*	1		
6. 个人健康	0.213**	-0.061	-0.095	-0.035	-0.011	1	
7. 公共卫生服务总体满意度	0.142	0.456***	0.294***	0.351***	0.281***	-0.006	1

注：*** 表示在 0.001 的水平上显著，** 表示在 0.01 的水平上显著，* 表示在 0.05 的水平上显著。

由表 6-2 可知，资源充足性与居民幸福感的相关系数为 0.189，在 0.05 的水平上显著；便利性与居民幸福感的相关系数为 0.172，在 0.05 的水平上显著。个人健康与居民幸福感的相关系数为 0.213，在 0.01 的水平上显著。结果表明，资源充足性、便利性、个人健康与居民幸福感具有显著的正相关关系，初步支持了三者对居民幸福感的积极影响。

（三）回归分析

由于样本量有限，本书运用 SPSS 21 采用分层回归模型的方法，分别对陕西省公共卫生服务的各项特征、个人健康、公共卫生服务总体满意度与居民幸福感的关系进行了检验，数据分析结果如表 6-3 所示。

表 6-3　回归模型的数据分析结果（N=160）

变量	居民幸福感						
	模型 1	模型 2	模型 3	模型 4	模型 5	模型 6	模型 7
性别	-0.022	-0.011	-0.037	-0.024	-0.023	0.012	-0.003
年龄	0.061	0.046	0.055	0.054	0.046	0.163	0.046
受教育程度	0.058	0.070	0.063	0.067	0.051	0.065	0.072
家庭经济状况	0.214**	0.210**	0.217**	0.211**	0.206**	0.203**	0.221**
资源充足性		0.188*					
资源分配均衡性			0.113				
公共性				0.081			
便利性					0.158*		

续表

变量	居民幸福感						
	模型 1	模型 2	模型 3	模型 4	模型 5	模型 6	模型 7
个人健康						0.256**	
公共卫生服务总体满意度							0.157*
R^2	0.051	0.085	0.063	0.057	0.076	0.105	0.074
ΔR^2	0.051	0.035	0.013	0.006	0.025	0.055	0.024
ΔF	2.068	5.858*	2.063	1.050	4.140*	9.399**	3.927*

注：ΔR^2 和 ΔF 为与模型 1 比较的结果；*** 表示在 0.001 的水平上显著，** 表示在 0.01 的水平上显著，* 表示在 0.05 的水平上显著。

研究结果表明，①在公共卫生服务特征方面，仅有资源充足性与便利性对居民幸福感具有显著的正向影响，标准化系数分别为 0.188 和 0.158，均在 0.05 的水平上显著，这说明公共卫生服务资源越充足、越便利，居民幸福感越高。②个人健康正向影响居民幸福感。两者的标准化系数为 0.256，在 0.01 的水平上显著，这说明个人健康程度越高，居民幸福感越高。③公共卫生服务总体满意度正向影响居民幸福感。两者的标准化系数为 0.157，在 0.05 的水平上显著，这说明居民对公共卫生服务的总体满意度越高，居民幸福感也越高。上述结果表明，公共卫生服务越便利、资源越充足，居民越健康，对公共卫生服务的总体满意度越高，居民幸福感越强。

第三节　产业发展现状

陕西省坚持预防为主，不断建立健全公共卫生管理体系及各级专业机构，公共卫生工作取得了显著成效，保障了公民的身心健康及生命质量。

一、疾病防控取得显著成效

陕西省疾病防控成效明显。①在传染病防控方面，相关传染病发病率大幅下降。《2019 年中国卫生健康统计年鉴》显示，2018 年陕西省甲、乙型肝炎的发病率分别为 0.68/10 万和 40.22/10 万；肺结核发病率为 55.90/10 万；伤寒、副伤寒发病率为 0. 13/10 万；百日咳发病率为 6. 2/10 万；狂犬病发病率为 0. 05/10 万；乙脑发病率为 0. 057/10 万。②在寄生虫病防控方面，陕西省连续多年无本地感染疟疾发生，且出血热发病率控制在 4. 50/10 万左右。

二、免疫规划取得显著成效

陕西省免疫规划成效明显。①在体系建设方面，陕西省不断完善儿童免疫规划疫苗接种服务体系，从“4 苗防 6 病”增加到“12 苗防 12 病”，且接种率超过 95%。此外，《陕西统计年鉴》（2019）显示，2018 年陕西省 7 岁以下儿童的保健管理率为 95. 12%。②在实施效果方面，免疫规划疫苗所针对的传染病得到了有效控制。目前，陕西省已消灭天花，且连续多年无脊髓灰质炎、白喉病例。《2019 年中国卫生健康统计年鉴》显示，2018 年陕西省麻疹发病率为 0. 19/10 万；乙脑发病率为 0. 057/10 万；无新生儿破伤风病例。

三、地方病防治取得显著成效

陕西省地方病防治成效明显。①在麻风病防治方面，2018 年陕西省绝大多数市（区、县）麻风病发病率低于 1/10 万，并且计划到 2020 年消除麻风病危害。②在重点地方病防治方面，《陕西统计年鉴》（2019）显示，2018 年陕西省纳入慢性病管理的大骨节病等患者达 58579 人，为 57136 名Ⅱ度、Ⅲ度大骨节病，中、重度氟骨症，慢型克山病等患者提供了家庭医生签约服务。此外，《陕西统计年鉴》（2019）显示，陕西省现已消除 107 个碘缺乏病县（区）和 62 个大骨节病县（区）；基本控制 29 个克山病县（区）。

四、卫生与健康教育工作蓬勃开展

陕西省积极开展卫生与健康教育工作。①在资金支持方面，2018 年陕西省财政用于健康教育的专项资金达 3000 余万元。②在宣传教育方面，陕西省开展了一系列有关卫生健康的活动。《陕西统计年鉴》（2019）显示，陕西省卫生健康委员会组织中央及省级媒体采访团，在主流媒体报道 9 万篇次；开展巡回宣讲活动、全省系统网络舆情分析管理服务，并组建陕西医疗自媒体联盟；出版《陕西大卫生》杂志 12 期，下发基层 36 万份；出版《三秦百姓健康》杂志 12 期，印发 96 万份；向“陕西百姓健康”微信公众号推送 268 次，共计 571 篇，阅读量达 207. 25 万人次；在陕西日报开办《百姓健康》专版 48 期；制作《百姓健康》栏目270期，播放730次；手机短信受众达109.34万人次；“12320”卫生热线接听服务咨询35798件。③近年来，陕西省健康素养水平的变化趋势如图6-2所示。可见，该指标从2012年的5.51%稳步提升到了2017年的10.54%。

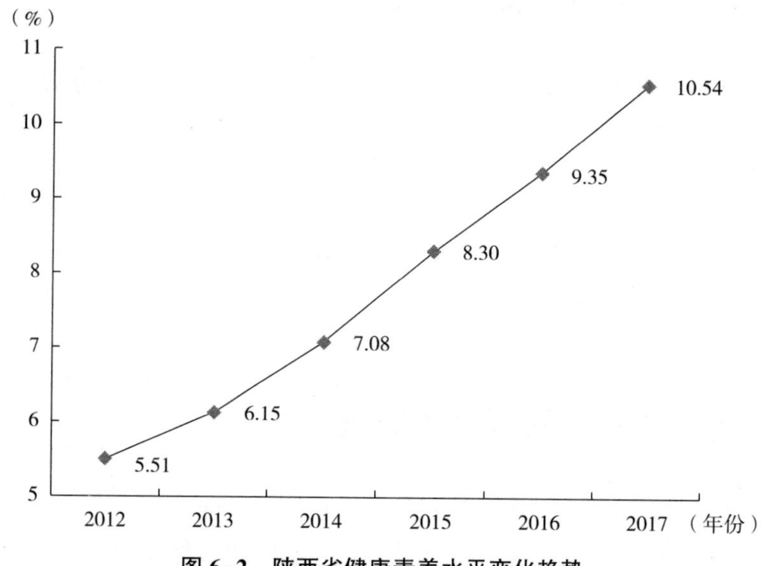

图6-2 陕西省健康素养水平变化趋势

资料来源：根据网络资料整理。

五、卫生应急能力显著提升

陕西省建立健全各类应急救援队伍，并且通过加强人员培训与装备投入，不断提升应对突发公共卫生事件的响应能力。①在应急队伍建设方面，陕西省组建了包含数百名省级卫生应急专家及专业队员的国家紧急医学救援队及多支省级卫生应急队。②在应急响应能力方面，《陕西统计年鉴》（2019）显示，2018年陕西省共处置突发公共卫生事件67起（较大级别1起、一般级别58起、未分级8起）。以此次新冠肺炎疫情为例，陕西省不但采取了有效的防控措施，而且迅速成立了陕西支援湖北医疗队，截至2020年3月末，累计派出22批次共1460名医护人员。

六、卫生应急制度进一步完善

陕西省不仅印发了《陕西省突发公共卫生事件应急预案》和《陕西省突发公共事件医疗卫生救援应急预案》，还不断加强“一案三制”建设。2020年，陕西省人大常委会发布《关于依法做好新冠肺炎疫情防控工作 加强公共卫生应急管理体系建设的决定》，为确保人民群众生命安全和身体健康提供了法治保障。

第四节 产业发展模式与重点

一、产业发展模式

公共卫生主要由救治体系、防疫体系和应急保障体系构成。具体地，①救治体系主要依托医院、基层卫生机构和专业公共卫生机构等，是预防与控制突发公共卫生事件的“排头兵”。②防疫体系主要依托各级疾病预防与控制中心及有关应急机构，发挥“中枢神经”的作用，涵盖疾病防控（日常管理与应急响应）以及监测预警两大职能。③应急保障体系主要依托国家及省级应急管理体系，旨在提供应对突发公共卫生事件的基本保证，涵盖制度、人力、财力、物力四个方面。

陕西省公共卫生的发展遵循中国公共卫生“高度行政化”与“动员式治理”的复合模式，即通过行政手段对公共卫生领域进行管理，并在面对突发公共卫生事件时调动一切可利用的资源，形成全民参与、系统协作的共同应对机制。因此，在查阅相关资料的基础上，以下将围绕公共卫生救治体系、公共卫生防疫体系与公共卫生应急保障体系展开具体介绍。

（一）公共卫生救治体系

在重大疫情或突发公共卫生事件发生后，陕西省往往指定特定医疗卫生机构承担主要救治工作，必要时其他医疗卫生机构也会派出医护人员进行援助。在此次新冠肺炎疫情期间，陕西省指定空军军医大学第二附属医院、陕西省传染病院、西安交通大学第一附属医院、西安交通大学第二附属医院作为定点收治医院；并且在其余市县同样指定定点收治医院，如在宝鸡市指定宝鸡市中心医院和人民医院。

（二）公共卫生防疫体系

1. 疾病防控

（1）日常管理。陕西省疾病预防与控制中心主要负责全省疾病防控的业务管理（如疫情及健康信息管理等）、科学研究（如病原生物鉴定和因子检测等）、技术指导（如疾病防控技术及应用研究指导等），下设 23 个机构及 15 个业务部门，涵盖免疫规划、传染病及非传染病防控、食品和药品安全控制、突发公共卫生事件应急响应等各类公共卫生问题。

（2）应急响应。在国家应急响应体系下，陕西省公共卫生应急响应体系分为省级与地方两大层级。①在省级机构中，省应急委负责管理与处置突发公共事件，省应急管理办公室负责应急值守、信息整理、综合协调等。②在地方机构中，陕西省在各市（区、县）设立了应急管理办事机构，负责辖区内突发公共事件的应急处置。

突发公共卫生事件作为突发公共事件的一种，依据危机类属不同，将由不同行政层级负责处置。①国务院相关应急指挥机构或工作组指挥、领导跨省或特别重大的突发公共事件。②省应急办或突发事件应急指挥部指挥、领导跨市或重大的突发公共事件。③事件发生地的设区市政府负责处置较大突发公共事件，必要时省级部门可予以协助。④县级政府负责处置一般突发公共事件，必要时可由设区市政府协助。

2. 监测预警

陕西省建立的突发公共事件监测预警系统有助于防范突发公共卫生事件。①突发公共事件预警系统。该系统包含突发公共事件应急指挥中心及其分支机构、各市民防指挥部等，通过专用网络系统进行数据监测及风险分析。②卫生、消防、公安等部门的内部网络及信息系统。上述系统可为监测预警提供重要的信息来源，并加强基层单位的应急响应能力，做到早发现、早报告、早处置。③突发公共事件应急管理系统及灾害应急信息共享平台。上述系统不仅确保了突发公共事件的有关信息在省、市、县间的快速传递，还保证了相关信息能够及时、准确地传递给公共媒体及人民群众。

（三）公共卫生应急保障体系

1. 制度保障

陕西省卫生健康委员会制定并完善了《陕西省突发公共卫生事件应急条例实施

办法》《陕西省艾滋病防治条例》《关于依法做好新冠肺炎疫情防控工作 加强公共卫生应急管理体系建设的决定》等，不断推进地方卫生健康系统的法治建设。

2. 人员保障

为有效应对突发公共卫生事件，陕西省建立了专业应急救援队，并充分调动了社会组织、团体及志愿者的参与意愿。此外，解放军和武警部队同样为突发公共事件的应急响应提供了重要的人员保障。

为有效预防公共卫生事件的发生，陕西省主要通过文字出版、电视节目及电话通信等方式开展卫生健康教育宣传工作。①在文字方面，出版《陕西大卫生》《三秦百姓健康》等杂志，并在陕西日报开办《百姓健康》专版。②在电视节目方面，陕西电视台开设《百姓健康》等栏目。③在电话通信方面，借助三大运营商向“陕西百姓健康”微信公众号推送文章，向民众发送有关健康科普的手机短信，并开通卫生咨询热线。

3. 资金保障

为保障应对突发公共卫生事件的资金来源，陕西省财政不仅将突发公共卫生事件处置所需的资金列入本年度财政预算；还鼓励个体、单位及其他社会组织进行捐赠和援助。

4. 物资保障

依据有关法律规章及应急预案，陕西省不仅建立了应急物资与基本物资的生产、储备、调配体系以及监测预警体系，而且各市、县政府还加强了应急物资储备管理，确保各项应急物资充足、及时、稳定供应。此外，陕西省还成立了专门的应急保障车队、应急运输保障救援队、道路交通应急抢险救援队等，以保障道路交通畅通，确保应急物资及时送达。

二、产业发展方向与重点

（一）产业发展方向

未来公共卫生将走向系统化、现代化以及全球化。①系统化指公共卫生不仅需要解决影响健康的社会、环境和经济因素；而且还要拓展医疗卫生与生物、环境等领域的跨学科合作及与相关人员的密切交流。②现代化指大数据、云计算、人工智能等数字技术不仅提高了防疫效率和效果，而且还为公共卫生的发展带来了新动能，公共卫生将实现信息化、数字化和智能化。③全球化指公共卫生事件易产生跨地区、跨国界传播，造成全球性公共卫生问题。

在此次新冠肺炎疫情发生后，习近平总书记强调要“织牢织密公共卫生防护网”，提出了“整体谋划、系统重塑、全面提升”的改革方向；并指出“要统筹应急状态下医疗卫生机构动员响应”，“预防是最经济最有效的健康策略”，“疫情监测预警贵在及时、准确”，“加快构建系统完备、科学规范、运行高效的公共卫生法律法规体系”，“开展新时代爱国卫生运动”，“健全重大疾病医疗保险和救助制度”，“健全统一的应急物资保障体系”等具体工作内容。

2016 年，陕西省就提出了“积极探索卫生发展新模式、构建大健康格局”的理念，并指出要实现卫生发展模式在工作、重心、服务、主体、责任五个方面的转变，即从生物学模式向生物、心理、社会、医学模式转变，从治疗疾病为主向预防为主、防治结合转变，从关注疾病处置向健康关爱转变，从以医院为主阵地向医院与基层社区上下联动转变，从卫生计生部门“单兵作战”向全社会齐抓共管转变。

综上所述，结合公共卫生的未来发展方向以及我国公共卫生的改革方向，未来陕西省公共卫生发展应在上述五大发展模式转变的基础上进一步实现：①在结构上，从关注人类健康走向人类、动物和环境协调、健康发展；②在内容上，从关注疾病处置与健康关爱走向解决影响健康的社会、环境和经济因素；③在责任上，从卫生计生部门“单兵作战”走向各部门“联防联控”及全社会“群防群治”；④在模式上，从传统管理模式走向数字化治理模式；⑤在重心上，持续、深入地推动从治疗为主走向预防为主、防治结合；⑥在主体上，持续、深入地推动从医院为主阵地走向医院与社区上下联动。

（二）产业发展重点

2020 年陕西省卫生健康系统的工作重点包含：打赢疫情防控战、健康扶贫收官战；推动健康陕西建设；深化医疗改革与管理；突出“一老一小”；促进中医药发展等。其中，与公共卫生密切相关的重点工作包含：①加强卫生健康领域治理体系及能力的现代化建设；②整合卫生医疗资源，优化其布局并推动其有序下沉；③持续开展重点疾病专项防治行动；④健全健康扶贫长效机制，避免困难群众因病致贫或返贫；⑤不断提升健康细胞示范建设的质量及覆盖面。

在此基础上，贯彻“预防为主”的工作方针，统筹医疗卫生机构应急响应，加强疫情监测预警，健全公共卫生法律法规体系，开展新时代爱国卫生运动，完善重大疾病医疗保险及救助制度，优化应急物资保障体系。陕西省在现有公共卫生工作的重点之上，未来还应：①进一步提升对突发公共卫生事件的预防与控制能力，加强公共卫生的“免疫力”与“战斗力”；②推动公共卫生的信息化建设，推动大数据、云计算、人工智能等数字技术在公共卫生领域的应用，加强各机构的互联互通；③开展新时代爱国卫生运动，引导公民养成良好的生活习惯，不断提升公民的健康素养。

第五节 产业发展对策建议

一、公共卫生救治体系发展的对策建议

（一）提升基层卫生机构的疾病防控能力

加大对基层卫生机构的基础设施及实验设备投入，加快完成其标准化建设。陕西省人民代表大会常务委员会《关于依法做好新冠肺炎疫情防控工作 加强公共卫生应急管理体系建设的决定》规定：省、市应当建立传染病专科医院，县级应当在综合医院设置符合要求的传染病区和传染病门诊；新建、改建、扩建医院应当统筹设置传染病病区，平时综合利用、疫时救治专用。

（二）夯实公共卫生防控基础

坚持“群防群治”原则，强化基层组织的公共卫生职责。通过加强对失管、弃管小区的卫生服务管理，发挥村（社区）公共卫生委员会的重要作用，调动社区工作者的积极性，广泛动员与组织群众参与等途径，将公共卫生服务管理与社区治理体系有机结合，构筑坚实的公共卫生防控基础。

（三）完善重大疫情救治体系

通过完善重大疫情救治体系及机制建设，在实现公共卫生服务分级诊疗及有效衔接医疗服务的同时，加强公共卫生领域的科学研究。结合中西医治疗，鼓励并支持临床技术创新；通过设立重大传染病科学研究专项，发挥陕西省教育科研优势。

二、公共卫生防疫体系发展的对策建议

（一）疾病防控体系发展的对策建议

1. 完善预防为主的疾病防控体系

坚持贯彻“预防为主”的卫生健康工作方针，积极推动公共卫生领域重大

风险研究、评估、决策、防控等机制的高效协同。①明确疾病防控中心的角色定位及功能作用，发挥其在业务管理、监测预警、科学研究、技术指导等方面的专业优势。②依照常住人口比例，实现基层卫生机构的全覆盖，并配备相应数量的疾病防控人员；依据实际情况，在各类园区、开发区设置疾病预防控制机构。③持续加强各级疾病防控中心和社区卫生服务中心的互动与协同，推进分级诊疗，实现基层首诊。

2. 完善重大疫情防控体系

健全重大疫情应急响应机制，赋予地方一定的自主权。陕西省人民代表大会常务委员会《关于依法做好新冠肺炎疫情防控工作　加强公共卫生应急管理体系建设的决定》明确指出，一旦发生重大突发公共卫生事件，县级以上人民政府可以在宪法及现行法律规章的框架下，实施临时性应急行政管理措施，并依法上报同级人大常委会备案。

（二）监测预警系统发展的对策建议

建立健全监测网络和综合预警系统。①对可能产生的公共卫生事件内容及地区进行实时监测，一旦发现潜在风险，能够迅速、准确地进行预警发布。②规范预警信息的发布主体、变更、解除等制度，维护监测预警系统的正常运行。③建立信息资源平台，存储、分析与处理预警信息，并且能够正确运用和发布确切的信息。④深化大数据、云计算、人工智能等数字技术在突发公共卫生事件应急响应中的应用，推动医疗卫生信息的共享、协同，提升应急处置的效率、效果。

三、公共卫生应急保障体系发展的对策建议

（一）制度保障发展的对策建议

强化公共卫生法治建设及保障作用。①详细梳理陕西省公共卫生领域的法律规章，并且将防疫经验与成果及时制度化。②高质量、高效率地推进地方立法与修法工作，完善相关法律规章的配套文件，将公共卫生安全标准化、体系化，并进一步做好法治宣传及服务工作。③严格执行公共卫生领域的相关法律规章，实现依法防控。

（二）人员保障发展的对策建议

1. 加强公共卫生人才队伍建设

储备专业化、高素质的公共卫生管理人员，打造业务能力强、素质硬的疾控

队伍。①加快实施“人才强卫”战略，支持医疗卫生人才参与省级重点人才工程项目，培养高层次、创新型、复合型人才。②加快组建涵盖多领域、多学科的研究团队及专家诊疗团队，提高公共卫生研究与实践的系统化、应用化水平。③优化陕西省高等医学院校和设区市职业技术学院的专业设置，加强全科医生及公共卫生人才的培养，形成省级应急救援科学研究、疫苗研发、快速检测、专家诊断、防控护理的专业技术梯队。④完善公立医院薪酬制度，健全待遇保障、考核评价和激励等机制，落实基层卫生人才优惠政策，建立村医收入稳定增长机制。

2. 整合各方应急救援力量

陕西省在应对突发公共卫生事件时，应整合各方应急救援力量，充分鼓励社会组织加入，并积极发挥群众力量。①对相关团体及社会组织进行针对性培训，推动其在突发公共卫生事件中的响应能力。②提升相关团体及社会组织的发展空间，鼓励群众加入，发挥群众力量。③表彰并奖励在公共卫生领域做出突出贡献的社会组织、群众团体和先进个人。

3. 加强公共卫生宣传教育工作

深入开展爱国卫生运动。①集中整治各类突出的公共卫生问题，改善公共卫生环境，营造疾病防治、健康促进的良好环境。②以基层为单位（如社区、乡村、单位、学校等），通过人性化、通俗化、多样化的方式展开公共卫生及健康知识的宣传教育工作，引导公民强化自我保护意识，养成良好的卫生习惯，践行健康文明的社会行为规范。

（三）资金保障发展的对策建议

1. 健全重大疫情医疗保险制度

在健全重大疫情救助制度的同时，需要完善相应医疗保险制度，缓解群众的后顾之忧。依据陕西省人民代表大会常务委员会《关于依法做好新冠肺炎疫情防控工作　加强公共卫生应急管理体系建设的决定》指出，应保证医疗卫生机构在应对突发公共卫生事件时可以先救治、后收费；在医疗保险支付范畴中纳入疫情救治方案中涉及的药品和项目，适当考虑免除支付目录、限额、用药量等限制，对于特殊群体、特定疾病的医药费用可申请豁免；完善医疗保险支付、异地就医即时结算等制度，保障群众就医用药。

2. 建立公共卫生多渠道投资机制

适当开拓应急资金投资渠道，保障应急响应时的资金来源。①在编制陕西省年度财政预算时，纳入突发公共卫生事件的应急管理开支。②通过创新金融支持产品及服务，保障应对突发公共卫生事件的资金来源。③鼓励社会及个人捐赠，保证有关信息的公开、透明，并加大监管力度。

（四）物资保障发展的对策建议

1. 完善卫生应急物资储备制度

陕西省应把卫生应急物资储备纳入全省应急物资保障体系，并依据各地区的实际情况，制定有针对性的卫生应急救援物资储备制度。县级以上政府还需通过健全应急预案及集中生产调度机制，来保证卫生应急物资的充足、及时、稳定供应。

2. 强化卫生应急物资储备保障

在卫生应急物资储备保障方面，依据陕西省人民代表大会常务委员会《关于依法做好新冠肺炎疫情防控工作　加强公共卫生应急管理体系建设的决定》明确指出，应不断强化省、市卫生应急物资储备管理，加大政府采购支持力度，科学调整储备结构、内容与规模，保证卫生应急物资供应安全、高效、可控；并且在常态化卫生应急物资储备下，建立保障配发、生产联保等机制及相关环节的企业名录与数据库，实现关键卫生应急物资的全产业链布局。

第七章

陕西幸福产业之大众餐饮服务业发展研究

大众化餐饮以其在改善民生、增加就业等方面的重要作用，备受各级政府部门的重视。2007年出台的《商务部关于加快发展大众化餐饮工作的指导意见》就曾指出把大众化餐饮纳入服务业发展重点。陕西省加强了部门协作，制定和落实了包括优惠政策等在内的加快发展大众化餐饮的重点工作。

第一节　产业的特征与构成

一、产业特征

陕西省大众化餐饮已占餐饮市场的80%。随着城乡居民生活节奏的加快以及消费观念的改变，陕西省大众化餐饮呈现出巨大的发展潜力和市场空间。加快发展大众化餐饮，是厉行勤俭节约、反对铺张浪费、推动餐饮业回归理性消费的客观要求，是优化餐饮业发展结构、提升餐饮业发展水平的有效途径，是保障和改善人民生活、扩大内需、促进就业的现实需要。

从目前来看，陕西省大众餐饮业表现出以下几个方面的特点：

（一）经营大众化

随着科学技术和文化生活水平的快速发展，餐饮企业越来越向大众化发展，在开拓新兴餐饮消费市场方面取得了一定的成就。面向广大消费者的大众宴席、早点夜宵、快餐、风味小吃和家常菜肴等餐饮市场持续红火，而餐饮类的食品、外卖、半成品、休闲小吃等发展速度也在不断加快。相应的餐饮连锁网、配送中心、中心厨房等也很好地满足了广大消费者的需求，有力地推动了餐饮行业的快速发展。

（二）消费多样化

随着经济社会的快速发展，百姓生活水平不断提高，人民的消费方式、消费习惯等发生了翻天覆地的变化。很多老百姓已经改变了自己买菜做饭等日常习惯，选择到菜馆就餐或者买半成品的餐点来做饭，这样既可以减少厨房劳作的麻烦，又可以增加自我充实或者自我休闲的时间。

（三）投资多元化

对于餐饮行业来说，其技术含量比较低，相应的投资周期也比较短，因此资金的回收速度比较快，这就使得很多资金不断地涌入餐饮行业，大部分投资属于股份制、民营、私营、个体或外资形式。因此，整个投资主体呈现多元化的特点，这使餐饮行业管理混乱，因为既有可能涉及酒店行业的管理，又有可能涉及交通行业，如航空、铁路等，从而导致餐饮行业在管理上存在不足。

（四）市场细分化

现代餐饮消费主要有儿童消费、家庭消费、大众消费、商务消费、旅游消费、白领消费、休闲消费等多种不同的消费形式，使餐饮市场呈现出差异化的发展趋势。这一局面的出现也为餐饮业的发展提供了更多可选择的机遇和空间，企业可以结合自身的经营特长和技术优势，进行特色化经营，构建丰富多彩的餐饮文化，从而多方面满足消费者的饮食需求。

二、产业构成

大众化餐饮是指面向广大普通消费者，以消费便利快捷、营养卫生安全、价格经济实惠等为主要特点的现代餐饮服务形式。

大众餐饮业界定的标准如下：

其一，便利快捷。制售快捷，食用便利，服务简便、迅速、高效，能够满足客户的基本需要和节省时间两方面的需求，服务方式遵循便利顾客的原则。

其二，经济实惠。提供配套、合理、适中的菜品及服务，经营物美价廉、物有所值的菜品，与顾客的消费水平相适应，满足其精打细算的节俭心理。

其三，卫生安全。餐饮单位持合法有效卫生许可证、食品卫生状况较好，从业人员身体健康，满足了大众基本的食品安全和清洁要求，提供了无公害的就餐食品。

陕西省大众化餐饮是满足陕西省人民群众日常生活必需餐饮服务的重要服务

业态，主要包括早餐、快餐、团餐、特色正餐、地方小吃、社区餐饮、外卖送餐、美食广场、食街排档、农家乐、“地摊经济”餐饮、“小店经济”餐饮以及相配套的中央厨房、配送、网络订餐等服务形式。

第二节　产业与幸福感的关系

一、产业对人民幸福感的影响分析

陕西省大众餐饮服务业是陕西省经济增长速度较快的行业之一，是陕西省服务业的支柱产业，是拉动内需、繁荣市场、安排就业、提升人民幸福感的重要生力军。

随着陕西省人民群众日益增长的物质和文化需求，陕西省人民对餐饮业也有了更高的要求和期待。如何通过高品质的餐饮服务增加大众的幸福感、获得感，这是政府主管部门、行业协会、餐饮相关企业面临的大课题，任重道远。

关于餐饮服务业消费者的幸福感，美团大众点评数据研究院曾于 2015 年选取经济总量排名前 100 的城市作为研究对象，提出了吃货幸福指数模型，根据口碑指数、需求指数、等待指数、饕餮指数、便捷指数、覆盖指数、亲民指数七大细分指标进行加权获得（见图 7-1）。

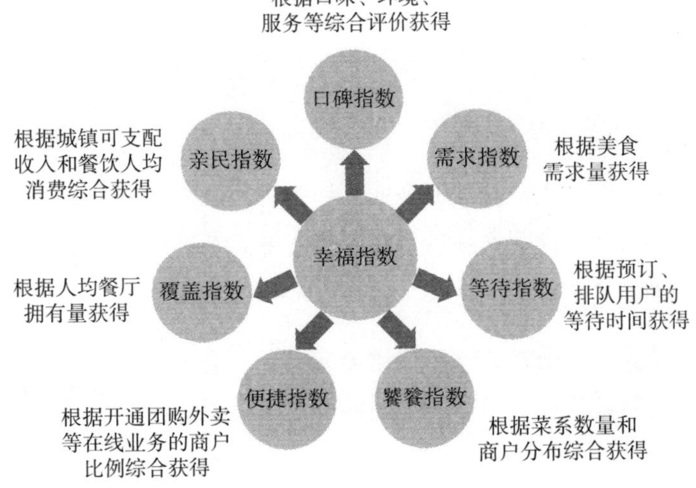

图 7-1　吃货幸福指数模型

对陕西餐饮业来说，在当今这个温饱不再是主流问题的时代，餐饮店越来越难以利用菜品味道来给予顾客幸福感，因为顾客的味蕾早已变得更加挑剔，他们不会轻易对产品产生满足感。

相反，餐饮店拥有更多其他的有利条件来打造幸福感，如更好的空间环境，更具创意的菜品样式。也就是说，当今是一个幸福感难打造，而打造面却更宽广的时代。

当今顾客用餐不再仅为了满足果腹问题，更多是为了从中获取一种幸福感。这种幸福感主要来源于三点：菜品的味道，用餐时的意外收获，愉悦的社交体验。

因为物质生活水平的提升，陕西省餐饮业的顾客对菜品越来越挑剔，餐饮店难以用菜品味道来感动顾客，除非餐企把菜品做到极致，并且把口味进行颠覆式创新。

用餐时的意外收获，简单来说就是产品或体验超乎顾客的预期，这一点对于提高消费者的满意度或者幸福感非常有效。最为明显的例子就是海底捞的增值服务，如擦鞋、美甲等，这些原本顾客没有计划在内，然而却意外体验到了，因此会感觉幸福感满满。这种体验超乎顾客的预期，不仅可以在服务上制造，还可以在菜品上制造。这种超乎预期的惊喜会让顾客感觉到很幸福。

至于愉悦的社交体验，虽然菜品的味道很难让顾客感动，但顾客用餐时与恋人或好友的回忆却很难忘。一旦在社交方面得到了满足，他们就很容易感觉幸福。

二、产业影响消费者幸福感的计量分析

通过设计问卷、发放问卷、数据分析等形式对相关影响进行实证研究。

（一）研究对象和研究变量

本章的研究对象是大众餐饮服务业的消费者。研究变量为餐饮服务业中影响消费者幸福感的因素，涉及餐饮环境、服务人员、餐饮质量、卫生安全等方面。

（二）问卷设计

在大众餐饮服务业消费者幸福感相关理论和文献研究的基础上，本书结合相关网络评价信息数据和访谈内容，编制成了《大众餐饮服务中消费者幸福感影响因素调查问卷》。问卷采用 7 分量表。

（三）问卷发放及回收情况

所选择的调研对象直接影响所调研问题的深度和广度，以及调研结果的可靠性。由于本书的调研内容涉及多个层次，且面向陕西省广大餐饮服务业消费者，故调研对象包括各年龄段的陕西省餐饮消费者。

研究数据的有效性和可靠性与问卷数据收集的质量息息相关，本书调研对象的普遍性使得相关调研具有随机性，鉴于疫情影响，为了保证较高的问卷回收率和有效率，问卷的发放与回收主要通过问卷星的方式进行。

（四）数据分析——探索性因子分析

将问卷所得的各项数据输入 SPSS 26.0，用相关系数矩阵进行因子分析。在 SPSS 26.0 的运行下，根据以上的步骤与标准，先对大众餐饮服务中消费者幸福感的影响因素进行因子分析。

1. 陕西省大众餐饮服务中消费者幸福感影响因素的因子分析步骤

（1）计算幸福感影响因素问卷量表各个题项间的相关矩阵。Mary C. Gilly 和 Mary Wolfinbarger 等研究表明取舍项目的因子负荷量的标准应为 0.5。因此本书以因子负荷量 0.5 为标准进行题项的取舍，大于等于 0.5 则保留题项，删除小于 0.5 的题项，然后继续下一轮的因子分析。

（2）分析因子分析的可行性。凯瑟（Kaiser，1974）认为取样适当性数值（Kaiser-Meyer-Olkin measure of sampling adequacy，KMO）的大小可以用于判断题项间是否适合进行因子分析，KMO 值越接近于 1，越适合进行因子分析。

（3）幸福感影响因素因子提取。运用主成分分析法（Principal Components Analysis）对收集处理的幸福感影响因素数据做因子提取。基于凯瑟准则确定因子的数目，保留特征值高于 1 的因子。

（4）因子旋转。进行因子分析时需要对因子载荷矩阵进行旋转以改变题项在每个因子负荷量的大小，从而达到简化结构、方便解释因子的目的。

（5）幸福感影响因素因子提取与命名。因子旋转结果决定了本书的因子数目，尽量选取较少的因子层面来获得较大的解释量。

2. 陕西省大众餐饮服务中消费者幸福感影响因素因子分析

将问卷所得的各项数据输入 SPSS 26.0 软件，运用相关系数矩阵进行因子分析。在 SPSS 26.0 的运行下，根据以上的步骤与标准，先对大众餐饮服务中消费者幸福感的影响因素进行因子分析。

表 7-1　KMO 和 Bartlett 球形检验结果

取样足够度的 Kaiser-Meyer-Olkin 度量	0.701
Bartlett 球形检验近似卡方	1538.649
df	666
Sig.	0.000

表 7-1 给出了因子分析的 KMO 和 Bartlett 球形检验结果。基于相关系数矩阵的行列式可以得到 Bartlett 球形检验的统计量。如果该值较大，且其对应的相伴概率值小于用户心中的显著性水平，那么各个原始变量间存在一定的相关性，适合于做主成分分析。Bartlett 球形检验的概率 P 值为 0.000，即假设被拒绝，也就是说，可以认为相关系数矩阵与单位矩阵有显著差异。KMO 统计量取值在 0 和 1 之间。当所有变量间的简单相关系数平方和远远大于偏相关系数平方和时，KMO 值接近 1。KMO 值越接近于 1，意味着变量间的相关性越强，原有变量越适合作因子分析；当所有变量间的简单相关系数平方和接近 0 时，KMO 值接近 0。KMO 值越接近于 0，意味着变量间的相关性越弱，原有变量越不适合做因子分析。本数据统计分析结果显示 KMO 值为 0.701，根据 KMO 度量标准可知，原变量适合进行因子分析。

表 7-2　公因子方差

	初始	提取
6. 餐饮环境方面（餐饮有仪式感）	1.000	0.748
6. 餐饮环境方面（基础设施完善、便利）	1.000	0.659
6. 餐饮环境方面（餐厅的气氛格调）	1.000	0.761
6. 餐饮环境方面（餐厅的安静程度）	1.000	0.719
6. 餐饮环境方面（就餐的私密性）	1.000	0.665
6. 餐饮环境方面（等待服务时间）	1.000	0.679
7. 服务人员方面（服务人员仪容仪表）	1.000	0.775
7. 服务人员方面（服务人员态度）	1.000	0.806
7. 服务人员方面（服务人员满足您所提需求的及时性）	1.000	0.655
7. 服务人员方面（服务人员完成您所提需求的准确性）	1.000	0.712
7. 服务人员方面（服务人员对您需求的预见能力）	1.000	0.688

续表

	初始	提取
7. 服务人员方面（服务人员对您的关注程度）	1.000	0.698
7. 服务人员方面（服务人员能无区别对待）	1.000	0.739
8. 餐饮质量方面（菜肴的美味程度）	1.000	0.758
8. 餐饮质量方面（菜肴的外观和呈现）	1.000	0.788
8. 餐饮质量方面（菜肴的营养性）	1.000	0.689
8. 餐饮质量方面（菜肴的新鲜度）	1.000	0.693
8. 餐饮质量方面（上菜及时性）	1.000	0.762
8. 餐饮质量方面（菜式的可选择性）	1.000	0.762
8. 餐饮质量方面（达到预期或超预期）	1.000	0.646
9. 消费成本方面（支付的货币）	1.000	0.641
9. 消费成本方面（花费的时间）	1.000	0.738
10. 卫生安全方面（安全保障）	1.000	0.715
10. 卫生安全方面（餐具卫生情况）	1.000	0.693
10. 卫生安全方面（食物卫生状况）	1.000	0.715
10. 卫生安全方面（餐厅公共区域的清洁程度）	1.000	0.669
10. 卫生安全方面（餐厅卫生间的清洁卫生状况）	1.000	0.645
11. O2O 线上感知（商家信息质量）	1.000	0.616
11. O2O 线上感知（订单处理速度）	1.000	0.646
12. O2O 线下感知（外卖包装）	1.000	0.728
12. O2O 线下感知（送餐速度）	1.000	0.744
12. O2O 线下感知（送餐员态度）	1.000	0.588
14. 体验方面（较好的社交属性）	1.000	0.802
14. 体验方面（较好的文化属性）	1.000	0.680
14. 体验方面（餐饮趣味性）	1.000	0.605
14. 体验方面（满足个性化需求）	1.000	0.701
14. 体验方面（持续的新鲜感）	1.000	0.752

注：提取方法为主成分分析。

表 7-2 是公因子方差，表中的第二列显示了初始共同度，全部为 1；第三列

是提取特征根的共同度。

表 7-3　主成分分析解释的总方差

成分	初始特征值			提取平方和载入			旋转平方和载入		
	合计	方差贡献率（%）	累计百分比（%）	合计	方差贡献率（%）	累计百分比（%）	合计	方差贡献率（%）	累计百分比（%）
1	8.850	23.919	23.919	8.850	23.919	23.919	4.510	12.189	12.189
2	3.261	8.815	32.734	3.261	8.815	32.734	3.141	8.489	20.678
3	2.258	6.103	38.837	2.258	6.103	38.837	2.951	7.974	28.652
4	2.054	5.550	44.387	2.054	5.550	44.387	2.254	6.091	34.743
5	1.733	4.685	49.073	1.733	4.685	49.073	2.230	6.028	40.771
6	1.581	4.272	53.345	1.581	4.272	53.345	2.182	5.897	46.668
7	1.445	3.906	57.251	1.445	3.906	57.251	1.947	5.262	51.930
8	1.305	3.528	60.779	1.305	3.528	60.779	1.789	4.836	56.766
9	1.263	3.413	64.192	1.263	3.413	64.192	1.788	4.833	61.599
10	1.195	3.230	67.422	1.195	3.230	67.422	1.742	4.707	66.306
11	1.135	3.068	70.490	1.135	3.068	70.490	1.548	4.184	70.490
12	0.964	2.605	73.095						
13	0.953	2.575	75.670						
14	0.853	2.307	77.976						
15	0.735	1.987	79.963						
16	0.727	1.966	81.929						
17	0.683	1.846	83.776						
18	0.647	1.749	85.525						
19	0.565	1.526	87.051						
20	0.513	1.387	88.437						
21	0.501	1.355	89.792						
22	0.451	1.220	91.012						
23	0.421	1.138	92.150						
24	0.383	1.036	93.186						
25	0.349	0.942	94.128						
26	0.315	0.850	94.978						
27	0.277	0.750	95.728						

续表

成分	初始特征值			提取平方和载入			旋转平方和载入		
	合计	方差贡献率（%）	累计百分比（%）	合计	方差贡献率（%）	累计百分比（%）	合计	方差贡献率（%）	累计百分比（%）
28	0.236	0.637	96.365						
29	0.216	0.583	96.949						
30	0.205	0.554	97.503						
31	0.192	0.519	98.022						
32	0.173	0.467	98.489						
33	0.146	0.395	98.884						
34	0.129	0.350	99.234						
35	0.114	0.308	99.541						
36	0.099	0.268	99.809						
37	0.070	0.191	100.000						

注：提取方法为主成分分析。

碎石图如图 7-2 所示。

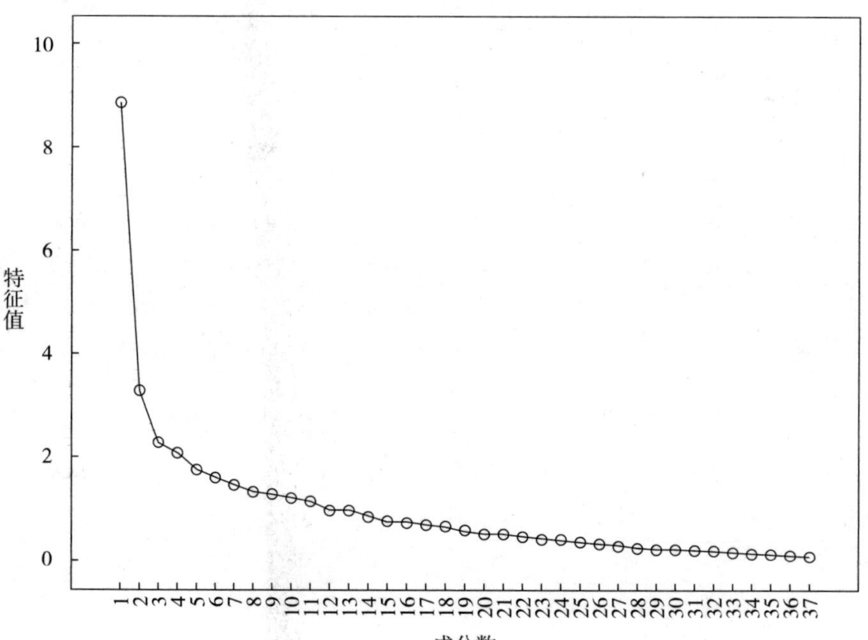

图 7-2　碎石图

因子负荷矩阵如表 7-4 所示。

表 7-4　成分矩阵

	成分										
	1	2	3	4	5	6	7	8	9	10	11
Q61	0. 728	0. 577	0. 033	0. 123	0. 062	-0. 042	-0. 035	-0. 278	-0. 069	0. 156	0. 219
Q62	0. 447	-0. 178	0. 303	-0. 003	0. 016	-0. 151	0. 251	-0. 123	0. 130	0. 351	0. 258
Q63	0. 625	0. 429	-0. 196	0. 421	0. 211	-0. 341	-0. 062	-0. 205	0. 084	-0. 032	-0. 041
Q64	0. 637	0. 275	0. 270	0. 580	0. 337	-0. 139	-0. 022	0. 192	-0. 186	0. 153	0. 061
Q65	0. 728	0. 388	0. 382	0. 163	0. 309	-0. 268	-0. 085	-0. 204	-0. 312	-0. 068	-0. 005
Q66	0. 487	0. 254	-0. 293	-0. 004	-0. 017	-0. 152	-0. 050	0. 173	-0. 079	-0. 019	-0. 022
Q71	0. 476	0. 572	-0. 250	-0. 313	0. 354	0. 124	0. 133	-0. 189	-0. 089	0. 109	0. 243
Q72	0. 381	0. 610	0. 198	-0. 258	0. 086	-0. 192	-0. 139	-0. 330	0. 011	-0. 002	-0. 081
Q73	0. 043	0. 748	0. 477	-0. 035	-0. 172	0. 124	-0. 306	0. 191	0. 239	-0. 072	-0. 052
Q74	0. 414	0. 634	0. 358	0. 581	-0. 121	0. 362	0. 216	-0. 124	-0. 021	-0. 039	-0. 196
Q75	0. 141	0. 454	0. 476	0. 706	-0. 129	0. 088	0. 307	0. 236	0. 062	-0. 077	0. 092
Q76	0. 352	0. 573	0. 501	0. 506	-0. 073	-0. 051	-0. 182	-0. 034	-0. 082	-0. 353	-0. 002
Q77	0. 288	0. 598	-0. 103	0. 586	-0. 063	-0. 189	-0. 089	-0. 138	-0. 255	0. 167	-0. 281
Q81	0. 214	-0. 289	0. 682	0. 047	0. 652	0. 100	0. 241	0. 030	-0. 103	-0. 075	0. 101
Q82	0. 272	0. 112	0. 644	-0. 374	0. 564	-0. 028	-0. 301	-0. 011	0. 371	-0. 311	-0. 017
Q83	0. 526	0. 391	0. 719	0. 172	0. 711	0. 157	-0. 253	-0. 121	-0. 096	-0. 238	-0. 215
Q84	0. 618	-0. 268	0. 563	0. 050	-0. 107	-0. 195	0. 053	0. 358	-0. 065	-0. 216	-0. 017
Q85	0. 342	-0. 433	0. 584	-0. 005	-0. 016	0. 171	0. 073	0. 096	-0. 201	-0. 065	0. 169
Q86	0. 395	0. 121	0. 764	0. 306	0. 055	-0. 064	0. 161	0. 175	0. 584	0. 078	-0. 243
Q87	0. 544	0. 185	-0. 030	-0. 359	-0. 029	-0. 251	-0. 132	0. 236	0. 084	0. 121	0. 163
Q91	0. 383	0. 414	0. 103	0. 267	-0. 236	0. 037	-0. 003	0. 243	-0. 085	0. 005	0. 344
Q92	0. 602	0. 151	0. 098	0. 016	-0. 369	-0. 053	0. 220	-0. 174	-0. 064	-0. 280	-0. 205
Q101	0. 464	-0. 403	0. 192	0. 228	-0. 068	0. 236	-0. 279	-0. 186	0. 206	0. 078	0. 166
Q102	0. 378	-0. 569	0. 063	0. 053	0. 092	-0. 128	-0. 273	0. 232	0. 047	0. 089	0. 237
Q103	0. 694	-0. 416	-0. 070	0. 001	-0. 086	-0. 083	-0. 038	-0. 041	0. 018	-0. 073	0. 178
Q104	0. 473	0. 073	-0. 343	0. 201	0. 206	0. 293	0. 050	0. 248	0. 013	-0. 119	0. 276
Q105	0. 462	-0. 254	-0. 023	-0. 081	0. 399	0. 358	0. 175	0. 001	0. 057	0. 060	-0. 187
Q111	0. 475	0. 355	-0. 286	0. 096	0. 189	0. 254	0. 078	-0. 095	0. 118	0. 207	0. 032

续表

	成分										
	1	2	3	4	5	6	7	8	9	10	11
Q112	0. 718	-0. 103	-0. 103	-0. 086	-0. 094	0. 198	0. 107	-0. 128	0. 131	0. 068	-0. 062
Q121	0. 516	0. 019	0. 114	-0. 113	-0. 315	0. 207	0. 209	-0. 359	0. 094	-0. 232	0. 242
Q122	0. 508	0. 005	-0. 235	0. 262	-0. 091	-0. 447	0. 241	0. 128	0. 181	-0. 193	-0. 101
Q131	0. 556	-0. 047	0. 297	0. 115	-0. 069	-0. 081	-0. 268	-0. 063	-0. 102	0. 257	-0. 108
Q132	0. 364	0. 429	0. 243	-0. 149	-0. 194	0. 314	-0. 328	0. 132	0. 147	0. 282	-0. 205
Q133	0. 359	0. 005	0. 210	-0. 295	-0. 066	-0. 251	0. 405	0. 047	0. 082	0. 371	-0. 205
Q134	0. 413	0. 324	-0. 238	-0. 293	-0. 322	-0. 025	0. 022	0. 103	-0. 261	0. 052	0. 029
Q135	0. 504	-0. 057	-0. 081	-0. 047	0. 072	0. 308	-0. 076	0. 290	-0. 391	0. 133	-0. 273
Q136	0. 314	0. 039	0. 293	-0. 236	0. 563	0. 064	0. 293	0. 144	-0. 108	-0. 229	-0. 135

注：提取方法为主成分分析。a. 表示已提取了 11 个成分。

基于分析，删除了“服务人员对您的关注程度”等指标项。可以看出提取因子过多，由于此因子分析的主要目的是简化陕西省大众餐饮服务消费者幸福感影响因素体系的指标项构成，因此，结合相关研究基础和实践经验，我们对部分因子进行了合并，与问卷中设计的维度分类基本吻合。通过载荷矩阵我们可以看出消费者幸福感影响因素体系的各个因子所包括的特征项。通过整理我们得到，该消费者幸福感影响因素体系的第一部分包括：等待服务时间、O2O 送餐速度、菜肴的新鲜度、菜肴的美味程度、服务人员满足您所提需求的及时性、O2O 线上订单处理速度、服务人员无差别对待；该影响因素体系的第二部分包括：上菜及时性、安全保障、餐具卫生情况、食物卫生状况；该影响因素体系的第三部分包括：餐饮有仪式感、服务人员仪容仪表、餐厅公共区域的清洁程度、较好的社交属性、满足个性化需求；该影响因素体系的第五部分包括：花费的时间、支付的货币数量、O2O 线下感知——外卖包装，这一因子对总方差的解释率达到了 6. 09%；该影响因素体系的第六部分包括：餐厅的风格氛围、餐厅的安静程度、就餐的私密性、菜肴的新鲜度、菜肴的外观呈现、持续的新鲜感、餐厅卫生间的清洁卫生状况，这部分因子对总方差的解释率达到了 11%；该影响因素体系的第七部分包括：服务人员态度、服务人员对顾客需求的预见能力、服务人员满足顾客需求的准确性、达到预期或超预期，这部分因子对总方差的解释率达到了 9. 60%；基础设施完善便利、较好的文化属性，菜式的可选择性，这部分因子对总方差的解释率达到了 8. 8%。

结合大数据分析和实证研究，以及我们生活中的就餐经验和感知，本书将相关因子合并并命名为：餐饮质量；就餐环境及便利性；卫生安全；餐饮成本及时效（包括货币和时间）；餐饮服务；餐饮的社交文化娱乐等心理属性。

陕西省餐饮服务从业者可以通过独特的空间环境、参与感强的营销活动、专为社交打造的产品等，来提升顾客的社交体验，以此打造幸福感。

分析研究发现，就陕西省大众餐饮服务产业来说，餐饮的食材新鲜、味道美味可口、餐饮环境干净整洁是陕西省餐饮服务消费者关注的核心方面。伴随着陕西省大众餐饮服务消费者消费服务需求的升级以及餐饮属性的泛化，餐饮服务的附带属性，如餐饮仪式感、满足社交需求、餐饮消费者的参与感等心理需求的满足，将是陕西省餐饮服务业实现突围和升级的关键因素。

第三节　产业发展现状

一、产业发展总体情况

自 2010 年以来，陕西省餐饮收入的增长率呈“W”形变化，年均增长率为 12.3%（同期陕西省的 GDP 增速为 10.4%），高于陕西省 GDP 增速 1.9 个百分点（见图 7-3）。2018 年陕西省餐饮收入 947.03 亿元，同比增长了 12.7%，增速同期提高了 0.8 个百分点。

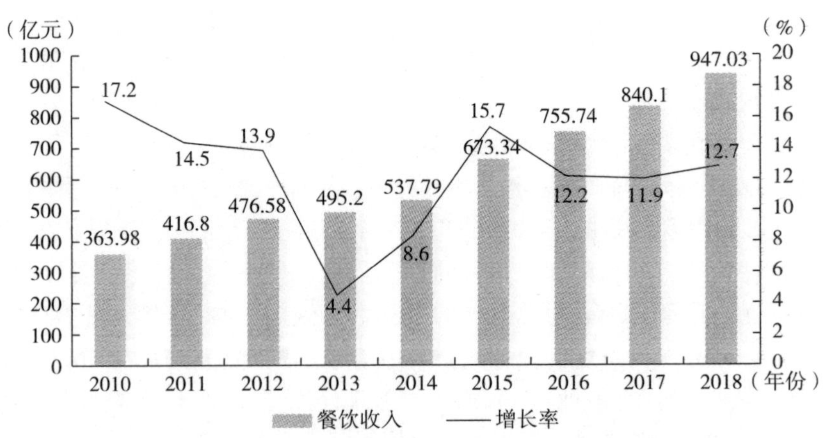

图 7-3　2010~2018 年陕西省餐饮收入及增长率

在陕西省限额以上餐饮收入中，西安市占全省的 37.1%，超过了 1/3，是陕西餐饮业收入的龙头地区。咸阳市、宝鸡市、渭南市是陕西省餐饮收入的核心区域，均高于陕西省其他区域（见图 7-4、图 7-5）。

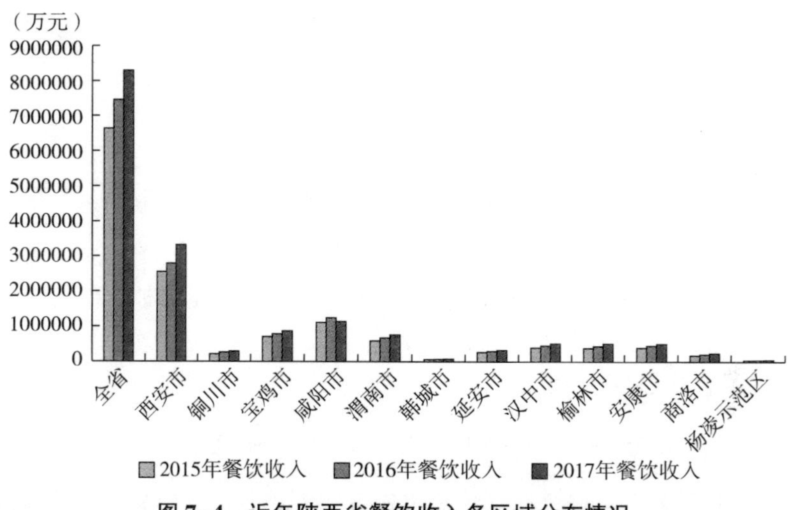

图 7-4　近年陕西省餐饮收入各区域分布情况

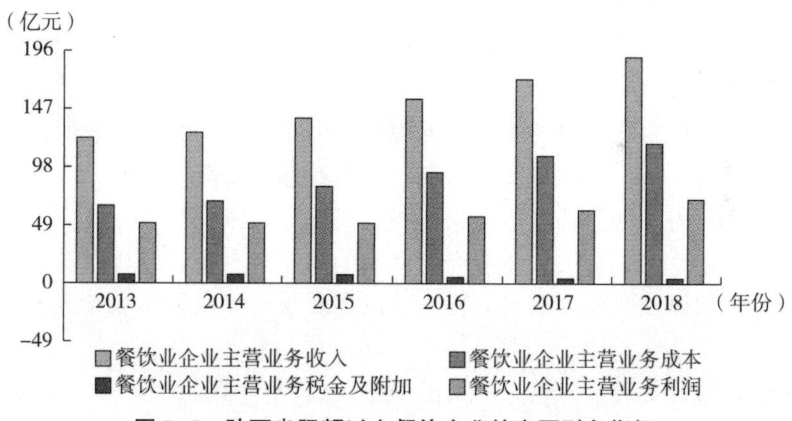

图 7-5　陕西省限额以上餐饮企业的主要财务指标

二、产业发展特点

回顾改革开放 40 多年来陕西餐饮业的发展特点：陕菜经营企业是激活陕西餐饮市场的主要力量；现代化的经营模式是提升陕西餐饮核心竞争力的主要途径；陕菜老字号在市场的呼唤中重现生机。其发展特点主要表现在以下几个方面。

（一）陕菜经营企业是激活陕西餐饮市场的主要力量

近年来，以遇见长安、大厨小馆等品牌为代表的陕菜方阵，以对陕菜和餐饮市场的理解，摆脱了过去畸重于史书与传承的教条框架。在尊重传统的前提下，通过产品形意、环境、经营模式等，使陕菜真正具有了现代受众基础，激发了陕菜的整体效能。

（二）现代化的经营模式是提升陕西餐饮核心竞争力的主要途径

陕西小吃经营企业主动迎接市场洗礼，根据陕西小吃的特点，以现代化的经营模式，打造出符合现代年轻消费群体的经营种型，魏家凉皮、春发芽、赵记肉夹馍等现代企业采取连锁经营、品牌经营等手段，将陕西小吃带出本省，引誉国外，成为陕西餐饮的现代标志。

（三）许多陕菜老字号在市场的呼唤中重现江湖

从 2018 年开始，在陕西市民消费认知里具有较高留存度的老字号蓄势复出。白云章等字号一经重现，就显现了传统技艺的现代市场热度，激发了更多老字号的重生意念。如若有关部门解决知识产权、多元经营等方面的问题，相信陕西老字号的春天会姹紫嫣红。

同时，陕西是一个旅游大省，城市规模逐渐扩大，这为餐饮业的发展提供了良好的支撑。近几年，陕西餐饮业的发展水平在逐步提高。

陕西一直致力于特色美食标准化模式的研发与探索，目前已经完成 296 道特色美食的标准化。以非物质文化遗产为代表的西安肉夹馍已经从西安走向世界。

结合调研和访谈及相关信息分析，可以发现陕西大众餐饮服务业的发展现状如下：

餐饮模式从传统的“采购（货）—制作（场）—销售（人）”模式转变为“销售（人）—采购（货）—制作（场）”模式。

新餐饮时代形成了一个新的消费生态链条（关注—兴趣—搜索—购买—口碑传播），外部环境和心理因素对消费者的餐饮消费行为产生了一定影响。

在外部环境上，消费者更关注菜肴特色、就餐环境、价格水平、服务质量、品牌形象和地理位置。

在心理因素上，消费者更加追求便利、热闹、交往、会面、寻找美食、满足特殊场合需要、健康营养、求廉、求奇、求新和炫耀等消费动机。

此外，陕西大众餐饮业发展中也存在一定的问题：陕西的特色小吃“走出去”面临标杆企业较少、标准体系不健全等困境。

目前，陕西大众餐饮服务产业正处在一个变革时期，有内容、有品质、有新意的餐饮业态将是未来行业突围的热点。

第四节　产业发展趋势与重点

一、产业发展趋势

（一）陕西餐饮经营趋势分析

1. 基于消费行为关联逻辑的跨界经营模式有待提升

随着胡桃里音乐餐厅等一批新型餐厅在西安市场的引爆，“餐饮+音乐”“餐饮+茶歇”“商务+Coffee+餐饮”的跨界经营模式成为陕西餐饮市场的热选。作为跨界经营的学习者和模仿者，陕西餐饮依然没有把握住跨界经营的核心。当经营忽略消费行为的场景触感，无视消费行为的关联逻辑，无视消费行为的心理背景和思维取向，跨界只能落入“硬嵌”的困境。从这个意义上说，陕西餐饮业生长出本土跨界明星，仍然任重道远。

2. 以产品拆分和菜单瘦身为特征的传统餐饮图强之路渐成共识

作为陕西餐饮的主力军，传统中小型餐饮企业近年来遭遇全国餐饮业相同的经营难题：定位不够精准，缺乏产品细分。针对这一难题，破解思路也近乎相同：产品拆分、菜单瘦身。以产品拆分清晰经营逻辑，以菜单瘦身凸显经营主干，这样虽然能够凝聚人才、降低成本、精准客群，但上述举措的基础是技艺独占、营销闭环、客群明确，否则只能是隔靴搔痒，于事无补。

3. 企业文化在餐饮业管理中的作用愈加显著

在陕西餐饮业中，许多餐企恪守企业文化，坚守产品宗旨，因时而变，因势而变，赢得了较高的品牌价值和较强的市场主导权。以海底捞为代表，这些企业深植市场，全员学习，坚持中国餐企的经营传统，自觉接轨先进管理文化和市场进化潮流。

4. 陕西地产食材走向全国市场

近年来，陕西食材生产加工企业在陕西走向全国的背景下，以独立的商品形象走出本省，赢得了更广阔的市场。例如，兴平秦椒是陕西省兴平市的地方特产，以辣味浓郁、体型纤长等特点被誉为“椒中之王”，是陕西凉皮、豆腐脑、豆花泡馍等地方风味食品的决定性调料，部分产品出口东南亚国家。岐山天缘中国醇醋是有着3000年历史的西岐制醋工艺的现代主力传承者，是陕西省非物质文化遗产，是陕菜核心味觉之一的专有产出者。伴随着陕西面食和陕菜版图的扩大，天缘醇醋走向北京、大连等市场。

（二）陕西餐饮消费趋势分析

随着社会经济的不断发展，消费者的消费品质正在不断提升，对就餐环境、就餐体验、菜品特色等提出了更多的具体要求，出现了一些新的消费趋势。

1. 绿色餐饮引领的餐饮理念深入人心

2018年商务部等9个部门联合印发了《关于推动绿色餐饮发展的若干意见》，提出发展绿色餐饮的主要任务，推动绿色餐饮理念进入政府、进入社区、进入企业。近年来，餐饮健康化的趋势日趋明显，消费者的健康诉求逐渐增加。以健康养生为特征的鲜味偏好逐步增加，消费口味由刺激向健康转变。健康已成为餐饮业的一个新主题。以袁家村“绿色食材”理念为旗帜，陕西餐饮业自觉提升食材标准，以绿色统领餐饮经营开端。

2. 个性化的餐饮定制服务成为年轻消费群体的新需求

根据《2017年中国餐饮消费报告》发布的地方生活服务平台“口碑”和第一个金融商业数据中心，“80后”“90后”人群占餐厅用户的70%左右，成为餐饮业的消费主体。随着时代的不断变迁，餐饮业的消费结构朝着越来越年轻化的方向发展。这意味着许多餐饮企业要提供个性化、独特的餐饮服务，以迎合这一庞大的年轻消费群体，少数的私人餐饮企业会迎合这种需求提供上门服务。

3. 消费者注重就餐体验

用餐体验是指用户自进门起至用餐结束的感受，包括硬件设施、美食的颜色和意义、餐厅的视觉设计、付款方式、互动和服务。虽然“小而美”“小而清新的文艺风格”“有感情”依然是餐饮业的风向标，未来餐饮决定餐厅的类型，餐厅的装饰只能作为其风格的基础，餐饮体验才能真正决定餐厅的命运。

4. 出现餐饮消费社群化趋势

陕西餐饮业将出现社群化现象。越来越多的餐厅开始注重培养自己的品牌，建立自己的“粉丝群”，通过活动提高“粉丝”的黏度，提升消费者的满意度，从而培养消费忠诚。社群化运作围绕的不是商店，不是产品，不是想法，而是走心的友谊、融合、互动、分享。

（三）主要品类的发展趋势

1. 网红产品刺激陕菜品类获得关注

近年来，与西安规模化城市经营相关，一些陕西的特色产品，如摔碗酒、陕西面等通过抖音、快手等为全国所熟知，以一品带动品类，进而拉动旅游，取得了显著成效。这种“传统产品+现代传播手段”的产品营销方法被各餐饮企业仿效。

2. 饮品崛起

近年来，酒水在餐饮业的比重逐步增加。饮品的爆发源自生活方式的改变。以新鲜、压榨和现磨为特征的饮品占据了酒水市场的较大份额。从消费场景看，只要有消费场景，各种类型、不同价位的现制饮品就具备了销售条件。

3. 外卖市场仍需细化

2018 年陕西外卖市场随着客群消费选择的变化而发生了巨大变化，外卖品从单一餐饮功能向更多要素消费方向发展，外卖的品质要求逐步提高。产品品质、包装、功能诉求、外卖延伸产品逐步呈现出多样化的发展趋势。相对于外卖需求的细分市场，外卖产品体系仍有较大的提升空间。与全国外卖市场相比，陕西外卖的种型引导、品质精化、文化加持仍有不小的差距。

在陕菜品牌建设方面，基于旅游者感知的陕菜品牌，提炼出陕菜感知度测量的 24 项指标。其中，菜品性价比、菜品独特性、菜品文化性、餐厅文化、特色影视作品宣传推广这 5 个指标处于评价非常好的等级；菜品名称知名度、菜品美誉度、菜品丰富程度、菜品口味、餐厅内外装修这 5 个指标处于评价较好的等级；餐厅美誉度、菜品健康性、餐厅卫生、餐厅舒适度、纸媒宣传推广这 5 个指标处于一般等级；菜系名称知名度、菜系美誉度、菜品创新性、服务意识及态度、服务效率、服务设施齐全及完好程度、新媒体宣传推广、会展活动宣传推广这 8 个指标处于评价较差的等级。

二、产业发展重点

结合整个大众餐饮服务行业的发展现状及消费者需求升级的特征，陕西省大众餐饮服务业应重视以下发展方面：

（一）发展小而美、小而精餐饮

现在的消费者更注重小而精、小而美的专业品类餐厅，如现在的消费者倾向于在日料店吃三文鱼刺身，而不是选择大而全的全品类餐厅。

正餐和轻餐的这个界限变得越来越模糊，大家越来越关心口味和就餐环境，一些“80 后”“90 后”的创业者开始从门店设计、创新菜品、多元化的就餐体验、契合消费者心情需求等方面入手，同时讲究性价比，强调好吃不贵，另外，小而精、关注效率与健康是在消费者这一端发生的一些变化。陕西省大众餐饮服务产业的发展应重视此变化。

（二）发展健康餐饮

顾客心理学调查认为，对餐饮界来讲，最需要明确的一点是食物对于人们的意义已经改变了。吃饭这件事不再仅仅是为了补充能量，维持身体的正常运转，它变成了一种自我表达，一个身份的象征。用餐的地点、方式、出品等都将承担表达的功能，去展示用餐者的价值观念和生活水平，甚至与之有关的一切。当吃饭也变成了一件相关价值表达与意识形态的事，被视为垃圾食品的西式快餐就完全失去了优势。

因此，陕西省大众餐饮服务产业在发展其他方面的同时，也不应该忽视健康餐饮这一潮流。

（三）发展地摊经济餐饮

疫情之后一大批中小企业倒下，失业人数增加，需要新的就业机会来增加就业岗位。这些小吃的地摊餐饮点提供着煎饼、凉皮、烧烤等各色各样的小吃，绵延在各个城市的小吃街或者夜市里，给人们带来了烟火气息和每个城市独有的味道。

地摊餐饮成本低，不需要什么技术，既没有什么租金，又不用多少人工成本。推一个三轮车，搭两个桌子就可以做生意。由于价格便宜，顾客群体十分庞大。

（四）打造陕西特色标准化餐饮

推动陕西特色美食标准化，利用现代化的经营模式，重启陕西老字号，这是陕西餐饮业持之以恒的发展目标，也是陕西餐饮业不断攀升的主要途径。

（五）发展新餐饮

大数据的多维度、时效性两个特性对陕西省大众餐饮服务产业的影响较大，新零售概念的提出与商业模式的转变对陕西省大众餐饮服务产业发展新餐饮提出了新的要求。餐饮模式从传统的“采购（货）—制作（场）—销售（人）”模式转变为“销售（人）—采购（货）—制作（场）”模式。

新餐饮时代形成了一个新的消费生态链条（关注—兴趣—搜索—购买—口碑传播），外部环境和心理因素对消费者的餐饮消费行为产生了一定影响。

在外部环境上，消费者更关注菜肴特色、就餐环境、价格水平、服务质量、品牌形象和地理位置；在心理因素上，消费者更加追求便利、热闹、交往、会面、寻找美食、满足特殊场合需要、健康营养、求廉、求奇、求新和炫耀等消费动机。

（六）饮品方面

现在饮品的品类界限比较模糊，原来一家咖啡厅只做咖啡，但现在的饮品店除了咖啡还有茶、果汁，甚至甜点、下午茶等。另外，现在的饮品店主要转向文化上的共鸣，如喜茶的成功在于抓住年轻消费者的心态，对文化的归属成为主打思路；同时，在空间设计上追求超大的设计空间；提供的就餐环境或者说服务环境更优美、更精致；舒适的家居陈设及宁静或者私密的消费环境成为近年来饮品店的发展方向。在饮品产品方面，健康或者低卡、低油、低盐的产品是研发方向。

总的来说，陕西省餐饮服务企业在做饮品这个细类的时候，高性价比、高服务是必不可少的，与此同时，产品本身的健康属性及延伸到消费者社交方面的需求日益被重视，成为近年来陕西省餐饮服务产业发展不可忽视的因素之一。

第五节　产业发展对策与政策建议

一、对餐饮企业的建议

（一）所有的机会来自需求，通过顾客洞察来寻找机会

建议陕西省大众餐饮服务产业加大对消费者就餐行为和态度的深入洞察，从餐饮场景、品类选择、餐厅选择、菜品选择、食材口味偏好、点单支付偏好等角度把握消费变化趋势，并及时调整经营策略。

（二）产品是本，餐企要注重产品研发

菜品是餐饮的根本，建议陕西省大众餐饮服务产业加大对产品研发的重视度。面对需求侧消费分级，餐饮品牌的定位必须更加清晰，可以细化到某类食客群体、某类菜品与食客的某种心理需求等。

（三）用好供应商为餐饮业赋能的解决方案

当前，主流的餐饮供应商逐渐从卖产品向卖解决方案转型，通过为餐饮企业打造完善的产品解决方案来实现双方合作共赢。建议陕西省大众餐饮服务产业加大对供应商解决方案的重视，更好地实现菜品更新及精准营销。

（四）酒香也怕巷子深，残棋需加大营销创新力度

陕西省大众餐饮服务产业目前正处于竞争激烈的时期。要想成为群雄中的一员，餐饮企业需要在营销力、创新力方面加强。

（五）注重食品安全

随着网络外卖食品的普及，暴露出来的问题不断增多，如虚假地址、无证无照、脏乱差、黑作坊、送餐盒不消毒等，给食品安全埋下了隐患，令公众为之担忧。相关政策的出台对外卖平台的食品安全提出了一系列要求。但就实际情况而言，其执行效果并不乐观，所以，陕西省大众餐饮服务产业的发展应该进一步加强食品安全监督。

随着中国餐饮业的数字化发展，通过改造升级陕西省大众餐饮服务产业供应链管理系统，可以有效改善餐饮行业在供应链采购、食品加工等过程的管理，便于多层级主体开展监管、实时分析、提前预警，防患于未然。但是也要注意，随着大数据和餐饮行业的进一步结合，消费者的个人隐私和餐饮企业的核心数据将成为重要问题。这些不仅仅是对用户的负责，更有助于外卖行业的进一步发展。

二、基于大数据的科学精准餐饮发展策略

在大数据时代，大数据技术的日益成熟为陕西省大众餐饮服务产业实现科学精准管理提供了技术支持。基于大数据的科学精准餐饮发展策略的大数据解决方案如图 7-6 所示。

三、政策方面

（一）简政放权，为餐饮发展提速

我国已经有了一些知名的连锁餐饮品牌，但陕西大众餐饮行业的集中度仍较低，尚未涌现像百胜餐饮这样的巨无霸企业。北京市正在试点连锁企业“一区一照”政策，即拥有多个分支机构的连锁企业，在北京市同一行政区内选择一个分支机构作为本区的管理机构，新开分支机构办理工商注册，只要经营场所符合现行法律法规，并提交合法有效的经营场所证明文件，可不再办理分支机构营业执照。这有助于各种民生类的连锁企业的推广，让企业连锁化的步伐更轻快。陕西也可以在政策支持上往这方面倾斜。

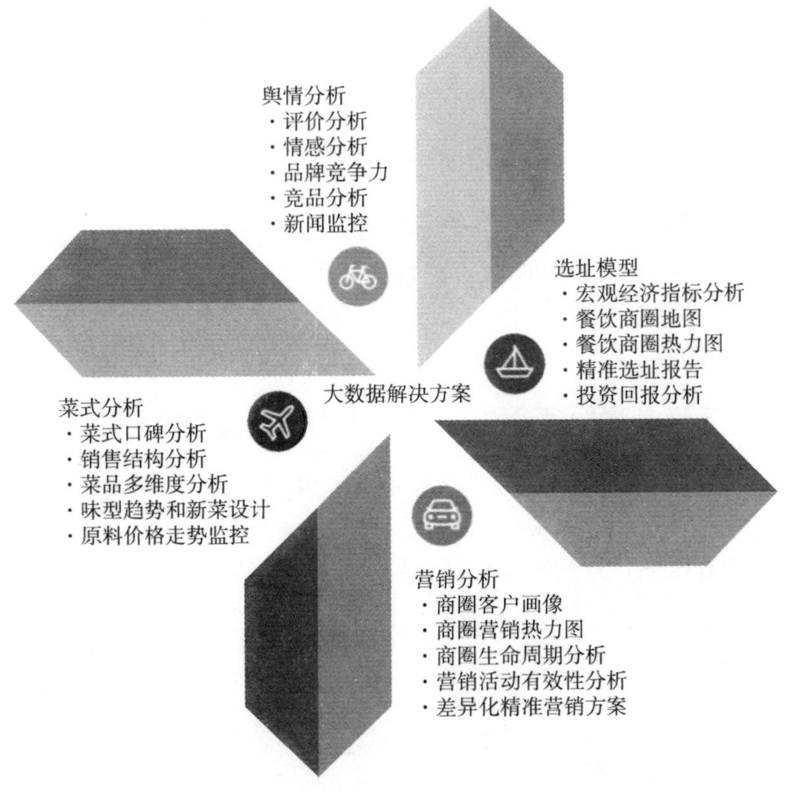

图 7-6 大众餐饮业的大数据解决方案

（二）减税降费，为餐饮企业减负

近年来，餐饮行业的发展势头强劲，普遍面临店面租金、人工成本、食材原料等价格上涨等问题，一些餐饮店的利润因此有所下降。为减轻餐饮企业的负担，提升企业的经营活力，餐饮业近 20 项税费得到了不同程度的减免。中国饭店协会发布的餐饮业年度报告数据显示，营改增后，企业实际税负水平得到了实质性的下降，在调查的 100 多家餐饮企业中，税费下降的企业达 80%以上。陕西省大众餐饮服务产业的相关治理者和政策制定者也应该在此方面下功夫，切实为本土餐饮企业的发展提供便利和政策支持。

（三）创业创新，推动中餐现代化

这几年，供给侧结构性改革、双创等极大地推动了服务业的崛起和创业者的激增。餐饮业也吸引了大量创业者和投资人的目光。对比中东部餐饮市场的发展现状，陕西中餐现代化发展尽管快速但仍处在初级阶段，在餐饮门店连锁化率、供应链发展水平等方面还有相当大的差距。新技术、新模式将给陕西省中餐现代化带来更大的机遇。

在强势消费升级背景下，大众餐饮需求旺盛，行业进入稳定的增长期。为了实现企业的规模扩张，提升企业的综合竞争力，并实现不断的优化升级，陕西省大众餐饮服务产业一方面需要加强在业态/品类创新、数字化转型、管理优化等内在发展方面的投入，另一方面也需要积极对外进行产业链延伸，或有效借助资本市场的力量获取持续发展所需的资源支持。与此同时，政策的影响也不容忽视，随着一系列支持性和规范性行业政策的逐渐落地，陕西省大众餐饮服务产业将向着更加规范和高效的方向发展。

（四）“三秦套餐”等小吃品类的人均消费金额需升级

凉皮、肉夹馍、冰峰组成的“三秦套餐”可谓是西安小吃的代表。近几年，抖音兴起的网红永兴坊、毛笔酥以及袁家村、马嵬驿等陕西小吃集成店更是深受游客喜爱。但在陕西，像魏家凉皮这样拥有中央厨房并实现标准化扩张的本土餐饮品牌屈指可数。

（五）陕西餐饮业与旅游业的融合

提出“旅游饭店+餐饮”“景区旅游+餐饮”“特色餐饮店+旅游”“古村镇、乡村旅游+餐饮”等模式。

（六）陕西餐饮业的社群化发展

“精准、健康、社群”成为2020年餐饮行业的关键词。餐饮业的社群化发展将会是新趋势，社群化运作就是把同龄人分成一个具有共同价值观和共同利益的群体部落。它围绕的不是商店、产品或想法，而是注重培养自己的品牌，维护“走心”的友谊、融合、互动和分享，从而培养消费忠诚度。

第八章

陕西幸福产业之文化产业发展研究

自改革开放以来，陕西经济持续快速增长，文旅产业快速发展，如今，消费已成为经济增长的主要驱动力，文化娱乐、休闲旅游等服务消费成为新热点。

第一节　产业的特征与构成

一、产业特征

作为知识经济战略性产业的文化产业，大类上属于第三次产业。它与第一产业、第二产业乃至第三产业中的其他产业相比较，有如下特征：

对文化产品需求的非饱和性。作为用来满足人们精神需要的文化产品，从需求上看，不像吃、穿、住、用的生活消费品需求那样，有个基本数量上的大体限度。人们对文化产品或服务的需求趋于无限，即人们对某种文化产品的需求具有非饱和性。

文化产品供给于无限。人们的思想、智慧、精神、技艺随着大千世界的演化潜力无限，可以提供无穷无尽的精神产品、艺术成果。非物质资源的潜力确保文化产品和服务的供给趋于无限。

文化产业发展上的创意性。文化创意产业不仅会使文化产业自身向高端推进，还会惠及第一产业和第二产业及文化产业以外的其他第三产业，为其带来更高的附加价值。

文化产业的价值共享性。文化产业的价值共享性是指文化产品所蕴含的文化内容在较大程度上能够满足消费者共同的情感需要、精神需要和休闲娱乐需要等。

文化产业的心灵服务专业性。文化产业在某种程度上能够满足消费者悦智、乐神与悦情的心灵需要。消费者在这些场所散步、休闲、娱乐，不知不觉娱乐了身心，解放和休憩了心灵。

二、产业构成

陕西文化产业具有经济属性和社会属性。这是文化产品社会属性的最根本和最重要的体现。只有通过消费者的积极参与，文化产品丰富多彩、蕴藉深厚的内容才能转化为具体的社会效益。

另外，陕西文化产业的经济属性是指文化产业作为经济形态所具有的经济方面的性质和特点。文化产业经济属性的特殊性就在于，文化产业既要遵循经济活动的一般规律和特殊规律，又要遵循文化发展的一般规律和特殊规律；既要遵守经济活动的相关法律法规，又要遵守文化活动的相关法律法规。

陕西文化产业的经济属性与社会属性相互依存、相辅相成。文化产业的经济属性为文化产业的社会属性转化为社会效益提供了经济基础，文化产业的社会属性是文化产业经济属性的前提和灵魂。

为规范我国文化及相关产业的范围，并对其进行科学统计，国家统计局在《文化及相关产业分类（2004）》的基础上进行了修订，颁布实施了《文化及相关产业分类（2012）》，对文化产业的定义进行了更为精准的界定：为社会公众提供文化产品和文化相关产品的生产活动的集合，进一步说明了文化产品的生产活动（从内涵）和与其相关的生产活动（从外延）的范围指向。新的分类标准划分出十大行业，新闻出版发行服务、广播电视电影服务、文化艺术服务、文化信息传输服务、文化创意和设计服务、文化休闲娱乐服务、工艺美术品的生产七个行业属于文化产品的生产，文化产品的辅助生产、文化用品的生产、文化专用设备的生产属于文化相关产品的生产。

第二节　产业与幸福感的关系

一、理论分析

文化产业影响居民幸福感的主要机制主要有三个途径：第一，推动文化与经济的结合是人民实现物质幸福的重要途径。第二，低投入、高回报有利于促进人与自然的和谐。第三，它可以丰富人们的文化活动形式，加强人际理解，调适大众心理（见图 8-1）。

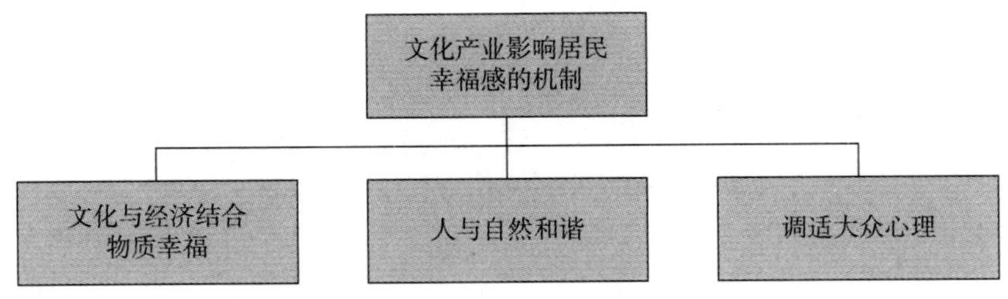

图 8-1 文化产业影响居民幸福感的机制

二、计量分析

（一）数据来源

本书通过搜集陕西省境内 10 个样本城市近 9 年的相关数据。以人均文化消费支出为因变量，以人均国内生产总值、文化产业、增加值、人均收入、前期文化消费支出、文化产品及服务的价格、政府事业支出及城市化水平这 7 个指标为自变量，构建出文化消费影响因素。

（二）计量模型设计

$$C_{it}=\alpha_{it}+\alpha_{1t}X_{1it}+\alpha_{2t}X_{2it}+\alpha_{3t}X_{3it}+\alpha_{4t}X_{4it}+\alpha_{5t}X_{5it}+\alpha_{6t}X_{6it}+\alpha_{7t}X_{7it}+\delta_{it}$$

该模型包括预测变量，C 为人均文化消费支出，X_1 为人均国内生产总值，X_2 为文化产业增加值，X_3 为人均收入，X_4 为前期文化消费支出，X_5 为文化产品及服务的价格，X_6 为政府文化事业支出，X_7 为城市化水平，$\alpha_1 \sim \alpha_7$ 分别代表 7 个回归系数，δ 为随机扰动项。

利用 SPSS 统计软件进行数据处理，通过相关性分析和回归分析，可以得出以下结论：

第一，文化消费的频率对居民幸福感的影响显著为正，越乐衷于文化消费，文化消费的频率越高。无论是喜欢看电视、看碟片，还是听音乐、阅读都可以显著提升居民的幸福感。

第二，“看碟”“参加文化活动”“在家听音乐”这三项对幸福感水平的影响程度不甚相同。这可能是因为看电视或看碟对居民来说是更容易进行的文化消费，所以受众就更多。阅读和听音乐相比其他文化消费可以给居民带来更多满足感。

第三，文化产业为文化与经济的结合物，文化产业直指人的精神需求，它与个人快乐或幸福之间存在着一种必然的联系。可见，文化产业不仅是国家经济发展的重要载体，还是提高人民幸福感、体现国家文化独特性的重要载体。

第三节　产业发展现状

一、总体现状

（一）文化旅游资源

作为全国知名的旅游大省，陕西的文化旅游资源具有独特魅力，自然资源、文物古迹星罗棋布，每年都会吸引大量的国内外游客慕名而来。陕西省文化旅游资源等级较高，拥有国家风景名胜区6处，分别为华山风景名胜区、临潼骊山风景名胜区、黄河壶口瀑布风景名胜区、宝鸡天台山风景名胜区、黄帝陵风景名胜区以及合阳洽川风景名胜区；拥有佛坪大熊猫自然保护区、洋县朱鹮自然保护区、周至金丝猴自然保护区等国家自然保护区25处，区内保护着多种国家珍稀动植物；拥有南宫山国家森林公园、朱雀国家森林公园、太白山国家森林公园等国家级森林公园32个。

以这些珍贵的文旅资源为依托，省、市、县各级部门立项规划，搭建招商引资服务平台，力图实现资源优势最大化利用。现如今，陕西已拥有门类较为齐全的人文旅游产业资源，文旅产业体系日趋完善，产业规模达到了新的发展水平。

（二）文化科技资源

自2012年起，陕西开始组织实施陕西省科技与文化融合示范工程专项，并首批启动实施了西安文化与科技融合示范工程项目，该项目重点围绕文化产业的新业态发展，突破多模式文化产品展示平台集成技术、三维动漫产品生产平台集成技术、现代科技文化产品传播服务可信性保障技术等关键技术，建设西安动漫数字博物馆、西安动漫游戏开发公共技术支撑平台、中华文化全球云推广平台、西安曲江文化科技融合体验中心四大服务平台，形成了国家级文化和科技融合示范基地创新服务体系，进一步促进了地方传统文化传播，彰显了文化和科技融合的创新魅力。中宣部、科技部、文化部、广电总局、新闻出版总署5个部门联合认定西安为首批国家级文化和科技融合示范基地。首批示范园区共5个，分别为西安国家数字出版基地、西安曲江新区文化创意产业园、西安印刷包装产业基地、西安碑林动漫产业基地和西安浐灞总部科研创意基地。通过5年的建设，已经认定了三批示范园区与示范企业，包括西安国家数字出版基地等10个示范园区以及陕西盛唐传媒投资有限公司等50家示范企业。以示范园区为核心，以示范企业为重点的一批创新能力强、具有一定市场竞争力的企业集群在不断壮大。

（三）新闻出版发行资源

陕西的著作权登记数量增速较快，连续三年保持80%以上的增长率，2015年全省著作权登记达1808件。为推动版权产业的发展，一是加强西部国家版权交易中心平台建设，加入国家版权交易中心联盟，积极拓展影视、图文和互动娱乐等版权领域建设。二是支持、指导省内图书出版单位参展首届中韩图书交流展、第22届北京国际图书博览会，达成11种图书版权的输出意向，输出14种图书版权；达成53种图书版权引进意向，引进10种图书版权。全年输出图书版权总数40种，引进图书版权259种。三是投融资5145万元支持10个影视版权项目运营，积极打造具有适应影视产业发展特点、功能齐全、能够为影视企业提供一流创业环境和服务的大众创业服务空间。

（四）广播影视资源

陕西省电视剧创作生产由“高原”向“高峰”推进，一大批能够体现国家水准和陕西品牌的优秀作品不断涌现。全年电视剧备案共计45部1663集，创作完成电视剧16部651集。电视剧《毛泽东三兄弟》《西北烽火》《长征大会师》等10部作品入选原国家新闻出版广电总局《2016~2020年百部重点电视剧选题规划》，位居全国第一。《毛泽东三兄弟》入选中宣部和原国家新闻出版广电总局纪念建党95周年重点电视剧。《长征大会师》《千里雷声万里闪》和《红旗漫卷西风》三部作品入选中宣部和原国家新闻出版广电总局“纪念长征胜利80周年重点电视剧”，陕西省入选作品位居全国第一，在全国叫响了“红色文化”品牌。

（五）文艺创作与表演资源

近年来，陕西原创剧目数量与质量齐飞，15部优秀经典剧目斩获国内外40余项殊荣。例如，《大汉苏武》荣获国家“五个一工程”奖，《秦腔》荣获2011~2012年度国家舞台艺术精品工程剧目，《迟开的玫瑰》《大树西迁》分别被评为国家舞台艺术精品工程“十大精品剧目”的第一名与第三名，后者更是兼得中国戏剧奖·曹禺剧本奖、“五个一工程”奖、中国戏剧奖·优秀剧目奖。《白鹿原》《长恨歌》《张骞》《梦回大唐》等多个具有代表性的优秀经典剧目包揽了诸多奖项。

二、发展指标

2018 年，陕西省文化产业发展迅速、成果显著，在繁荣社会文化、拉动经济增长和解决社会就业方面发挥着越来越重要的作用。但与文化强省相比，陕西省文化产业发展的短板明显，结构性问题突出，需要高度重视。

（一）从市场主体看，规模以上文化企业增加 300 个

规模以上文化企业是陕西省文化产业发展的核心力量。2018 年陕西省规模以上文化企业达到 1299 个，比上年同期增加了 300 个，同比增长了 30%。按三大产业板块看，规模以上文化服务企业达到 894 个，同比增长了 33.6%；规模以上文化批发和零售企业达到 224 个，同比增长了 18.5%；规模以上文化制造企业达到 181 个，同比增长了 28.4%。从九大行业分类看，企业数量增速居前三甲的分别是文化传播行业、文化娱乐休闲服务行业和内容创作生产行业。其中，文化传播行业规模以上企业达到 288 个，同比增长了 44.7%；文化娱乐休闲服务类企业达到 269 个，同比增长了 36.5%；内容创作生产类企业达到 257 个，同比增长了 27.9%。

（二）从经济指标看，营业收入接近 1000 亿元

2018 年全省规模以上文化企业的营业收入达到 962.7 亿元，接近 1000 亿元大关，同比增长了 23.2%，增速较上年同期提升了 3.1 个百分点。按三大产业板块看，文化服务业实现营业收入 365.8 亿元，同比增长了 29.3%；文化制造业实现营业收入 348.4 亿元，同比增长了 23.6%；文化批发和零售业实现营业收入 248.4 亿元，同比增长了 14.8%。从九大行业分类看，文化装备制造行业、新闻信息服务行业和内容创作生产行业的增速较快。其中，文化装备制造业实现营业收入 35.6 亿元，同比增长了 127.9%；新闻信息服务业实现营业收入 55.1 亿元，同比增长了 42.9%；内容创作生产业实现营业收入 147.3 亿元，同比增长了 39.0%。

（三）从经济效益看，营业利润高速增长 36.6%

受国际国内不利因素和陕西省产业结构调整的影响，2018 年初，全省规模

以上文化产业的营业利润大幅回落，第一季度同比增速为-52%。面对严峻的形势，省委、省政府及时出台了一系列经济稳增长的有效措施，上半年全省文化产业的营业利润由负转正，三个季度和全年均保持快速增长。2018 年全省文化产业实现营业利润 51.6 亿元，同比增长了 36.6%；应缴增值税 17.2 亿元，同比增长了 15.9%。按三大产业板块看，文化服务业实现营业利润 31.9 亿元，同比增长了 71.0%；应缴增值税 7.3 亿元，同比增长了 47.9%。文化批发和零售业实现营业利润 7.9 亿元，同比增长了 30.6%；应缴增值税 3.6 亿元，同比增长了 16.9%。文化制造业实现营业利润 11.8 亿元，同比增速为-9.6%；应缴增值税 6.3 亿元，同比增速为-7.9%。

(四) 从社会效益看，解决就业超过 12 万

2018 年末，全省规模以上文化企业的从业人员超过 12 万人，达到 121396 人。从三大产业板块看，文化服务业的从业人员 82163 人，同比增长了 6.3%，占全部从业人员的 67.7%；文化制造业的从业人员 29129 人，同比增长了 4.8%；文化批发和零售业的从业人员 10104 人，略有减少，同比增速为-1.2%。从九大行业分类看，从业人员超过 2 万人的行业分别是文化娱乐休闲服务行业、内容创作生产行业及文化辅助生产和中介服务行业。其中，文化娱乐休闲服务行业的从业人员最多，达到 29083 人，同比增长了 2.6%；内容创作生产行业的从业人员 22181 人，同比增长了 12.0%；文化辅助生产和中介服务行业从业人员 21246 人，同比增速为-4.4%。

(五) 居民文化消费旺盛，有力拉动文化发展

文化消费是文化发展的基础，也是文化发展的目的，更是扩大内需的重要组成部分。自改革开放以来，陕西城镇化的持续推进和城市人口的不断增加带动了文化消费需求的增长。同时，随着居民生活质量的逐步提高，人民群众多样化、多层次的精神需求快速增长，为文化消费提供了巨大的发展空间和市场。2008 年，在全省城镇常住居民家庭人均消费支出中，文化娱乐支出仅为 584 元；2018 年达到 1169.7 元，是 2008 年的 2 倍；2009~2018 年，在全省城镇常住居民家庭人均消费支出中，文化娱乐支出的年均增长率为 7.1%（见图 8-2）。2008 年全省农村常住居民家庭人均消费支出中，文化娱乐支出为 86 元，2009 年突破 100 元，达到 102.3 元；2018 年达到 217 元，是 2008 年的 2.5 倍；2009~2018 年，在全省农村常住居民家庭人均消费支出中，文化娱乐支出的年均增长率为 9.7%。

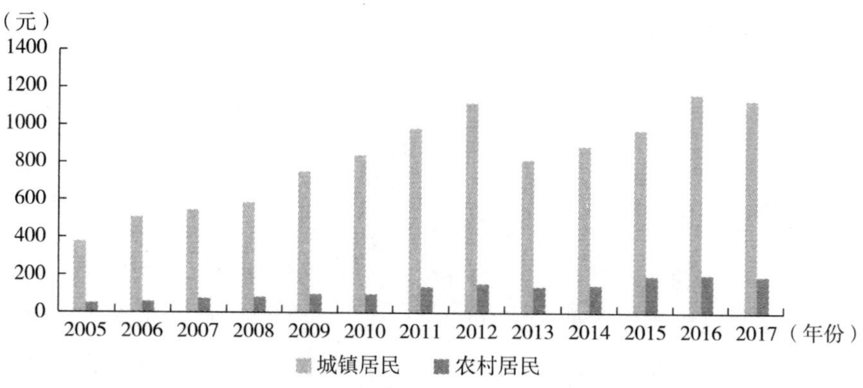

图 8-2 城乡居民文化娱乐消费支出情况

三、存在的问题

（一）文化制造业发展缓慢，结构问题非常突出

2018 年末，全省文化制造企业共 181 个，其中，印刷、包装、造纸企业 101 个，烟花爆竹生产企业 8 个，合计 109 个，占全部文化制造企业的 60%左右。因此，长期以来陕西省文化制造业发展缓慢，占比低下，严重制约了本省文化产业的进一步发展。从 2018 年的统计数据看，陕西省规模以上文化制造业的营业利润和应缴增值税双双负增长，其中，营业利润增速为-9.6%，应缴增值税增速为-7.9%；从增加值的占比看，陕西省文化制造业的增加值占全部文化产业增加值的 18.4%，比全国平均水平低了 22.2 个百分点。究其原因，主要是因为陕西省的文化制造业以印刷、包装、造纸和烟花爆竹生产为主，产业低端、层次低下，不仅利润微薄、缺乏市场竞争力，而且还受市场波动和环境保护的影响，经营情况极不稳定。

从国家统计局制定的《文化及相关产业分类（2012）》来看，文化产业包括文化产品的生产与文化相关产品的生产两部分，并进一步划分为十大行业，十大行业集群的发展水平可反映出文化产业的综合实力。通过表 8-1 可以了解陕西文化制造业的发展短板。

对陕西文化产业内部的行业结构进行分解，文化产品的生产总量几乎是文化相关产品生产的 3 倍。同期全国的相应比值为 3：2，发展现代高端制造业的呼吁与政策层出不穷。这一比例说明陕西文化服务业发展成果喜人，同时也说明陕西文化制造业发展滞后。在文化产品的生产部分，工艺美术品的生产是陕西文化制造业的重要构成，占文化产业增加值的 8.4%，低于全国工艺美术品产业增加值

4.3 个百分点。与同部分大类行业比较，略高于新闻出版发行服务行业，产出比重尚属可以。对该类行业进一步分解，其中，工艺美术品的制造是产出比重最高的中类行业，占大类产出的95%以上；园林、陈设艺术及其他陶瓷制品的制造则产出较少。

表 8-1 陕西文化产业分行业增加值与全国对比

十大行业	陕西		全国		陕西占全国比重（%）
	总量（亿元）	构成（%）	总量（亿元）	构成（%）	
合计	646.11	100	23940	100	2.7
第一部分文化相关产品的生产	481.05	74.4	14670	61.3	26.1
新闻出版发行服务	50.67	7.8	1209	5.1	4.2
广播电视电影服务	43.97	6.8	1059	4.4	4.2
文化艺术服务	72.27	11.2	1127	4.7	6.4
文化信息传输服务	44.06	6.8	2429	10.1	1.8
文化创意和设计服务	144.11	22.3	4107	17.2	3.5
文化休闲娱乐服务	71.84	11.1	1702	7.1	4.2
工艺美术品的生产	54.13	8.4	3037	12.7	1.8
第二部分文化相关产品的生产	165.06	25.6	9268	38.6	5.4
文化产品生产的辅助生产	95.77	14.8	2835	11.8	3.4
文化用品的生产	61.76	9.6	5564	23.2	1.1
文化专用设备的生产	7.53	1.2	869	3.6	0.9

进一步探查文化相关产品的生产部分，文化产品生产的辅助生产行业的增加值占比高于全国水平 3 个百分点，其余文化制造行业均低于全国水平，尤其是文化用品的生产，与全国平均水平相差 13.6 个百分点，这样的差距很有可能会影响省内居民文化产品的供给能力，压缩文化产品的消费空间。陕西文化制造业主要分布在印刷复制服务、工艺美术品的制造、文化用纸的制造 3 个行业，这 3 个行业的工业总产值占规模以上制造企业总产值的 80%以上。但在文化制造业的 16 个小行业中，办公用品制造、玩具制造、视听设备制造、油墨颜料制造以及其他文化专用设备制造 5 个行业的产值为 0。尤其是在全国视听设备制造业占文化制造业比重已经达到 17.2%的情况下，更加凸显了陕西文化制造业的短板。

（二）大型文化企业不足，市场组织规模小，缺乏竞争力

尽管陕西省文化产业的发展成绩显著，但与发达省份相比，总量和质量的差

距依然明显，即使与相邻的四川省对比，也有很大的差距。2018 年四川省规模以上文化企业的营业收入超过 3500 亿元，是陕西省的 3.6 倍。产生差距的主要原因是，陕西省大企业的支持引领作用不强。2018 年四川省营业收入超过 100 亿元的文化企业有 4 个，共实现营业收入 1263.9 亿元。值得一提的是，四川长虹股份有限公司 2018 年的营业收入接近 900 亿元，与陕西省全部规模以上文化企业的营业收入相当。2018 年四川省营业收入超过 10 亿元的文化企业有 27 家，共实现营业收入 1877.5 亿元；陕西省营业收入超过 10 亿元的文化企业只有 15 家，共实现营业收入 245.3 亿元。由此可见，大型文化企业不足，支撑引领作用不强，是陕西省文化产业发展的主要短板。

在之前陕西与全国文化制造业的对比中，陕西文化制造业门类较少，文化产品制造业产值较低的问题有所显现。通过规模以上企业的对比，文化制造业短板更加凸显：企业数量只有四川的 1/4，山东的 1/17，从业人员数量仅有 25200 人，分别是四川和山东的 1/6 和 1/19（见表 8-2）。从企业平均所占资产额来看，四川、山东、陕西分别为 25893 万元、20991 万元、14456 万元。这些数据只能说明陕西文化制造业体量较小，并未说明其他问题。但是在对陕西本地规模以上企业拥有率及其资产比率进行分析后，可以发现陕西该行业规模以上企业的两极分布特点：数量占比极少，资产比重极大。数量占比落后全国 4 个百分点，不及四川、山东的一半。资产比重超出全国 17.4 个百分点，超出四川、山东 10 个百分点。

表 8-2 规模以上文化制造业企业的组织规模对比

地区	企业数（个）	本地规模以上企业比率（%）	从业人员数（万人）	资产总计（亿元）	本地规模以上企业资产比率（%）
全国	20079	10.49	521.22	31534.23	77.46
四川	485	15.27	14.08	1255.82	85.81
山东	2132	15.17	49.16	4475.47	84.3
陕西	121	6.23	2.52	1749.21	94.81

由此可见，陕西文化制造业企业的规模性明显偏弱，行业结构失衡情况比较严重。在经营能力方面，山东文化制造业的经营质量最优。陕西与四川规模以上企业亏损比率相当，但是营收比率过低，落后全国将近 35 个百分点，说明规模以上企业的市场竞争力较弱，大量的小工厂占有相当比例的市场份额，详情见表 8-3 和表 8-4。

表 8-3　规模以上文化制造业企业的经营质量对比

地区	规模以上企业亏损比率（%）	规模以上企业营业收入比率（%）	营业利润率（%）
全国	11. 64	84. 79	5. 57
四川	9. 48	90. 20	3. 14
山东	6. 43	88. 99	5. 67
陕西	9. 92	49. 82	5. 61

表 8-4　规模以上文化服务业企业的组织规模对比

地区	企业数（个）	本地规模以上企业比率（%）	从业人员数（人）	资产总计（亿元）	本地规模以上企业资产比率（%）
全国	20657	3. 34	2641949	42392. 69	53. 89
四川	603	3. 72	73064	898. 11	48. 23
山东	1225	3. 46	111400	1309. 59	21. 73
陕西	390	3. 05	42678	667. 34	52. 27

相对于文化制造业的规模劣势，陕西文化批发和零售业的行业规模与四川、山东的差距尚在可接受范围内，企业数量与资产总额均达到四川相应数额的 50% 左右。同时，令人欣慰的是，规模以下企业数量比四川多出近 900 家，总资产较其少 74 亿元。四川限额以上企业的规模优势最大，企业占比数或资产规模比率都高于其他两省。陕西限额以上企业的比率略胜山东，但企业资产比率却落后 22 个百分点，批发、零售资源的集约化经营水平不高，规模化水平也有待进一步提升。虽然规模性不高，但整个行业的经营质量表现不错（见表 8-5）。规模以上企业的亏损率只有 9%，营业利润率高出山东近 2 个百分点。唯一的不足是营收比率仍低于山东、四川，市场竞争力仍有提升空间。

表 8-5　规模以上文化服务业企业的经营质量对比

地区	规模以上企业亏损比率（%）	规模以上企业营业收入比率（%）	营业利润率（%）
全国	27. 05	61. 69	12. 60
四川	28. 69	46. 82	10. 13
山东	18. 37	31. 24	15. 55
陕西	41. 28	25. 39	6. 80

分析结果表明，陕西文化制造业、文化批发和零售业、文化服务业三类行业的组织规模普遍较小，企业数量和资产规模与四川省相比存在一定差距，文化制造业的组织规模最弱。从三类行业的盈利能力来看，文化服务业作为文化产业的主导行业，其经营质量有待提升，盈利能力偏弱，市场份额占比较低。文化制造业、文化批发和零售业对于文化产品生产、流通的重要意义不言而喻，当前规模化水平落后的局面亟须改善，尤以文化制造业为重。

（三）新兴传媒产业增长乏力

当前，陕西文创行业中广告业、建筑设计、专业化设计等传统行业比重过大，广告业、工程勘察设计业以及专业化服务设计业占行业总营收的85%以上，以软件开发和数字内容为主的文化软件服务占比过低。伴随新媒体、移动端的迅猛发展，网络广告、移动广告等新型广告业务的市场份额不断上升，传统的电视广告、纸媒广告业务受到严重冲击，再加上房地产市场回落和国家对医药、保健品广告的管理力度加大，各类广告量有所减少。这种行业结构逐渐无法匹配当前文化与科技加速融合的产业需求，以广告业为代表的传统行业也步入发展瓶颈。2012年底，陕西规模以上广告经营单位2934家，截至2015年底，减少至2024家，三年时间减少了910家；从业人员减少了11253人，人数降幅56%；经营业绩大幅下降，截至2015年底，营业额仅为6.86亿元，相比2012年下跌了59%。

互联网技术在为传统行业结构调整带来压力的同时，也成为了培育和丰富网络文化新业态的源泉。陕西动漫产业就是这一新兴业态的典型代表。在十几年的成长历程中，陕西动漫产业取得了一定成绩，但也面临着越来越多的挑战。虽然陕西动漫企业有200家，但真正被文化部认可的企业只有8家，2015年营业收入总额只有7493万元，数量和营业额远远不及广东、北京、湖北、江苏等第一梯队，甚至连江苏、浙江、福建等第二梯队也难以超越，综合行业竞争力不强。根据2017年的统计数据，在动漫企业数量方面，陕西省动漫企业仅占全国的1.57%，产量较低，规模较小，发展乏力。在从业人员方面，全省动漫产业的从业人员仅占全国的24%，动漫原创、市场运营推广等综合人才较为匮乏，缺乏竞争力（见表8-6）。

表8-6　陕西省动漫产业三项指标占全国总量的基本情况统计

指标	全国	陕西省
动漫产业产值（亿元）	1144.8	18

续表

指标	全国	陕西省
动漫企业数（个）	4600	200
动漫从业人员（万人）	5	1.2

陕西省的大部分动漫产业为民营资本企业，成立时间短、起点低、规模小，企业优先选择风险小、资金回流快的动漫代工业务，以赚取加工费为利润来源。资金的匮乏使得企业无力进行原创生产，导致陕西省动漫产品原创性低，缺乏核心竞争力。另外，目前，陕西的动漫企业以中小企业为主，未形成一定数量的资本积累，缺乏资本、渠道、概念等优势，导致营销渠道单一，宣发力量薄弱，缺乏适合自身的创新营销模式。目前，陕西省已形成以西安高新区、曲江新区、碑林科技产业园为依托的动漫集聚平台。然而，三大平台的内部企业仅形成空间上的集聚，内部运营较为零散，未形成统一规范的产业运作体系。企业间没有合理的共享市场资源机制，产业链上没有形成紧密的分工与合作，难以形成平台的产业集聚效应。

从陕西省目前的新兴文化行业产出来看，文化创意和设计服务行业的增加值占产业增加值的比重最大，达到22.3%；其次是文化艺术服务行业与文化休闲娱乐服务行业，分别是11.2%和11.1%；其余各行业的增加值占比在6.8%~8.4%（见图8-3）。与全国同行业占比做对比，依然是文化创意和设计服务业的占比最高，说明这一行业在其他省份的文化产业发展过程中占有先导地位。而文化信息传输服务、工艺美术品的生产是仅有的两个低于全国占比水平的行业，分别落后3.3个和4.3个百分点。文化信息传输服务行业的产出效益不理想，说明当前陕西文化产业传统内容的数字化水平不高，新兴网络文化产业不够成熟，缺乏网络业务市场的深度挖掘，未来将会制约整个文化产业的发展水平。

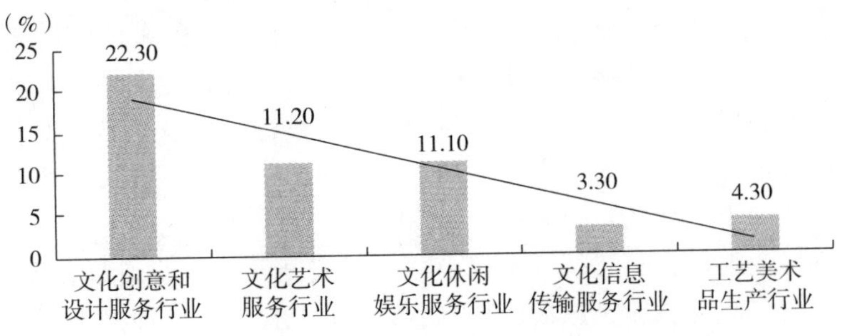

图8-3 陕西省新兴文化行业的产出增加值比重

第四节　产业发展模式与重点

一、产业发展模式

陕西省文化产业的发展经历了几大重要时间点：2007 年 5 月，时任陕西省委书记赵乐际在陕西省第十一次党代会工作报告中，率先提出“文化强省”的科学论断，指出文化资源要得到有效整合，要形成若干具有核心竞争力的文化产业集团，打造一批具有陕西特色的优势文化品牌。2009 年 6 月，挂牌成立了陕西文化产业投资控股公司，开启了陕西产业大发展、文化大繁荣的时代。2018 年，陕西省委宣传部下发了《关于进一步加快文化产业发展的意见》，提出支持文化体制改革。继续推进国有经营性文化单位转企，推动文化企业跨地区、跨行业、跨所有制兼并重组。在日新月异的陕西文化产业发展进程中，在传统模式的基础上有所改进，产生了行之有效的新模式，成为西部地区甚至全国的新亮点。本章就陕西文化产业的发展模式进行以下梳理：

（一）“文化+旅游+城市”发展模式

从 2002 年开始至今，曲江新区坚持“文化立区、旅游兴区”的战略，以转变发展方式和机制体制创新为动力，以板块联动为突破，以大项目为支撑，成功探索出了“文化+旅游+城市”的发展模式，这是“曲江模式”的核心内涵。

在财政税收方面，曲江新区承诺以财政补贴的形式对入区文化公司五年的营业税进行全部返还。在此基础上，曲江新区还把为企业服务放在突出位置，配备了一批骨干物业，每年为区域内 600 家以上的文化企业实施减免租金的优惠措施。此外，曲江新区为了能为文化产业发展提供有力的资金支持，壮大文化企业发展，设立了一揽子基金。曲江新区与国家开发银行合作设立了西安开元城市发展基金，该基金开创了国内城市发展基金的先河，每年向西安文化产业发展、城市建设提供不少于 200 亿元的融资，有效缓解了城市开发建设的资金压力。对文化产业进行行业细化，曲江新区不仅设立了西安开元城市发展基金等大型基金，还设立了大明宫文物遗址保护基金等中小型专业文化保护性质的发展基金，并迅速发展成国内数一数二的建设基金集群和基金中心。

在金融与文化产业融合方面，成立于 2018 年 8 月的曲江金控，是曲江新区管委会直属的国有控股企业，注册资本金达 50 亿元，可谓实力雄厚，2020 年收购了世纪金花。从发展战略上看，曲江金控旨在成为现代化金融集团，以服务金融创新为引领，走产融结合道路，服务实体经济，引领金融和文化产业融合发展，将曲江新区建设成为全国一流的曲江文化金融示范区。

（二）“文化产业+扶贫”，城乡统筹新模式

文化产业的发展既讲究地域性，亦分区域性。作为区域文化的两个类别，城市文化产业与农村文化产业的发展既有相对性，又有相通性，这就要求我们开发时不仅要把目光聚焦在城市里，还要依据当地的优势资源，充分挖掘农村的传统文化产业，这样既能促进城市经济增长，又能拉动农村经济增长，促使部分地区致富。西安曲江新区的文化产业发展之路以建设国家级示范区为目标，贯彻“以文兴旅、以文强旅”的发展理念，不遗余力地打造文化和旅游产业。近几年，曲江政府开始创新发展方式，用文化产业拉动城乡经济增长。

白鹿原影视城作为陕西省重点文化产业项目之一，是由陕西旅游集团斥资 6 亿元打造的陕西首座大型影视城。白鹿原影视城自 2016 年 7 月正式开放以来，凭借着上千亩的体量，以及影视制作、文化休闲、儿童娱乐等多样化的功能，成为西安地区急速升温的旅游地。项目成功不忘当地群众，除了优先安排当地群众进园就业外，陕西旅游集团的公益项目——“山花工程”白鹿原站便在这里启动，“白鹿原影视城山花工程培训基地”随之挂牌，多次聘请专家为村民传授乡村旅游开发的经验。“山花工程”主要围绕乡村旅游展开，结合村镇发展及区位地理优势开展培训和策划，以提升村镇旅游规划、提高村镇居民旅游管理和营销能力为手段，以提高村镇居民收入为方向，大力培养村镇旅游专业人才，为当地经济和社会发展服务，让群众共享文化旅游产业发展所带来的红利。

（三）特色文化产业牵引模式，推动产业间融合互动

节庆产业的联动效应可以辐射到增加节庆活动、打造文明城市、建设城市硬件设施、拓宽城市就业、提升城市整体形象、推动地区经济发展等方面。创新型的节庆活动和具有旅游开发价值的传统节庆活动是节庆资源向节庆产业转化的最佳途径。地方文化品牌的建立和城市文化的营销需要创新节庆活动，创新型的经济节庆活动具有巨大的示范效应和产业带动价值。例如，西安曲江的西安年最中国等节庆活动，不仅带来了极大的社会反响和产业价值，而且还在招商项目上收获颇丰。

铸造文化品牌，是将其个性化、非标准化、非同一化和不可替代性等特色优势展现出来，打造特色文化产业牵引模式，需要品牌实力、龙头效应、技术创

新、自身特色、企业影响。目前，在这些有特色、有实力、有影响力的文化产业集群中，已经出现了一批具有相当规模的龙头企业，并且已经发展成为相关企业的产业基地，向内加深内涵，向外寻求更大的发展空间。比如，曲江会展集团、曲江演出集团、曲江影视集团、曲江文化旅游集团、曲江出版传媒集团五大文化产业集团，近年来在投资、运营、收益上均显现出大幅增长的良好态势，它们同属曲江文化产业集团，又一并形成了具有区域特色的旅游、演艺、影视、会展、出版五大门类产业集群，通过规模化、市场化、国际化的运营策略，使曲江新区的文化产业迅速崛起，显现出高水平、跨越式发展的新亮点。

（四）跨行业联动模式的重组与联合

行业联动模式是在品牌集聚模式的基础上形成的最高层级的发展模式。它以区域内或区域间的市场为主导，以互利共赢为目的，通过跨行业重组、跨区域联合或跨所有制合作，带动和促进诸多相关产业发展的一种模式。这种联动模式是更为复杂的一种形式，不仅涉及有形的资产，还涉及无形的区域文化。结合陕西区域文化的特质，如何构建结构合理的跨行业、跨区域联动模式？一是抓好文化产业规划工作。做好跨界发展，延伸产业链条，并明确主导产业和基础产业的优势地位，以信息技术为基础，通过拓展延伸策略，把文化产业链做强做长。二是提升文化产业的信息化技术水平，通过对相关产业的渗透和延伸，带动和促进其他相关产业，特别是传统产业综合竞争力的提高。三是充分发挥政府的宏观调控作用，通过一些有利、优惠的政策措施来引导、吸引企业参与到文化产业的联动发展中来，以此来促进文化产业的规模发展，与行政区域协调、平衡发展，推动文化产业跨行业、跨区域的发展和壮大。

二、产业发展重点

文化制造业的增加值比重相较文化服务业差距较小，造纸及纸制品业、印刷和记录媒介复制业在文化制造业中的产值比重超过60%，所以它们在促进陕西文化产业发展方面所发挥的作用是无可替代的。文化旅游业作为文化服务业的“领头羊”，有力地推动了信息传输业、文化演艺业、娱乐休闲业等行业的发展，并且促进了行业之间的交叉融合，生产出了更加多元化的文化产品，它的重要性不言而喻。在新兴数字文化产业序列中，网络动漫产业与文化产业之间的关系最为密切，说明陕西动漫产业对文化产业的影响程度不容小觑，未来发展势头可期。广告业的关联度虽然较低，但它的行业规模、经济拉动力仍然不可小觑。广播电视行业的市场主体不断完善，广播影视数字化水平不断提升，随着行业体制改革的不断深入，必能实现跨越式发展。广告业和广播电视业是将更多文化精品传递给社会大众的重要媒介，也是引导产品消费、培育消费热点的重要抓手。强化资源配置，高效提升陕西文化产业的产出水平需要从改进投入产出效率的角度建言献策。

第五节　产业发展对策与政策建议

通过对陕西文化产业现状的剖析，结合上述陕西省文化产业发展的特征及现状，以及文化产业作为幸福产业发展的重要意义，提出以下政策建议：

一、深化优势资源人文内涵，擦亮历史文化金字招牌

近年，陕西大力投资开发文旅项目，立足于挖掘历史文化内涵的战略理念，围绕岐山西周文化、华清池秦兵马俑文化、法门寺佛文化打造精品文化旅游景区。本章在此提出四大措施：

第一，打造文化遗产保护典范，充分挖掘历史文化资源。搭建文化遗产保护平台，打造以蓝田猿人遗址、半坡遗址为代表的华夏文明之源；加强对秦始皇陵、汉长安城、唐大明宫遗址的保护，加强对大雁塔等世界遗产的保护利用，加快推进小雁塔世界遗产环境提升、易俗社街区改造提升；建立优秀的传统文化资源数据库，为文化传播、文艺创作、文化创意提供支撑。

第二，打造根脉文化、历史文化、丝路文化、红色文化博物馆群。实施陕西历史博物馆展陈更新，建设陕西历史革命博物馆。推动西安市碑林区、莲湖区、雁塔区、未央区、临潼区、延安市等历史文化遗存集中，形成天然历史博物馆展示区，推动博物馆进学校、进社区、“云”逛博物馆，让历史说话，让文物说话。

第三，打造城市经典文旅品牌，培育文化消费新热点。持续扩大以“西安年最中国、中国年看西安”“我在西安等你”为主题的文化系列活动，打造国际文化旅游中心。持续扩大西安“世界古都”“丝绸之路起点”等世界级文化标识的影响力，各市、县（区）可牵头组织本地的旅游开发企业对零散的旅游资源进行就近整合，甚至跨区域整合，设计具有主题特色的历史文化旅游带，连带成片，打造具有区域规模性的历史文化旅游聚集区，从而形成具有规模效应的旅游品牌。

第四，建设城市文化新地标，增强公共文化服务承载力。持续打造中国书香之省，西安作为中国书店之都，支持蓝海风万卷书城、方所旗舰店、曲江书城、

万邦书店等城市“阅读+”新业态，继续“书店+咖啡+文创”的城市生活新空间。通过陕西大剧院、西安音乐厅等世界级艺术殿堂，加强陕西主题音乐、流行音乐及影视话剧的创作与传播，提升陕西秦腔等非物质文化遗产的影响力。

二、提升文化产业规模层次，激发文化旅游消费潜力

陕西“十三五”文化产业整体布局已经明确了西安的核心位置以及关中、陕北、陕南三大文化产业带的功能定位，通过打造十大特色文化区，优化区域结构，发挥文化产业的规模效应，秉承这一战略思路，进一步加强咸阳、宝鸡的引领带动作用，释放陕北、陕南地区的特色文化资源潜力，延伸产业链，丰富文化业态，激发文化旅游的消费潜力。

第一，以重大文旅项目为牵引，打造文旅融合发展增长极。关中文化产业格局同样以西安为产业核心，建立“一超多强”的协同发展战略联盟，其他城市应与西安建立文化产业合作机制，共享产业发展成果。咸阳应围绕遗址文化、非遗民俗、健康养生等特色优质资源，建设高质量、差异化、核心竞争力突出的文化产业集群，利用西咸一体的区位优势与政策优势，发挥产业园区的孵化培育与集群引领作用，从而形成规模化、系列化的文化产业发展态势。

第二，做实做优文化产业示范园区（基地）。宝鸡历史文化源远流长，既是炎帝故里，又是周秦文化发祥地，佛家文化典藏与青铜器皿等藏品享誉世界，现拥有 2 个国家级与 13 个省级文化产业示范基地。依托现有的产业资源与区位优势，宝鸡可针对广播影视、文化旅游、文化演艺等重点行业进行跨界整合，重点打造一批资源利用效率高、创新研发能力强、业务经营多元化的骨干企业集团。同时，学习发达地区利用网络数字技术改造传统业态的宝贵经验，建立健全投融资机制与人才激励机制，帮助企业解决融资难题，实现关键技术突破，生产一批有特色、有影响力的文化精品。

第三，打造文旅融合聚集区，丰富文化旅游业态。陕北、陕南应充分认识到文化旅游业对经济社会发展的综合带动作用，以特色旅游资源为核心，以全域旅游为统领，促进文化内涵向各个行业渗入。陕北应继续完善红色景区建设，并以此为平台，创建红色旅游国际合作区、红色旅游研学基地、红色旅游县等项目，着力打造红色文化游升级版。利用红色教育资源发展红色文化教育培训产业，支持文化出版与影视传媒产业，通过建立政校企合作机制，统筹整合行政、教育、资金、技术、人才等资源，助推文化创意和设计服务产业，深化延安旅游集团与陕文投、陕旅集团等巨头企业在文化演艺与数字动漫产业的合作关系，搭建基于网络媒体的文化传播服务平台进行优秀文化产品推广。相应地，陕南应围绕中药

养生文化、体育健身文化以及山水休闲文化开发重点特色项目，鼓励企业开发衍生系列文化产品，实现文化旅游、文化批发零售以及文化制造之间的产业联动，形成具有陕南特色的产业集群。

三、创新发展文化创意产业，促进文化旅游多业态跨界发展

第一，推进“文旅+工业”“文旅+教育”“文化+体育”“文化+农业”。推动张裕瑞纳酒庄城堡、御品轩烘焙城堡等工业旅游点的发展，深度开发西工大翱翔小镇、西安理工大工创汇等工业科技旅游项目；打造一批精品研学旅行线路，建设陕西历史博物馆、关中民俗博物院、延安红色爱国主义教育等多样化、高品质的研学基地；组织西安国际马拉松、西安城墙马拉松等体育形式，丰富体育休闲类旅游产品；围绕民俗文化、农耕体验、果蔬采摘等发展特色乡村旅游，打造乡村旅游品牌，建设省级、市级文化旅游示范村。

第二，发展广告、动漫等新兴文化创意产业。陕西应将广告业列入重点发展的文化产业行列，出台实质性措施支持广告企业做强做优。为推动以数字广告、动漫业为代表的新兴产业的繁荣发展，需要注重健全投融资机制，推动技术进步。政府应明细投融资优惠政策，与各类金融机构通力合作，完善新兴文化业态的投融资服务机制，采取低息、无息、贴息等方式，为企业在技术攻关、设备更新以及产品推广等方面解决筹资难题。

第三，打造丝路文化演艺之都，建设多元化品质酒店民宿。支持《长恨歌》《梦长安》等，创立国家旅游演艺标准，突出文化特色与地域特点，鼓励景区引进社会资本，吸引文艺表演团体与表演人才，丰富并提升景区的文化内涵。引进国际度假品牌酒店，通过优质酒店服务，体现陕西特色，将旅客留下来。提升旅游住宿业的服务质量与水平，打造“夜长安”夜游文化品牌，助力西安国际消费中心城市建设，支持重点商圈、博物馆、图书馆、美术馆延长开放时间，建设一批 24 小时便利店、书店等，优化城市夜间地铁运营及公交线路安排，全面提升夜游经济的配套服务。

四、深化国际交流合作，扩大陕西文化国际合作“朋友圈”

第一，建设世界文明交流互鉴窗口，构建“一带一路”文化交流枢纽。发挥长安丝路起点的历史和区位优势，借助丝路旅游合作联盟、丝路城市博物馆友好联盟以及“丝绸之路经济带”沿线城市广播电视媒体等平台，加强与“一带

一路”沿线国家重点城市在艺术交流、联合考古等方面的交流合作，办好“丝绸之路”国际电影节、“丝绸之路”国际艺术节等文化主题活动。

第二，大力发展入境游，加强与国际旅游组织的友好合作。提升国际航线通达性，拓展中亚、西亚航线，扩大东南亚、中亚经由西安前往日本、韩国、北美的第五航权航线，加密东京、首尔等主要客源地的直飞航班班次，提升国际航线通达性，完善文旅基础设施。加强与世界历史文化名城、国际友好城市的文化旅游合作，扩大西安“世界古都”的影响力，加强与国际直航目标航点城市、国内外知名旅游营销公司合作，用好144小时过境免签和第五航权政策，支持本土旅行社“走出去”，通过互联网建立海外文化旅游推介窗口，创新海外文化营销模式。借鉴故宫“文化创意产品”模式，加强线上线下精准营销，构建陕西“会展+电商+媒体”的多元化宣传营销新矩阵，提升陕西文化的国际影响力。

五、盘活国有企业体制改革，激活陕西民营企业市场活力

一方面，国有（控股）文化企业作为陕西文化产业发展的中流砥柱，需要进一步深化市场体制改革，盘活体制机制。国有文化企业需要以市场化改革为契机，进一步健全公司的法人治理结构，引入现代企业管理理念，灵活变动公司的规章制度与经营管理模式，锤炼出符合新时代要求的文化企业特质。国有企业可被引入文化产业示范园区，发挥自身的骨干示范效应，将一些风险较低、盈利稳定的成熟项目外包给园区内的优秀企业，主动承担高难度、高风险、长周期的文化创意项目，打造具有全国乃至世界影响力的精品项目标杆，避免省内内耗。

另一方面，鼓励民营文化企业形成战略联盟，推动陕西文化产业发展重心从国有主体型向国有民营并重型转变，让民营文化企业与国有企业享受同等政策待遇。省政府可设立民营文化企业发展专项基金，参照基金运作模式，坚持“内容为王”的投资理念，大幅拉动社会对民营文化企业的投资。另外，鼓励金融机构开发多元化的文化金融产品，可设计演艺贷、出版贷、影视贷等，使无形资产抵押成为民营文化企业融资的主要途径，广泛吸收多元资本进入民营文化发展领域。为提高民营文化企业的经营管理能力，陕西可实施骨干文化企业培育计划，设立由政府专员、行业专家、优秀企业管理者组成的指导培训机构，采取“专人联系、专家指导、专项扶持”的“三专”政策，为民营文化企业“走出去”提供各类拜访与学习经验的交流机会，提高企业管理能力。在人才队伍建设上，应加大对优秀企业人才的奖励，提高奖励幅度，创新现有的用人机制，在高校建立文化产业人才培训基地，鼓励支持共建常态化培养基地，以技术入股、项目合作等多元化方式柔性引进人才，加强管理人才队伍建设。

第九章
陕西幸福产业之旅游产业发展研究

旅游休闲产业是人们观赏自然风景和人文景观的旅行游览活动。旅游产业的发展与人民的幸福感息息相关，可以通过开展旅游休闲活动给旅游目的地的人民带来幸福感；旅游休闲产业可以提高游客的幸福感，获得更多的幸福体验。

第一节　产业的特征与构成

一、产业特征

根据《中国百科大辞典》对旅游概念的界定，旅游的定义为，包含人们旅行观览、观赏风物、增长知识、体育锻炼、度假疗养、消遣娱乐、探险猎奇、考察研究、宗教朝觐、购物留念、品尝佳肴以及探亲访友等活动的暂时性移居活动。根据三次产业的划分，旅游产业属于第三产业，主要功能是作为市场中的综合性经济主体为旅游消费者提供有形和无形的旅游产品或服务。

现代旅游通过不断的发展，形式越来越多样化，范围也逐渐拓宽，在特征上与其他产业存在不同之处。第一，旅游涵盖范围比较宽广，旅游不是一个单独的支撑体，包含第一产业、第二产业和第三产业，范围较为广泛；第二，纵向结构的层次性，旅游纵向地发展出了一些新产业，同旅游行业息息相关；第三，与其他产业的关联性，游客在进入旅游区域后产生的生活活动不仅关系着旅游产业，还与其他产业有着深刻的联系。

（一）旅游产业涵盖范围的宽泛性

旅游业不是一个孤立的产业，它涵盖着许多方面，共同构成旅游整体，横向包括第一产业、第二产业与第三产业，范围具有明显的宽泛性。

从国内外旅游产业发展的客观现实来看，传统意义上的产业分类已远远不能涵盖旅游产业的真正内涵。现代旅游产业所涵盖的范围表现出较强的宽泛性。旅游产业不仅包括旅游景区、旅游娱乐场所、旅行社、旅游饭店、旅游商品经营等直接为旅游者服务的旅游企业，还包括旅游交通、商品零售、餐饮、公共服务、娱乐休闲、金融保险、信息咨询、食品加工等部分为旅游者提供产品或服务的旅游相关企业。

（二）旅游产业纵向结构的层次性

旅游业在纵向上有着明显的层次性，大致由核心旅游产品行业散发至娱乐交通等相关性行业。

旅游产业有着极其严密的结构体系，由众多大小不等、经营水平不一的企业或行业所构成。在纵向上，这些企业或行业也因其在整个旅游产业中的地位、作用以及发展的先后顺序的不同而呈现出明显的层次关系。以提供景观观赏与娱乐为基本产业职能的旅游景区，娱乐经营场所在整个旅游产业中处于优先发展的核心地位。其次才是为旅游者的旅游提供便捷服务的由旅行社、旅游饭店、旅游交通、旅游商品等组成的旅游中介机构。

（三）与其他产业的关联性

旅游业的发展与其他产业息息相关，是一个相互联系的有机体，主要包括要素关联、产业关联、系统关联三部分。

作为一个综合性的产业，旅游产业与众多的要素、产业、系统发生关联。一是要素关联。旅游活动的食、住、行、游、购、娱之间彼此关联互动、相互依赖、互为依存，形成一个完整的要素体系。二是产业关联。旅游产品与旅游服务除了属于第三产业的旅游业以外，还涉及众多的行业和部门，相关部门和行业的发展又为旅游产业的发展提供了强大的物质基础。三是系统关联。作为一个系统，旅游产业的功能结构主要由旅游吸引力、服务系统、交通运输系统、市场营销和信息提供组成，各个部分之间有机整合、协调互动。

二、产业构成

由于旅游行业涵盖范围较广、层次较多、产业构成较为复杂，本书将旅游产业的构成分为三个层次进行划分讨论。第一层次为旅游行业的核心，即与旅游活动直接相关的行业；第二层次为与旅游活动有较大关联的行业；第三层次为与旅游行业有间接关系，间接影响旅游活动的行业。详细见表 9-1。

表 9-1 旅游产业的构成

层次	行业
第一层次	旅游业：旅行社、旅游公司等部门的活动 旅馆业：宾馆、旅馆及招待所等 公共设施服务业：市内公共交通、园林绿化、风景名胜区、环境卫生、市政工程管理等
第二层次	铁路运输业 公路运输业 水上运输业 航空运输业 其他交通运输业 零售业 餐饮业 娱乐服务业：游乐园、海洋馆、电子游戏厅等
第三层次	农业 林业 畜牧业 渔业 邮电通信业 装饰装修业 食品加工业、食品制造业 纺织业、服饰及纤维制造品制造业、印刷业 金融业、保险业、信息咨询服务业 文化艺术业、工程设计业 汽车制造业、其他制造业、土木工程制造业、环境保护 国家机关、社会团体 食品饮料烟草和家庭用品批发业 线路、管道和设备安装业 木材加工及其制造业

第二节 产业与幸福感的关系

一、理论分析

（一）提高旅游目的地人民的幸福感

开展旅游活动可以提高旅游目的地人民的幸福感，其原因为：第一，旅游带来了产值的增加，可以直观地看到旅游收入的增加；第二，旅游的发展提高了当地人民的生活质量，提高了各类设施建设和娱乐活动的数量；第三，提升了就业效果，旅游业的发展使更多的岗位得以产生，提供了人民的就业新方向。

1. 旅游产值的增加

旅游业的发展是否对国内经济具有影响力，直观来说可以通过旅游行业的产值来判断。近年来，通过发展旅游行业，不论是国内的旅游花费，还是国际上的旅游外汇收入，都呈明显的上升状态。

中国经济自改革开放 40 多年来一直保持着较高的增长速度，尽管最近几年发展速度有所放缓，但总体而言，中国经济仍将保持平稳健康增长。2019 年国内生产总值 990865 亿元，比上年增长了 6.1%，全年全国居民人均可支配收入 30733 元，比上年增长了 8.9%，增速比上年提升了 0.2 个百分点，消费已成为拉动经济增长的稳定器。其中，第三产业投资增长了 6.5%，旅游业作为第三产业的重要组成部分，旅游总收入 6.63 万亿元，旅游业综合贡献占 GDP 总量的 11.05%，旅游业正在逐步成为全国经济增长的重大来源。

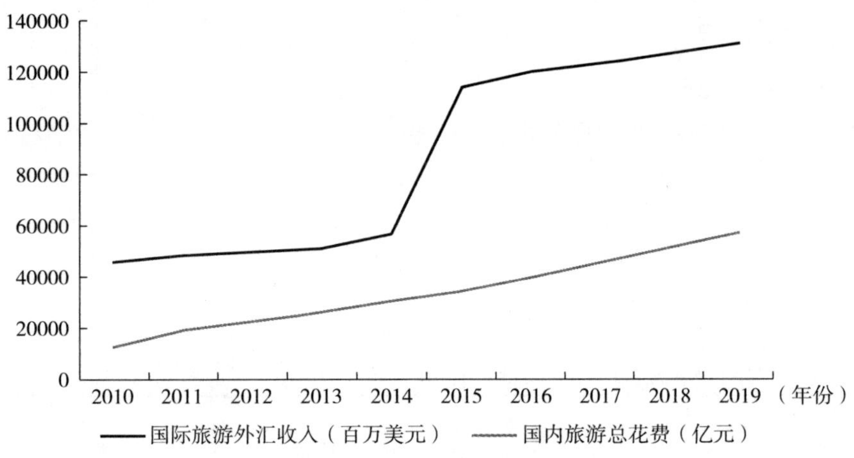

图 9-1　国内外的旅游收入

资料来源：国家统计局官网。

由图 9-1 可知，国际旅游的外汇收入自 2010 年至 2019 年始终呈逐步增长的态势，2014~2015 年完成了跳跃式的发展，增长至 2014 年的两倍左右，2015 年开始正式迈入 1000 亿美元的时代，2019 年更是达到了 1312.54 亿美元，中国的境外旅游收入已经成为中国的一大收入来源。国内旅游同国际旅游相似，从 2010 年至今同样呈较为稳定的增长态势，2017~2018 年突破了 50000 亿元，在 2019 年达到了 57251 亿元，占 2019 年全国 GDP 的 5.78%。通过旅游收入可以非常直观地看到旅游收入对中国的重大贡献，同时表明了旅游业的收入提高了旅游地的收入，进而提高了旅游地居民的幸福感。

2. 提升生活质量

旅游行业的发展离不开其他行业的支持，在大力发展旅游业的同时，各类建筑设施、交通建设等行业也会被带动起来。不论是基础设施建设，如道路修缮、机场高铁修建，还是博物馆、休闲场所的新增，都对居民的生活条件进行了一定程度的改善，提升了人民的幸福感。

旅游的发展可以拓宽交通运输设施，如在目前国际旅游大发展的形势下，乘飞机直达目的地旅游最为节省时间。国际旅游业特别是洲际旅行，如果没有现代化的交通运输手段，就不可能有今天这样巨大的国际旅游规模。任何一个国家或地区要想大力发展国际旅游业，必须首先发展航空交通、扩建机场。旅游业的发展必然促进交通运输业的迅速发展，交通的便捷为旅游地的居民提供了便利，也是当地发展其他产业的稳定根源，有利于更多地开展交流合作，引入外来企业落地发展。

3. 扩大就业方向

旅游业的发展与壮大提供了众多的相关岗位，不论是直接岗位，还是间接岗位，都缓解了一定程度的就业问题，扩大了就业方向。

根据中国旅游研究院于 2020 年 3 月发布的统计公报，2019 年旅游直接就业 2825 万人，旅游间接就业 5162 万人，占全国就业总人口的 10. 31%；2019 年 2 月发布的 2018 年度报告指出，旅游直接就业 2826 万人，旅游直接和间接就业 5165 万人，占全国就业总人口的 10. 29%；2017 年度数据指出，旅游直接就业 2825 万人，旅游直接和间接就业 5165 万人，占全国就业总人口的 10. 28%，连续几年旅游业都提供了较为稳定的就业岗位，提供了人们更多的就业可能性。

在旅游业发展的同时，各类较大的旅游集团也纷纷壮大，包括中国旅游集团、华侨城集团、首都旅游集团、中青旅控股、美团点评等大型全国知名旅游性企业。这类大型企业每年都稳定地吸收各类高校及社会培养的旅游业专业化人才，为相关的毕业生提供稳定的就业。

（二）提高游客的幸福感

游客通过开展旅游活动也可以获得幸福感，主要从三个方面展开。一是个人身心方面，即在旅行中可以获得健康体验、新奇体验、学习体验与逃避困扰体验，让身心在旅行中得到放松；二是人际交往方面，即在旅行中获得更宽广的交往体验，增进感情并结交更多的交际圈；三是价值实现方面，即通过旅行激发工作上的创意，实现自己对美好生活的向往。

1. 个人身心方面

游客的幸福感最直观的感受来源于旅游带来的个人身心的放松与体验，通过这类休闲体验在旅游中放松下来，不仅有益于身心健康，还能获得愉悦感，从而更加感觉到生活中的幸福。

休闲旅游是健康很重要的组成部分，它能满足你的需要、梦想和渴望。研究发现，感觉满足的人不但更快乐，而且更长寿。旅游在个人身心方面的作用大致可以分为健康、新奇、学习和逃避这四个方面。一方面，在旅游中可以躲避严寒或者酷暑，可以强健体魄，磨炼意志，同时也可以远离环境污染，多多接触大自然；另一方面，可以在旅游过程中品尝到旅游地的特色美食，体验当地的人文特色，感受不一样的文化体验，欣赏旅游地的美丽风景，体验当地的特色旅游活动，放松身心。

2. 人际交往方面

根据旅游的性质可以发现，旅游是一种异地性的生活体验，通过旅游离开熟悉的常居地，新的环境带来了新的交际圈，可以结识更多新的朋友，分享新的见闻，拓展自己的朋友圈，获得更高层次的体验。

按照马斯洛需求层次理论，旅游活动可以是满足人们的社交、尊重和自我实现需要的一种手段。通过旅游这一象征性的社会行为，可以结交新朋友，有助于满足个体尚未实现的尊重需要。通过旅游活动，可以寻求从未看到过的事物，开阔眼界，更好地了解所生活的世界，并从中学到知识，提升认识能力和审美能力，满足审美需要和学习需要，这显然是个体满足自我实现的更高要求，从而获得新的幸福体验。

3. 价值实现方面

旅游中不仅可以获得新的体验，还可以学习更多的新知识，在旅游中进修也是较多现代人选择的一种方式，甚至有在旅游中发现新的工作机会等可能性，进而感受到生活中的幸福感。

通过旅游去到不同的地方，可以拓展社会关系网络，结交不同的朋友，同时，旅游也可以发散一些新思路，在远离日常打扰的情况下真正地去思考一些关于自己的规划，对自己的职业发展或者人生价值观树立都会有不同的影响，外出旅游的方式实现了人们对美好生活的追求与愿景。

二、计量分析

（一）数据来源和变量选取

本书关于旅游活动、幸福感、个体特征变量和社会特征变量的数据来源于中国综合社会调查（CGSS）数据库，该数据库由中国人民大学联合全国各地的学术机构共同抽样调查形成。CGSS2015 数据共提供了 369 个陕西省样本，删除存在缺失和不确定回答的样本后，共有 343 个样本纳入分析。

因变量为“幸福感”，其测度方式为直接询问调查对象对自己目前生活状况的评价（“总的来说，您觉得您的生活是否幸福？”），包括非常不幸福、比较不幸福、说不上幸福不幸福、比较幸福和非常幸福 5 个选项，可以充分反映被调查者的整体幸福感。

自变量为“旅游活动”，其测度方式是通过询问调查对象“在过去一年中，有多少个晚上是因为出去度假或者探亲访友而没有在家过夜？”进行测度。

由于因变量“幸福感”受个人生活经历和社会宏观环境的影响，为了剥离出其他因素的影响并准确识别旅游活动对幸福感的作用，设置了两个控制变量，具体包括个体和社会两个层面。其中，个体层面的控制变量包括性别、年龄、婚姻状况等统计指标；社会层面的控制变量包括社会阶层、社会公平、社会经济地位等统计指标。

（二）模型构建

本章中的因变量“主观幸福感”为虚拟变量，因此，选取 Probit 模型进行参数估计，并计算各变量的边际效应。设定模型如下：

$$Y_{ij}=\beta_0+\beta_1 X_{ij}+\gamma P_{ij}+\varphi S_{ij}+\varepsilon_{ij}$$

在上述方程中，Y_{ij} 表示被访者的幸福感状况，X_{ij} 表示被访者的旅游活动，P_{ij} 和 S_{ij} 表示模型的控制变量，β_1、γ、φ 表示各变量的待估计参数，ε_{ij} 表示随机误差项。

（三）实证结果

旅游活动对个人主观幸福感影响的回归结果如表 9-2 所示。有序 Probit 和 OLS 模型并不会对变量系数和显著性产生明显差异，因此，同时进行了有序 Probit 和 OLS 分析。

表 9-2　旅游活动对个人主观幸福感的回归结果

	OLS（Ⅰ）	OLS（Ⅱ）	有序 Probit
旅游活动	0.054 （1.61）	0.032 （1.01）	0.041

续表

	OLS（Ⅰ）	OLS（Ⅱ）	有序 Probit
性别		-0.106 (-1.22)	-0.198
年龄		0.004 (1.04)	0.005
婚姻状况		0.150 (1.34)	0.221
受教育程度		0.008 (0.12)	0.021
政治面貌		0.123 (0.76)	0.189
个人收入		0.002 (0.93)	0.004
就业状况		0.075 (1.26)	0.141
住房条件		0.001 (0.21)	0.001
健康状况		0.123 (2.80)	0.184
社会阶层		0.063 (2.22)	0.093
社会公平		0.191 (4.34)	0.296
社交娱乐		-0.048 (-2.02)	-0.082
社会经济地位		-0.079 (-0.91)	-0.127
公共服务		0.088 (2.01)	0.164
调整后的 R^2	0.005	0.179	0.155

在不考虑任何控制变量的情况下，OLS（Ⅰ）模型的估计结果显示 $\beta_1 = 0.054$，表明旅游活动对个人幸福感的影响为正；OLS（Ⅱ）模型增加了个人层

面和社会层面的控制变量后，旅游活动对人们幸福感的影响仍为正；同时调整后的 R^2 由 0.005 增加到 0.179，模型解释力较 OLS（Ⅰ）有了明显提升；同样在有序 Probit 模型估计结果中上述结论还能得到支持，即旅游活动有助于提升人们的幸福感。

第三节　产业发展现状

一、省内旅游资源现状

陕西省是中华文明的发源地之一，拥有丰厚的历史文化资源，造就了良好的旅游资源基础。陕西由北至南被划分为陕北、关中和陕南地区，陕西省文物局表示，陕西省作为博物馆大省，截至 2019 年 4 月底，在陕西省文物局登记注册的博物馆共 302 家，其中，文物系统 163 家、国有 56 家、非国有 83 家。国家一级博物馆 9 家、二级 9 家、三级 18 家，全省各博物馆年平均举办展览近 800 次，接待观众 3600 余万人次，省内旅游资源如表 9-3 所示。

表 9-3　陕西省旅游资源

国家一级博物馆	5A 级景区
秦始皇兵马俑博物馆	秦始皇帝陵博物院
西安碑林博物馆	陕西华清宫文化旅游景区
西安半坡博物馆	大雁塔·大唐芙蓉园景区
西安博物院	西安城墙·碑林历史文化景区
西安大唐西市博物馆	陕西华山风景名胜区
延安革命纪念馆	陕西省太白山旅游景区
汉阳陵博物馆	商洛市金丝峡景区
宝鸡青铜器博物馆	宝鸡市法门寺佛文化景区
	黄帝陵风景名胜区
	延安革命纪念馆

资料来源：国家文物局及陕西省文化和旅游厅。

省内达到 A 级旅游景区的共有 368 家，其中，5A 级景区有 10 处，主要集中于关中地区；4A 级景区包括陕西历史博物馆在内的 100 处景区；3A 级景区包括 213 处；2A 级景区 44 处；A 级景区 1 处。

自旅游业被赋予以高科技为支撑的现代服务业这一定义之后，旅游业的地位更加突出，大到国家，小至各个省份，都加大了旅游发展力度。陕西省更是迅猛发展起了乡村旅游，不仅为第三产业产值增长做出了贡献，还极大地推动了全面建成小康社会的步伐。近年来，陕西省旅游业以“全域旅游”为中心，全面积极释放旅游业的综合特性，成为全省经济发展的重要引擎。陕西向旅游强省这一目标又迈出了新的步伐。

二、省内旅游产值现状

（一）陕西省旅游总收入不断增加

表 9-4　陕西省旅游收入

年份	总收入（亿元）	国内旅游收入（亿元）	国际收入（万美元）
2008	607	561	66011
2009	767	715	77107
2010	984	916	101596
2011	1324	1240	129505
2012	1713	1610	159747
2013	2135	2031	167620
2014	2521	2435	141630
2015	3006	2904	200022
2016	3813	3659	233855
2017	4814	4630	270400
2018	5995	5789	312642
2019	7211. 59	6978. 87	336800

资料来源：历年《陕西统计年鉴》。

由表 9-4 可知，陕西省在旅游收入方面呈现稳定上升状态，2010~2011 年突破 1000 亿元的关卡，至此之后逐步迈入 5000 亿元的行列。据 2018 年统计，全年旅游收入共 5995 亿元，其中，国内收入 5789 亿元，占绝大部分；国际收入占比较小，仍有很大的提升空间。旅行社数量由 2015 年的 665 家增长至 2018 年的 845 家。

（二）陕西省旅游产业对全省经济社会发展的贡献不断扩大

对地区生产总值的贡献。2019 年旅游产业对地区生产总值的直接贡献达到 2278.53 亿元，占地区生产总值的 8.83%；旅游综合贡献为 4299.61 亿元，占地区生产总值的 16.67%。

对全社会就业的贡献。2019 年旅游直接带动的全社会就业人数达到 277.95 万人，比上年净增加 18.36 万人，同比增长了 7.07%。

对相关行业的带动作用。旅游对第一产业的贡献为 146.41 亿元，占第一产业增加值的 7.45%；旅游对第三产业的贡献为 2132.05 亿元，占第三产业增加值的 18.04%。

三、省内国际旅游现状

如表 9-5 所示，陕西省的入境游客主要由亚洲及欧洲各国及地区构成，游客数量屡创新高。以 2018 年为例，陕西省接待入境游客情况为平均每天 1396.31 万人，同比增长了 6.09%。其中，外国人平均每天 1068.96 万人，同比增长了 2.33%；香港同胞平均每天 124.45 万人，同比增长了 4.32%；澳门同胞平均每天 68.85 万人，同比增长了 1.76%；台湾同胞平均每天 134.05 万人，同比增长了 3.50%。入境游客在陕平均停留时间为 3.19 天，比上年同期减少了 0.23 天。2018 年，在全省接待的外国游客中，前三位主要客源国依次为：韩国 55.97 万人次，占外国游客的 18.21%，同比提高了 80.12%；美国 39.15 万人次，占外国游客的 12.74%，同比下降了 2.48%；马来西亚 16.26 万人次，占外国游客的 5.29%，同比增长了 30.76%；前三位客源国接待总人数达到 111.38 万人次，占全部外国游客的 36.24%。

表 9-5　陕西省入境游客来源　　单位：万人

年份	2015	2016	2017	2018
总数	2930347	3382047	3837439	4371420
港澳同胞	580847	638628	698802	761647
台湾同胞	408011	458230	518078	536781
韩国	348803	401291	310739	559690
美国	300857	352475	401495	391525
英国	126863	143895	153953	148475

续表

年份	2015	2016	2017	2018
德国	115683	104782	130488	124033
法国	107090	101837	117944	128587
日本	95712	115270	152810	162095

资料来源：陕西省统计局。

四、省内客源市场现状

由表 9-6 可知，陕西省游客数量呈稳步上升状态，国内游客的增长态势较为稳定，国际游客在 2014 年与 2015 年出现了短暂的下滑现象，之后呈稳定上升状态。据统计，2019 年陕西省共接待游客 70714.5 万人，其中，国内游客 70248.78 万人，国际游客 465.72 万人。出于疫情的原因，2020 年的省际旅游数量有所影响，但整体仍处于全国较高的流量水平，端午节假日期间全省共接待游客 681.45 万人次，旅游收入 24.91 亿元，劳动节假日期间，陕西省累计接待游客 4105.11 万人次，同比增长了 13.62%；旅游收入 196.88 亿元，同比增长了 23.14%，文化和旅游行业的复工复产率持续提升。

表 9-6　省内游客数量

年份	总人数（万人）	国内游客（万人）	国际游客（万人）
2008	9182	9056	126
2009	11555	11410	145
2010	14566	14354	212
2011	18406	18135	270
2012	23276	22914	335
2013	28514	28161	352
2014	33219	32953	266
2015	38567	38274	293
2016	44913	44575	338
2017	52284	51901	384
2018	63025	62588	437
2019	70714.5	70248.78	465.72

资料来源：历年《陕西统计年鉴》。

五、陕西省旅游产业特点

（一）旅游资源富集，旅游产业发展潜力巨大

陕西堪称中国旅游资源最富集的省份之一，其资源不论品位、存量、种类，还是文化积淀，均领军全国，具有非常丰富的文物遗存，有“天然的历史博物馆”之美称。旅游资源丰富，多样性强。省内达到 A 级旅游景区的数量共有 368 家，排全国第 13 位。其中，5A 级景区有 10 处，主要集中于关中地区；4A 级景区 100 处；3A 级景区 213 处；2A 级景区 44 处；A 级景区 1 处。截至 2019 年 4 月底，在陕西省文物局登记注册的博物馆共 302 家，其中，文物系统 163 家、国有 56 家、非国有 83 家。国家一级博物馆 9 家、二级 9 家、三级 18 家，全省各博物馆年平均举办展览近 800 次，接待观众 3600 余万人次。

（二）人文底蕴深厚，文化旅游产业发展后劲强

陕西历史源远流长，民族文化闻名遐迩。厚重的文化底蕴为陕西省提供了丰富的文化产业资源，陕西省文化旅游产业发展潜力巨大。

省内旅游资源价值高、品位高。作为中国西部的旅游大省，陕西以人文景观数量巨大、价值珍贵而驰名中外。例如，被誉为“世界第八大奇迹”的秦始皇兵马俑，树龄超过 5000 年的“世界柏树之父”——黄帝手植柏，以及明代古城墙、关中七十二陵、法门寺、陕西历史博物馆、汉景帝阳陵等。这些景观不仅是中国历史文化宝库中的奇珍瑰宝，而且还是全人类历史遗产的重要组成部分。目前，陕西省拥有国家一级文物 3562 件，其中有 123 件是国宝级文物。其价值之高、品位之高堪称国内仅有，世界罕见。

陕西是中华文明重要的发祥地之一，也是中国历史上建都时间较长的地区之一。这块土地上的先民们凭借他们的聪明才智给我们留下了丰富的遗产和珍贵的文物古迹。陕西的文物古迹数量之多、密度之大、等级之高，在全国均属首位，这是陕西省旅游资源的显著特色。基于这样的资源特点，陕西旅游业长期以来走的都是以文物古迹游为主的发展路线。据统计，陕西省目前收藏的珍贵文物有 200 多万件，在全国的省、市、自治区中居首位。县级以上文物古迹保护遗址 1500 多处，其中，全国重点文物保护单位 25 处，占全国的 10%。在文物古迹中有宫殿遗址 820 处，帝王陵墓和名人墓葬 567 处。这些珍贵的文物驰名中外，对国内外旅游者具有强烈的吸引力。从其发展状况来看，陕西在今后仍将长期以文物古迹游为其主要产品特色。

六、存在的问题

（一）旅游资源欠缺统一规划

陕西省旅游资源丰富，景点类型多样，有些景点在市区，交通、配套设施比较先进和完善。然而距离市区较远的景区，欠缺线路规划，交通不便；景点欠缺再开发，缺乏现代化的创意理念；相关产业设施不配套，无法形成集群的文化旅游产业带。

大部分地区存在当地居民拉客服务的状况，破坏了整体服务的水平。旅游衍生产品较为单一，尤其是人文、自然景观景区，不能很好地结合旅游线路创新产品。景区周边产品的推广程度不够，文创类产品缺少开发宣传。以北京故宫为例，北京故宫开发出自己的文创周边，并在淘宝网站上拥有自己的官方平台，不仅拥有模型手办类产品，还开发出了自己的彩妆产品，并成功与其他品牌做出联名。反观陕西旅游的周边，陕西省有大量的旅游产品可开发，如兵马俑模型，各类剪纸、皮影等，但却没有完整的产品线，没有自己的官方销售平台以及宣传手段。到目前为止，陕西的旅游线路集中在西安地区的历史文化游、延安市的红色文化游、黄河旅游带的环线之旅等，缺乏创新性思路。

（二）服务意识与服务水平不高

陕西的部分旅行社利用游客对旅游价格高度关注的心理，通过降低显性价格以吸引游客的眼球。比如，在旅游合同的线路中，随意增加购物或其他自费项目，从游客身上攫取购物回扣。部分旅行社在接待旅游消费者的过程中随意降低旅游合同约定的吃、住、行等标准，擅自增加购物次数和自费景点等项目，甚至更改旅游行程和缩短游览时间，这些都严重降低了旅游公司对消费者的服务质量。景区以及周边的服务人员有些服务态度差，跟游客之间的沟通不流畅、不及时，导致游客的体验感大打折扣。

（三）旅游业的负外部效应和旅游市场信息不对称

陕西省的历史资源众多，景区的保护是重中之重，近年来，各省乃至国外景区都频频出现游客对景区的设施、古迹等进行破坏的情况；旅游带来人流量的提升，生活垃圾不可避免地增多，在景区内，如名山风景区、森林公园等环境污染事件频发，保护环境是长久发展的根基。

旅游者对目的地的旅游设施和旅行社的信息了解较少，使得信息不对称，易造成企业间的不正当竞争，产生道德风险和逆向选择。由于游客获得的旅游地的信息不对称，导致出现了很多欺骗性质的消费，游客高消费却得不到应有的服务，特别是在旅游黄金周时期，以及中老年旅游群中，大多会出现道德风险性问题。企业之间的不正当竞争也会造成不利的后果。

（四）景区开发建设问题

陕西省拥有众多的景区，但景区开发存在不规范、不合理的情况，另外，A级景区的数量仍有很大的提升空间，景区的合理开发是陕西省旅游业发展的重点。

5A 级景区不仅代表国家景区的最高水准，更象征着景区的世界级水平，是旅游发展的经典标志。国家文化和旅游数据平台显示，5A 级景点最多的是江苏省，有 23 个，其次是浙江 17 个，河南 13 个，陕西 10 个。对陕西而言，创建更多的 5A 级景区是发展旅游的当务之急。

然后就是景区的设施问题，通过对景区游客的反馈及投诉意见的整理可以发现，陕西省的景区设施存在很多问题。例如，景区的停车场问题，停车位不好找，停车位不足，存在乱停乱放以及乱收费的情况。景区未做好人流量大时引流以及预约控制游客数量的问题，景区里面以及景区附近的餐饮住宿存在高价低质的现状，游客很难感受到真正的美食以及住宿的享受，景区的卫生问题也是一个很重要的方面，大多数的问题集中在卫生间方面，存在卫生间数量少、里面不干净、有异味等问题。

（五）省内旅游发展不均衡

陕西省旅游的差异化现象较为严重，以省会城市西安为一级中心，咸阳、延安等较有知名度的地区为二级，其他城市则缺乏知名度和人流量。不论是国内跨省旅游，还是国际游客的流动，都主要集中在西安，对其他市级城市的旅游发展有一定的限制。

以省内旅游评级为例，5A 级景区共 10 处，西安市占据 4 处，延安 2 处，渭南 1 处，宝鸡 2 处，商洛 1 处；即关中地区占比 70%，陕北地区占比 20%，陕南地区占比 10%。在五星级酒店方面，省内共有五星级酒店 16 家，其中，西安占据 15 家。省内的发展水平不一，资源分配也不一，在保证省会城市发展的同时，不能忽视其他城市的发展，如何提高其他城市的旅游发展水平是下一步的发展重点，要提升全省的整体水平。

第四节　产业发展模式与重点

一、产业发展模式

陕西省在旅游模式上选取了在全域旅游上兼顾智慧旅游的发展模式，并根据该模式出台了一系列措施，推动了旅游业的发展。

据统计，陕西共有 17 个市、县（区）成功入选国家全域旅游示范区，分别为第一批的 13 个：宝鸡市、汉中市、韩城市、西安市临潼区、咸阳市礼泉县、渭南市华阴市、延安市黄陵县、延安市宜川县、榆林市佳县、安康市石泉县、安康市岚皋县、商洛市商南县、商洛市柞水县；第二批的 4 个：渭南市大荔县、铜川市耀州区、安康市宁陕县、商洛市山阳县。近年来，陕西不断提高旅游产业水平，积极创新文化旅游资源，全省旅游产业呈现出环境优化、实力增强、转型加快、带动有力的良好局面。面向未来，陕西以推进旅游业供给侧结构性改革为主线，以国家全域旅游示范省创建为抓手，以“旅游+”融合发展为路径，统筹实施五大系统工程，服务关中协同创新发展、陕北转型持续发展、陕南绿色循环发展。打造丝绸之路起点旅游走廊、秦岭人文生态旅游度假圈、黄河旅游带、红色旅游系列景区四大旅游高地，把陕西建成有国际范、中国风、陕西味的著名国际旅游目的地，推动旅游资源大省向旅游强省迈进。

到 2020 年，旅游业增加值占全省生产总值的 8.8%以上，发挥好旅游对扩内需、稳增长、调结构、转方式、增就业、减贫困、优环境、塑形象等方面的综合带动作用。2017 年 8 月，全国全域旅游推进会在陕西省圆满召开。陕西省被列为国家全域旅游示范省创建单位。陕西全域旅游虽起步不是最早的，但实践推进快，积累创建了统筹联动的陕西模式，即“旅游+”的统筹联动模式。坚持综合产业综合抓，出台了《陕西省“十三五”文化和旅游融合发展规划》，由行业管理向统筹协调管理转变，使旅游综合管理运行更顺畅，旅游产业要素配置更高效，激发了旅游新活力。2017 年上半年，全省接待的境内外游客、旅游总收入分别增长了 15.99%和 28.30%。

在以上全域旅游的发展基础上兼顾智慧旅游的措施，成为更加信息化的发展旅游产业。第一，利用智慧旅游促进经营管理升级。陕西省的经营管理升级利用信息化打破产业边界，利用旅游业串联其他产业发展，促进省内旅游业的高质量发展。在旅游推广的同时，不忘发展农业周边产品，实现线上售卖，临潼石榴、陕北大枣、眉县猕猴桃等都是陕西的农业特产，都可以借助旅游业发展农业，促进省内农产品的销量，打出自己的特色招牌，提高省内对应旅游景区的农产品的知名度。例如，陕西省关中平原东部的大荔县，作为农业大县，过去一直无旅游，如今在充分尊重地方特色的基础上，通过发展旅游业，带动城乡全面提档升级，实施“建设全景大荔，发展全域旅游，实现全面富裕”的发展战略，走出了一条全域旅游的生态发展之路。把村庄规划建设成农业公园，把农业资源转化为旅游产品，推动传统农业向观光、休闲、创意农业转型，并围绕“旅游+”的发展理念，积极推动农业园区景区化发展。

第二，推进“旅游+文化”。陕西省作为文化底蕴深厚的大省，文化资源非常丰厚，不论是世界八大奇迹之一的兵马俑，还是西安城墙、华清池等，都是优秀的历史文化沉淀；另外，还有陕北民歌、安塞腰鼓、华阴老腔等数百种非物质文化遗产等待挖掘与发展。例如，2016 年歌手谭维维将华阴老腔带进春晚的现场，大大提高了华阴老腔的知名度，进一步提高了陕西在旅游方面的吸引力。另外，陕西还有诸多相关的影视作品。《白鹿原》《那年花开月正圆》等优秀电视剧的播出，提升了陕西的知名度，《白鹿原》带动了白鹿原景区以及拍摄地的发展，《那年花开月正圆》则让陕西美食火了一把，诸多游客因想品尝正宗的陕西美食而进入陕西旅游，这类文化影视作品是推动旅游业发展的一大助力。

第三，推进“旅游+扶贫”。普及信息技术，提高农户的网络应用率，探索实施“景区景点+农家乐”的发展模式，通过参与景区建设管理，开办农家乐、农家客栈，设立旅游公益专岗，销售农林产品，带动农户融入乡村旅游产业链，利用旅游的发展，特别是近年来农家乐等农村旅游的大发展，推动陕西省发展，数据显示，2018 年陕西省旅游带动的增收效应进一步显现，旅游的经济促进作用明显。例如，陕西省的柞水县，通过联动发展、培育载体、拓展渠道、建设机制的“四维推动”，走出一条旅游富民、旅游强县的新路子。以旅游业为主的服务业占县域经济总量的 30%，旅游就业人数占全县就业人数的 34%。

第四，利用智慧旅游促进旅游服务升级。由于旅游行业的信息是缺乏时效性的，导致广大的旅游爱好者没有办法及时得到最新的旅游信息，旅游行业的工作者并不能及时地把最新的旅游信息发布出去，滞后了旅游发展，很大程度上浪费了旅游资源。通过技术创新，开发出新的旅游电子商务系统，可以及时有效地把旅游信息发布在互联网上，而互联网也经过一定的技术创新，使一些游客能够明确旅游目的地，及时了解目的地的动态，同时也可以通过电子商务系统推荐旅游场所，为游客提供选择的范围。针对不同的对象，对对象的特征进行一定的分析，从而提出有针对性的推荐路线及场所。互联网的创新能够加强旅游产业的管理，不断地完善网站的维护管理，收集民意民策，了解广大旅游爱好者的需求，拉近旅游管理者与旅客之间的距离，开发出更受游客喜爱的旅游产品。

二、产业发展重点

（一）拓展旅游空间

陕西省可以充分依托岭南北坡的生态旅游资源，利用褒斜古道、子午古道以及商於古道三条绿色通道，打造一个健康休闲的旅游体验带，沿秦岭山脉建立一条生态观光旅游通道。古代丝绸之路也是一条重要的观光道路，陕西省可以依托古丝绸之路，结合现有的文化建设成果，打造一条丝绸之路风情体验走廊。陕西省可以打造一个优质的红色旅游资源带，还可以依托渭北帝陵的文化遗存和陕北长城，打造一条历史文化旅游走廊。

（二）促进省内各区域旅游资源的协同开发

将陕西省境内的陕北、陕南与关中地区的旅游资源做到平衡和谐发展。陕西省要把发展全域旅游和国家关于推动旅游发展的战略紧密结合起来，充分利用国家的政策优势，促进陕西旅游资源的整合和协调开发。可以在陕西建设陕甘宁红色旅游休闲度假区、川陕革命老区红色旅游度假区，发挥旅游业在陕西经济发展中的示范带动作用，建设国家级休闲和乡村旅游示范城市，引领陕西省全域旅游的发展。

在建设全域旅游过程中，要充分发挥科学技术和信息技术的带动作用，充分利用“互联网+”和大数据，发挥政府、企业与景点三者之间的协调作用，促进陕西省全域旅游的快速、健康发展。陕西省在发展全域旅游时，还要注意充分发挥关中地区的旅游带动作用，推动陕西省旅游产业的整合、优化和升级，推动陕西省旅游产业的可持续发展，延伸旅游产业链，扩大陕西省的旅游面，打造一个陕西省智慧旅游平台，推动陕西省旅游信息化建设，让陕西省的旅游经济能够带动全省旅游产业和经济的发展。陕西省要充分利用关中地区旅游产业的优势，通过褒斜古道、子午古道以及商於古道三条绿色通道，带动陕北、陕南地区旅游产业的发展，形成整个陕西省全域旅游发展的新方式。

（三）打造旅游服务氛围

根据陕西省现有的旅游资源以及将要开发的资源，共同打造一个良好的服务氛围，提高游客的满意程度。陕西省要依托现有的优势资源，打造属于自己的特色旅游品牌，并在旅游产品上进行产品的分级定位，满足人们对不同层次的休闲度假产品的需求，打造出一批富有特色的旅游主题产品。陕西省还要培育能够适应全域旅游发展的科技体验旅游产品，如创建科技旅游新产品、开发数字旅游体验产品以及推进研学旅游基地建设等。在发展全域旅游的同时，要尽快建设能够适应全域旅游发展的优质服务，以服务带动旅游产业的发展，促进陕西省旅游服务的全面升级改造，推进智慧旅游产业的建设，提高陕西省旅游管理的智能化水平，为游客提供更好的旅游体验。要想发展全域旅游，就必须把旅游从封闭的自循环转变为开放融合发展，加大陕西省旅游与当地农、林、商、金融、文化、信息等产业的融合力度，形成一种综合性的创新产业。

(四) 开发旅游副产品，利用“旅游+”实现产业融合

陕西省的经营管理升级利用信息化打破产业边界，利用旅游业串联其他产业发展，促进省内旅游业的高质量发展。

推进“旅游+农业”的信息化水平。在旅游推广的同时，不忘发展农业周边产品，实现线上售卖，临潼石榴、陕北大枣、眉县猕猴桃等都是陕西的农业特产，都可以借助旅游业发展农业，促进省内农产品的销量。不论是淘宝、京东、拼多多等线上平台，还是各类直播，都是卖货、带货的有效渠道，并且能够提高省内对应旅游景区的农产品的知名度。例如，陕西省关中平原东部的大荔县，作为农业大县，过去一直无旅游，如今在充分尊重地方特色的基础上，通过发展旅游业，带动城乡全面提档升级，围绕“旅游+”的发展理念，积极推动农业园区景区化发展。整合现在各个景区自己的特色周边，如各类纪念品、特色旅游模型、剪纸、皮影等，开发出自己的官方文创，成立官方售卖网站，利用淘宝、京东等 APP 进行线上售卖，效仿故宫文创打造出自己的口碑与品牌。在整合已有资源的情况下，做出创新式的发展，不拘泥于现有的周边产品，通过联名等方式，开发出新的跨界产品，也可以在各类景区的官方平台以及各类 APP 上开发出特色板块，提高周边产品的知名度。

第五节　产业发展对策与政策建议

一、加强景区的开发创造

一是开发陕北红色旅游资源。陕北以红色旅游为亮点，着重打造陕北区域的

红色旅游线路，将陕北旅游与国民教育、夏令营、学生学术活动等紧密联系起来，将陕北开发成国内经典的红色基地。二是打造陕南地区特色资源。陕南以自然风光为主，构建生态旅游、休闲旅游、体育旅游的大格局是陕南旅游可持续发展的根本所在。利用陕南自身的资源与地理位置特点，充分与旅游活动结合起来，如陕南盛产茶叶，可以将茶园参观纳入旅游休闲中；陕南与四川、重庆等相连，协同其他省市打造融合式的特色小镇。三是发挥关中地区的历史资源优势。陕西旅游看关中，关中地域展示的是五千年的文明与文化。关中地区有着众多的资源优势，需要进一步将历史人文资源与现代创新理念相结合，吸引更多年龄层次的游客参观，打造出类似于长沙、重庆等的“网红城市”。四是加强景区自身的管理。面对游客的意见和建议，及时沟通解决，针对厕所难、异味大、停车难、物价贵等问题，成立专项负责小组，处理景区自身管理不足的问题。

二、推出消费惠民措施

一是深化景区门票机制改革，推行景区淡旺季门票差异化政策，加大淡季优惠力度。鼓励依托重要的风景名胜区、森林公园、地质公园、重点文物保护单位等文化和自然遗产地的公共资源，在符合景区承载力的前提下，在淡季实行免费开放日（周），带动周边乡村发展民宿、餐饮、购物等业态。二是创新促进消费的惠民形式，推出旅游景区门票优惠券、文化旅游惠民券，对文化旅游困难企业实施奖补等一系列促进和扩大文化旅游消费的政策举措，如对中国医务工作者、疾控工作人员等实行一定程度的优惠政策。三是举办旅游消费惠民活动，围绕历史文化、山水胜景、民俗民情、美食小吃等元素，策划推出文化旅游活动。通过整合各方面的资源以及各层级的优惠措施，集中发力，开发出特色主题文化旅游产品，通过开展联合推介、捆绑营销，充分搅动、繁荣文化旅游市场，推出精品线路，举办四季文旅主题活动，实施多种惠民措施。

三、提高管理规划水平

一是加强游客公共信息平台建设，提升景区周边的交通服务能力，按照“统一规划，统一标准，统一管理，资源整合，先易后难，分步实施”的策略建设，并有效继承历史建设成果。面向游客需求，提供全程服务，全局统筹安排，分步落地实施。对于景区周边的交通，做到互联网可查询，游客可以方便快捷地抵达景点。二是编制项目建设规划，精心打造精品旅游线路，按照本省特色的旅游资源，如陕北的红色旅游、关中的历史人文游、陕南的休闲景色游，串联出具有陕西省特色的精品线路，为消费者提供更多的选择性。对于不同区域的市区级、县级等项目，做好发展规划，使之进入新时代、新趋势。三是实行旅游产业标准化，提升旅游周边产业的服务质量，通过努力在旅游基础、旅游质量、旅游资质、旅游设施、旅游信息、旅游安全和卫生、旅游环境保护等方面构建起一个完整的旅游标准化体系。抓好旅游标准化体系建设和推广实施，编制科学的旅游发展规划，构建高品质的旅游产品体系和配套设施，加强旅游服务质量管理。

四、利用信息化提升旅游质量

一是利用大数据实现智慧营销，提高营销在智慧旅游中的地位，有效解决旅游作为服务业的营销推广问题，将旅游作为一种服务产品，注重顾客的满意度。通过对经济层次、年龄层次、地理位置和群体偏好进行分类，设计出有针对性的营销方案。二是利用信息化渠道拓宽宣传，可以从主流媒体出发，与陕西当地的媒体进行合作，再通过官方微博、微信公众平台传播旅游特色景点，提升景区的知名度。三是增加景区的信息化设备，如 AR 仿真体验、智能机器导航讲解、人工智能售卖等，提升景区的信息化水平，提高游客的便利程度，有针对性地开发如 APP、微信公众号等平台，方便游客了解、预定景区的各类服务。同时，加大旅游部门的信息共享能力，利用大数据更好地分析出游客的偏好以及不满意的地方，更有针对性地提出对策建议。四是增强线上直播、线上售卖与旅游业相关产品的关联程度，随着线上直播售卖逐渐成为当代销售的主流方式，加大线上比重是形势所趋，可以开展一定程度的线上观景体验，使游客在足不出户的情况下也可以游览景区。同时，推出陕西省农产品、文化产品、衍生产品等线上售卖活动，这都可以在人流量有所限制的时候发挥出关键作用。

五、加强政策与资金保障

首先，需要明确现行政策的实施细则，优化调整部分的条款内容，在发生类似疫情的公共危机时刻，对受疫情影响的经营困难的旅行社、景点景区、宾馆酒店、旅游演艺、高尔夫旅游等进行一定程度的补贴及优惠，保证旅游业能够在此类危机中顺利度过；另外，推出 A 级旅游景区门票优惠政策，向全国医务工作者、全国疾控工作人员、残疾人等特殊人群以及对全国人民有贡献的群体提供优惠政策，进一步优化条款，做好相关员工的培训指导工作，在景区醒目的位置进行优惠政策公示，保障游客的优质游玩体验。加强组织领导，各地、各有关部门要高度重视本次旅游的营销推广，确保游客总量、旅游总收入实现预定目标。积极鼓励景区参与实施门票优惠，引导各景区、景点开展丰富多样的活动，协调解决过程中遇到的各种困难和问题。其次，制定优惠政策，吸引旅游产业及周边产业积极参与，对外资旅游项目进行牵线搭桥，吸引项目开业经营的境内外个人、团体及中介组织引荐外资投资相关旅游项目，项目建成投产后，按实际外来投入资金比例进行奖励，吸引更多的投资。再次，扩大招商引资范围，制定利好政策，分别在土地支持政策、生产办公房支持政策、财政支持政策以及产业集群发展奖励、优先发展的产业支持政策等方面出台相应的措施，引导和支持文化旅游产业项目的发展。最后，为旅游基础设施建设提供专项资金，划拨一定的资金专门用于完善旅游基础设施建设，改善旅游发展的基础条件，针对省内旅游资源的特殊性，分地区、分类型地划拨支持资金，改善旅游设施条件，推动旅游业进一步发展。

第十章

陕西幸福产业之家政服务产业发展研究

家政服务业作为第三产业的重要组成部分，堪称 21 世纪的朝阳产业。家政服务业的发展有利于创造新的就业岗位，充分满足当前社会老龄化与二胎政策的现实需求，提高人们的生活质量，培养新的经济增长点。此外，随着人民人均可支配收入的不断提高，越来越多的家庭具备购买社会化家政服务的条件，进一步增加了家政服务业的需求。因此，家政服务业的发展有利于减轻赡养老人、照顾孩子给家庭所带来的压力，提高人民的生活质量，增加人民的幸福感。

第一节　产业的特征与构成

一、产业特征

家政服务指家庭中的成员将家庭事务中的一部分琐碎、繁杂或带有一定技术性的工作指派给专业人士的家务工作外包服务，其具有无形性、差异性、及时性、高增值性和集群性等特点。

（一）劳动密集程度高

家政服务行业是典型的劳动密集型行业，具有很强的就业吸纳能力。陕西省家政服务项目主要为保洁、月嫂、看护、陪护等技术含量低的人工劳动。尽管随着现代化、信息化水平的逐渐提高，家政服务业逐渐加大对机械、设备，甚至电脑的应用，但大多数的家政服务业仍难以实现完全机械化与自动化。此外，随着人们消费水平的提升、社会分工的深化以及家庭小型化、人口老龄化的发展，家政服务的需求迅速膨胀。因此，相对于其他行业，家政服务业投入成本低，准入门槛较低，就业吸纳能力非常强。

（二）从业人员流动性较大

目前，陕西省家政服务从业人员中农民工占企业员工总数的80%以上，工作1~3年和3~5年的人员居多，占从业总人数的37%和30%，具有初中文化程度的占47%，高中文化程度的占40%。由此可见，陕西家政服务业的大多数从业人员来自农村，自身文化程度不高，职业技能欠缺。由于大多数家政服务业进入壁垒低，从业人员的工资水平低，且受传统观念的影响易遭受歧视，加之缺乏相应的社会保障等制度保护，许多从业人员仅仅将从事家政服务业视为别无他选的被迫选择，并未将其作为一份正经的职业，从而导致流动性较大。

二、产业构成

在许多国家或地区的国民经济行业分类中，家政服务业都有相应的门类或大类。2009年联合国统计委员会第三十三届会议审议并批准了《所有经济活动的国际标准行业分类》（修订本第4版），其中，第20行业门类是“家庭作为雇主的活动：家庭自用、未加区分的物品生产和服务活动”两类，第17行业门类“人体健康和社会工作活动”中的“留宿护理活动”也属于家政服务业（见表10-1）。此外“其他个人和家政服务活动”作为“人体健康和社会工作活动”门类下属于“其他不配备食宿的社会服务”大组的一个组，也属于家政服务业。

表10-1 《所有经济活动的国际标准行业分类》中的家政服务业

门类T		家庭作为雇主的活动；家庭自用、未加区分的物品生产和服务活动
97	9700	家庭作为家政人员雇主的活动 包括： 雇佣家政服务人员的家庭活动，如保姆、厨师、侍者、随从、管家、洗衣工、园丁、门卫、马夫、驾驶员、看护、家庭女教师、照看孩子者、私人教师、秘书等 不包括： 由独立服务提供者（公司或个人）提供的厨师、园艺等服务
98	9810	未加区分的私人家庭自用物品生产活动 包括： 未加区分的家庭自给性物品生产活动，为维持自身生活而进行的各种物品生产活动，包括狩猎和采集、种地、盖房、制作服装和生产其他家庭自用物品

续表

门类 T		家庭作为雇主的活动；家庭自用、未加区分的物品生产和服务活动
98	9820	未加区分的私人家庭自我服务提供活动 包括： 未加区分的家庭自我服务提供活动，如家庭为维持自身生活而进行的自我服务活动。这些活动包括烹饪、教学、照料家庭成员和其他由家庭提供的维持自身生活的服务

我国《国民经济行业分类》（GB/T4754-2002），共有 20 个行业门类，家政服务业在第 15 个行业门类“居民服务和其他服务业”中，属于居民服务业大类中的一个小类（见表 10-2）。

表 10-2 《国民经济行业分类》（GB/T4754-2002）中的家政服务业

82		居民服务业
821	8210	家政服务 指为居民家庭提供的各种家政服务活动 包括： 保姆、家庭护理、厨师、洗衣工、园丁、门卫、司机、教师、私人秘书等 病床临时护理和陪诊服务 不包括： 介绍劳务人员的劳务服务公司、三八服务社等，列入 7460（职业中介服务）中 专为老人、五保户、残疾人员、残疾儿童等提供看护、帮助活动，列入 8720（不提供住宿的社会福利）中

参考联合国《所有经济活动的国际标准行业分类》与我国《国民经济行业分类》，结合国内外家政服务业的发展现状与趋势，由于病患陪护服务与养老助残服务已在医养产业中包含，本书将家政服务业的外延定义为表 10-3。

表 10-3 家政服务业构成

门类	岗位
家政服务	住家保姆、家庭管理、家庭保育、家庭烹饪、家庭服饰打理、家庭园艺、家庭秘书、家庭护理、家庭宠物饲养、管家等家庭事务管理活动，包括钟点工等
家庭外派委托服务	搬家服务、庆典服务、接送服务、家庭装饰装修服务、家庭开荒保洁服务
家庭专业服务	运用专业知识、技能或专业化的实践经验，根据家庭需求向其提供某一领域的特殊服务，知识含量、技术含量和智力密集型程度较高。例如，月嫂、育婴员、家庭教师、家庭医师、专业陪聊等

第二节　产业与幸福感的关系

一、理论分析

在现实生活中，因为时间的有限性和收入的约束性，人们需要对各项时间及支出进行合理配置，实现家庭效用最大化，以获得更高的幸福感。

（一）满足社会老龄化和独生子女家庭的生活需求

家庭是社会的细胞，社会的稳定和发展很大程度取决于家庭的稳定性。此前，我国的独生子女政策促使家庭趋于小型化，老龄化是我国当前不得不面对的问题。《陕西统计年鉴》的数据显示，陕西省自2000年以后65岁以上的人口占9%以上，并且逐年上升，截至2018年，已达到17.46%。与此同时，我国老年人口中的高龄化趋势日益明显，65岁以上人口比重以及老年抚养比逐年上升，截至2018年，分别为11.38%、15.35%。独生子女家庭的责任和义务越来越大，对于小家庭而言，两个子女要赡养四个老人。与此同时，城市的生活节奏不断加快，给予人们家务劳动的时间越来越少，在这个趋势下，家政服务业有利于解决人口老龄化带来的问题，满足独生子女家庭的需求，提高其幸福感。

（二）显著提高人们的生活质量

Whillans等（2017）通过研究发现，进行了节省时间消费后（对比物质性购买），人们有更多的积极情绪与更少的消极情绪，有更好的生活状态。对于城市居民而言，简单的生存性生活模式已不能满足大众的要求，在此基础上必然追求更高质量的生活，以期改善生活状态，追求生活方式的丰富多彩。但是城市生活所带来的生存与发展的巨大压力迫使其不能将过多的精力投放在家庭生活中。渴望高质量的家庭生活与有限的空闲生活产生冲突，而家政服务业则有利于解决该矛盾，其有效服务于居民的日常生活，使人们不需要花费过多的时间在家庭生活中，同时还能享受高质量的家庭生活，不断提高的生活质量与生活品质则可促进人们幸福水平的提升。

（三）节省时间，使人们更专注于工作和家人的相处

现代社会中城市竞争愈加激烈，生活节奏逐渐加快，与此同时，双职工家庭

逐渐增多，人们为了追求事业上的发展，能够用于家庭生活的时间越来越少。颜学勇和周美多（2014）研究发现，家务劳动时间会降低人们的主观幸福感，尤其在人们面临较大工作压力的情况下，从事家务劳动很明显会加重其面临的压力，从而降低幸福感。蒋品、赵亮员（2014）指出，女性在家务和照料方面负担较多，导致女性尤为明显地表现出工作与家庭的冲突，这对女性的精神健康和主观幸福有不利影响。一方面，人们为了满足生活的物质需求，必须要投入一定的精力在工作之上，保障工作顺利完成。另一方面，为了满足生活的精神需求，人们同样需要与家人进行相处沟通，促进家庭生活幸福美满。必须解决的家务劳动耗费了其过多的时间，有限的时间使人们在寻求工作与家庭平衡的过程中疲惫不堪。因此，家政服务业的发展有利于促进家庭功能向社会转移，将人们原本用于家务劳动的时间节约出来，使其可以更专注于工作或是与家人的相处，从而提高其幸福感。

二、计量分析

出于疫情原因，本次问卷采取问卷星的方式进行发放，合计收回问卷 115 份。问卷内容主要包括两部分，第一部分为被调研对象的基本情况调查，第二部分为家政服务业与幸福感关系的调研。

依据被调研对象的家政服务体验的主观感受、对家政服务人员以及家政服务机构的客观评价，共设计 3 个一级指标、25 个二级指标，采用李克特量表对各指标进行打分，最后通过优序图法进行权重分析，从而得出各因素对人民幸福感的影响程度（见图 10-1）。

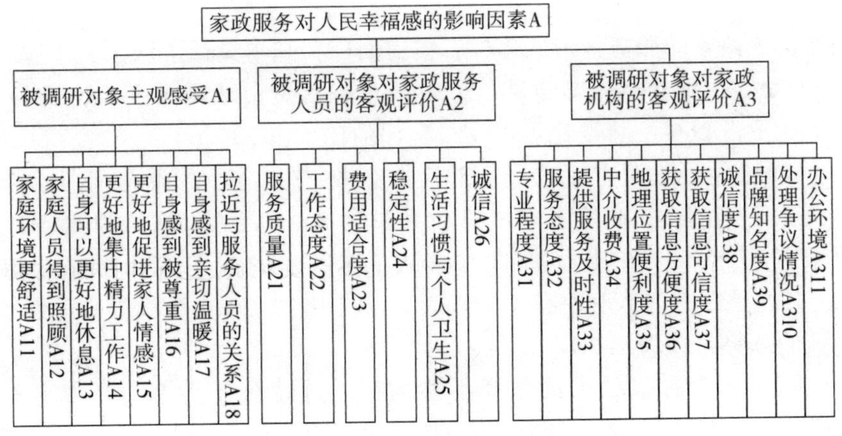

图 10-1　家政服务业与人民幸福感评价指标体系

随着人民收入水平的不断提高，其对生活的追求由解决生存问题转变为追求生活品质，但渴望高质量的家庭生活与有限的空闲生活产生冲突。通过上述分析可知，家政服务业对人民幸福感的影响主要体现在两方面，即人民对消费家政服务的主观感受以及人民对家政服务供给者提供服务的客观评价。

从人民主观感受分析家政服务业可通过将家务劳动外包，使人民一方面将原本用于处理家务劳动的时间用于自身休息或完成工作，另一方面将家务劳动交由更专业的服务人员完成，使家人得到更好的照顾，从而享受更高品质的生活，提升人民幸福感。

从人民客观评价分析家政服务业影响人民幸福感的因素，家政服务人员的工作态度、服务质量对于人民幸福感的提升最为重要，服务费用以及诚信同样对幸福感有一定程度的影响。此外，家政机构的良好服务态度、及时提供的服务、便利的地理位置、便于获取的信息以及良好的诚信度也可以在一定程度上促使人民感到幸福。

第三节　产业发展现状

一、产业发展概况

（一）陕西省家政服务业的供需情况

当前，陕西家政服务业形式多样，覆盖面广，基本囊括了国家关于家政服务行业的 11 大类，且重点业态凸显。2018 年全省月嫂市场需求平均比重为 22%、养老护理比重占 26%、育婴比重占 32%、保洁比重占 22%。

截至 2018 年，陕西省家政服务业注册企业 2703 家，家政服务社会需求达 102. 42 万人。当前，家政服务业的从业人员为 54. 1 万人，缺口为 48. 32 万人。在家政服务需求中，占比最高的为清洁、洗衣、做饭等家务服务，比重达 52. 8%；其次是照料老人和小孩，分别为 23. 3%和 22. 2%；维修等其他服务需求都有增长的态势，约为 1. 7%。

与此同时，全省市场供给率却不够均衡，月嫂服务为 82%、养老护理为 61%、育婴为 56%、保洁为 78%。家政服务市场总体供不应求，尤其是育婴服务和养老护理服务，供给缺口较大。

(二) 陕西省家政服务业从业人员情况

截至 2018 年，陕西省从业人数共计 54.1 万余人。从事家政服务业的主要人员为女性，占从业总人数的 90.2%，男性仅占从业人员的 9.8%。此外，从年龄分布看，从事家政服务业的人员大多为中年人，年轻人较少，其中，35~50 岁的人员占总数的 65%。从工作年限看，工作 1~3 年和 3~5 年的人员居多，占从业总人数的 37%和 30%；1 年以下和 10 年以上的人员占比较低，均为 9%。由此可见，陕西省家政服务业从业人员的流动性较大，他们并未将其作为一份正规的职业。

此外，从事家政服务业的从业人员呈现学历较低、文化素养不高的情况。农民工占企业员工总数的80%以上。从业人员中具有初中文化程度的占 47%，高中文化程度的占 40%，大中专文化程度的在 20%以下。此外，从业人员的技能有待提升，其中，取得初级证书的人数占企业总人数的 47.1%；取得中级证书的占 30.0%；取得高级证书的仅占 10.3%，高级技术性人才依然短缺。

(三) 陕西省家政服务业的企业经营情况

2015 年全省有 5 家企业年营业额达到 1000 万元以上，被发展家庭服务业促进就业部际联席会议办公室认定为全国家政服务业“百强”企业；有 47 家家政服务企业年营业收入在 100 万元以上，被认定为全国家政服务业“千户”企业。陕西省在 2011 年、2012 年、2015 年举办的全国家政服务企业“千户百强”创建活动中，均位列西部省份前茅。

与此同时，2012~2018 年陕西省内先后发布了《家政服务指南——母婴护理》等 7 项地方标准。2018 年陕西省政府各部门组织相关培训 29.7 万人次。随着标准的不断出台以及培训力度的加大，陕西省逐渐涌现出一批优秀企业品牌，如宝鸡的“西秦大姐”、汉中的“汉水妹子”和“汉家嫂”、铜川的“小芳月嫂”、安康的“康嫂”、西安的“中顺”和“三秦妹子”等。这些标杆企业的引领对于规范家政服务市场、促进行业健康发展起到了积极作用，市场的客户满意度由 2013 年的 25%提高到 2018 年的 63%。

二、存在的问题

总体而言，陕西省家政服务业已初具规模，但仍存在诸多问题，主要问题为以下几点：

（一）市场供需矛盾突出

当前，陕西省家政服务需求在不断增加的同时，缺口也在扩大，尤其是育婴服务和养老护理服务，供给缺口较大。孕产妇和老人照护的家政服务需求与传统家政服务中的洗衣、做饭以及保洁等技能水平要求不高的家政需求相比较，其对于服务人员有着更高的要求，需要其掌握膳食搭配、基本护理技能等。但目前陕西省从业人员文化程度较低，高级技术性人才依然短缺。由于陕西省在部分家政服务需求上存在供给不足的问题，加之服务企业宣传不够，供求信息不对称，导致陕西省供求在总量和结构上存在着不匹配的情况。一方面大量居民的家政服务需求难以及时得到满足，另一方面由于缺乏有效的供需对接平台，大量家政服务人员不能及时上岗。

（二）家政服务人员培训不到位

陕西省家政服务群体主要为农村进城务工人员，呈现出文化程度偏低、流动性大的特点。针对该特点，陕西省一直十分注重家政服务人员的培训，但综观培训机构，如博思特、美尔乐等，其开设的培训课程主要涉及月嫂、厨嫂、保洁、护理等专业技能，且相较于实践更为注重理论的培训。然而，随着我国经济的发展、居民生活水平的提高以及消费者观念的转变，消费者对家政服务的需求除了需要从业人员提供基本服务外，部分家庭还需要其提供诸如早教、膳食搭配、家庭理财等更为专业的服务，有的家庭还希望从业人员能够掌握英语、计算机等技能。与此同时，由于从业人员在服务过程中需要进入消费者家庭中进行服务，这对其个人素质也提出了较高的需求，因此，提高家政服务人员的服务质量不仅依托于专业技能培训，还应注重培养较高的个人素养。

（三）社会对家政服务业认识不够

陕西省的家政服务人员基本来自农村外出务工人员和城镇就业困难人员，这个人群文化程度低、专业技能差，难以满足客户对高质量家政服务的需求。与此同时，每年有大量的师范、幼教、医护、烹饪、英语等专业的大学毕业生找不到适合的工作，有的甚至学非所用。尽管家政服务工作收入不低于社会其他行业，但绝大多数人如非生活所迫并不愿从事家政服务。造成该现象的主要原因一是受传统观念的影响，仍有许多人将家政服务等同于传统的“佣人”，认为其低人一等，因此，宁愿失业或是从事与专业不相关的工作，也不愿进入家政服务业。与此同时，当前社会对于家政服务业以及从业人员的宣传力度较弱，家政服务行业的社会地位相较于其他服务业偏低，劳动力的价值定位较低。二是当前社会缺乏对家政服务业的充分认识，许多人并没有意识到家政服务业在解决就业问题的同时，有利于促进第三产业的发展，此外，还可以为居民提高更高质量的生活，使其能够从繁忙的家务劳动中释放出来，更好地享受生活，提升幸福感。

（四）服务规范和监督机制缺失

目前，我国家政服务业仍处于起步阶段，尽管国家已先后出台多项规章制度，但整个行业的服务规范和监督体系仍旧匮乏。由于家政服务业的特殊性，对家政企业以及从业人员的诚信要求较高，而我国现阶段行业自律以及诚信体系的建设与家政服务业较为发达的国家相比仍显落后，消费者、家政企业以及从业人员的责任、权利不明确，缺乏规范的服务协议或是合同，导致服务过程中各方权益难以获得保障。目前，陕西省已经初步建立起家政服务业相关行业标准，并且通过家政服务业协会对企业进行监管，但由于大部分家政服务业因为利润微薄难以实现员工制管理，从而导致从业人员的社会保障没有着落。由于从事家政服务行业的从业人员大多文化水平较低，当面对工作期间的伤害、致残、死亡等问题时，不懂得利用法律的渠道来维护自身权益，自身权益难以得到维护。

第四节　产业发展模式与重点

一、产业发展模式

当前，陕西省对家政服务业的发展规划为坚持以企业为主体、政府引导支持、社会多方参与，鼓励下岗失业人员、农民工从事家政服务。因此，基于当前陕西省家政服务业的发展现状，结合国内外家政服务业的发展经验，提出“政府引导、协会协作、企业为主”的模式。通过建立以上产业发展模式，以期能促进陕西省家政服务业的发展。

（一）政府是保障家政服务业发展的中坚力量

第一，充分利用各种媒体，积极宣传发展家政业的意义。目前，陕西省拥有的新闻媒体包括新闻门户、报纸、户内电梯媒体或公交广告等，充分利用新闻媒体宣传发展家政服务的必要性，使人们逐渐转变由于传统观念而对家政服务业造成的误解。

第二，确定各负责部门的职责分工，防止责任推脱。根据《关于发展家庭服务业的指导意见》的相关规定，家政服务业由人力资源和社会保障厅牵头。目前，陕西省的家政服务业涉及人力资源和社会保障厅、商务厅、工会、共青团、妇联等组织和部门，但多部门合作易出现责任推脱的现象，应尽快确定各部门的职责分工。

第三，细化行业标准，完善配套的行业守则。陕西已在2007年出台《陕西省家政服务通用标准》，并将其作为家政服务业的规范，其内容在一定程度上保护了消费者、服务人员以及家政公司三方权益，但行业标准的出台与实际执行存在一定的距离。家政服务业的多样化以及私密性需要制定更为详尽的标准作为执行参考。2012~2018年陕西省先后发布了《家政服务指南——母婴护理》等7项地方标准，但随着经济的发展以及人们消费水平的提高，其对家政服务的质量要求也在不断提升，因此，陕西省政府应根据市场需求不断细化行业标准，并完善行业守则，严格市场准入制度，尤其是在陕西省需求较大的月嫂、陪护、保姆等方面。

第四，完善家政从业人员的技能培训种类。陕西省从事家政服务业的服务人员主要为农民工，从业人员中具有大中专文化程度的人数比重较小，由此可见，加大培训力度对发展家政服务业而言有着不可忽视的作用。当前，陕西拥有的家政服务机构（如巾帼依诺、博思特等）大多聚焦于低端家政服务需求，缺乏对高端家政服务人员的培训。因此，陕西省应构建由政府主导，以职业类院校为主体，以企业、社区、协会、妇联等社会机构为辅的家政培训网络体系，在加大基础家政技能培训的基础上，注重针对高端家政服务需求的培训。

（二）家政企业是促进家政服务业健康发展的主体

第一，促进家政企业员工制，实现产业规模化。2019年陕西省有4万余家规模以下服务业企业，多集中在西安、渭南、咸阳、宝鸡。中介制的家政服务企业由于难以实现从业人员职业化，已经不符合当今家政行业发展的潮流。而员工制则有利于家政服务企业实现大规模、集团化、产业化的发展，其在员工培训、服务反馈等各个环节都有着较为严格的管控，符合企业管理经营模式。

第二，打造品牌，实现连锁经营。品牌有利于企业在激烈的市场中获取竞争优势，对家政企业而言，应当根据客户需求定位自己的服务项目，并通过培训等手段提高服务质量，形成并发扬自己的特色品牌，从而在全社会产生品牌效应。随着陕西省家政服务业的发展，陕西已拥有“中顺”“三秦妹子”“百合”“秦嫂”等优秀企业品牌，这些标杆企业的引领对规范家政服务市场、促进行业健康发展具有积极作用。陕西省应当充分利用已有的企业品牌效应，加强连锁经营，促使企业规模化发展，从而带动家政服务业健康发展。

第三，完善家政服务企业的从业人员管理，降低员工的流动率。家政服务业作为服务业，企业拥有一批具有较高技能水平以及个人素养的从业人员，有利于其在激烈的市场竞争中脱颖而出。因此，家政企业应当不断完善自身的员工管理，将招聘而来的从业人员视为自身的正式员工，为其提供充足的岗前培训，签订劳务合同，并购买社会保险，对其技能进行评定，并提供相应的薪酬待遇，积极处理员工与客户的纠纷。通过合理的员工管理模式，企业可以提升家政服务从业人员的职业归属感、自豪感，增强其工作的积极性，使其积极参与培训，以不断提高自身能力，与此同时，还可以吸引、稳定更多的优秀人才投身于家政服务业之中。

（三）家政服务行业协会是联系政府与企业的桥梁

第一，积极与政府沟通，反映行业存在的问题。家政服务业协会在政府决策过程中充当助理的角色。陕西省家政服务行业协会接受陕西省商务厅和陕西省民政厅等有关部门的业务指导，并承担其委托的工作任务，因此，其应当积极通过调查、报告等多种形式，将家政企业的诉求及行业存在的问题向政府反映，为相关政策的制定提供了真实有效的客观依据，进而为该行业中企业的发展创造更好的政策环境。

第二，协助制定规定，规范行业发展。陕西省家政服务业协会在信息收集和处理方面具有明显的优势。因此，家政服务业协会应当积极与会员单位开展交流活动，加强对陕西省家政服务业发展情况的了解，从而协助政府制定出符合陕西省情况的家政服务业质量规范和服务标准，并通过监督会员单位的依法经营情况，对违反协会章程和行业法律法规、达不到行业质量规范和服务标准、损害消费者合法权益、参与不正当竞争、影响行业形象的会员，采取警告、业内批评、通告、开除会员资格等惩戒措施，并及时向行业主管部门报告；对会员的服务质量、竞争手段、经营作风进行行业评定，维护行业信誉，维护公平的竞争秩序。

二、产业发展内容与重点

（一）加强市场的规范化

家政服务业的发展有利于陕西省第三产业的发展，有利于解决农村富余劳动力及城镇下岗人员的就业问题，提高人民的生活质量。但由于家政服务行业门槛低，家政服务人员没有经过专业的技能培训，严重影响了家政服务业的服务水平。另外，家政服务中介机构缺乏统一有效的管理和行业标准，雇主对中介机构缺乏信任。在这种情况下，根据《关于加快家政服务业发展的意见》，结合陕西省家政服务业的发展现状，应根据市场需求，借鉴家政服务市场较为完善的发达国家、城市的先进经验，不断完善并严格执行家政服务行业标准，将政府引导与市场运作相结合，规范家政服务行为，从而促进家政服务市场规范化发展。

（二）促进家政服务业的职业化、专业化发展

近年来，陕西省家政服务业快速发展，服务企业迅速增加，市场规模不断扩大，但同时也存在着家政市场供需不匹配的现象。因为从业人员多为农村外出务工人员与城市下岗人员，其中接受过正规的职业教育并且具备较高技能的人才极为稀缺。因此，陕西省一方面应依据本地家政服务市场的需求情况，针对不同学员的特点分级培训，尤其是在需求较为旺盛的厨嫂、月嫂、保洁等领域加强培训，不断提升从业人员的个人素质以及专业技能，并在此基础上增加诸如膳食搭配、医疗应急知识等高层级技能培训。另一方面应促进家政服务企业由中介制向员工制转变，提高企业的专业性，引导其规模化、连锁化、品牌化经营，提高大众对家政服务企业的认可和信任。

（三）加强舆论宣传，营造良好的发展环境

受传统观念的束缚，相当比例的人认为从事家政服务是一个艰难、不得已的选择，认为家政服务人员低人一等，使家政服务行业的人员社会地位较低，导致大量有能力提供较高技术含量服务的潜在人力资源流失。此外，对于广大消费者而言，由于家庭属于较为私密的空间，其对于外人进入家庭处理家庭事务心存芥蒂。因此，陕西省应通过网络、报纸、广播电视等媒体，大力加强对家政服务业的宣传，加深广大群众对家政行业发展前景和服务主体的理解和认知，宣传家政服务业以及从业人员对社会发展的贡献，引导人们逐步转变消费观念，扩大消费群体，鼓励城镇下岗失业人员、农村富余劳动力进入家政服务行业，在全社会形成良好的产业发展环境。

第五节　产业发展对策与政策建议

一、加强政府引导力度，促进家政服务业发展

第一，挂靠政府建立家政服务企业。当前，陕西省较为著名的家政服务企业

陕西妇联巾帼秦嫂家政有限公司，是由妇女儿童活动中心和妇联妇女技能培训基地共同创办的员工制企业，近年来已发展为具有一定品牌影响力的企业。由此可见，由政府出面建立一批员工制的家政服务企业，能够最大程度地实现家政服务企业的标准化、规范化、规模化、品牌化。

第二，促进家政从业人员的多元化。陕西省当前家政服务业的从业人员主要为农民工，占家政服务企业员工的八成，因此，陕西省应鼓励农村富余劳动力、城镇失业人员进入家政服务业，对在家政服务业就业的就业困难人员给予社会保险补贴。此外，对于有意愿进行自主创业的人员，可按创业培训、小额担保贷款、税收、办公场所租赁等不同门类给予一系列指导服务和优惠扶持政策。对从事家政业的高校毕业生，给予适当的就业补贴，鼓励高学历人才进入家政服务业。

第三，加强就业服务的平台化建设。利用互联网等技术，建立公益性质的家政服务平台，充分发挥各方面信息资源的作用，为家庭、社区、家政企业提供公益性服务以及更高端的定制服务。2019 年陕西省巾帼家政服务信用平台启用，该平台集诚信、智慧、创新、服务、共享、学习六大功能于一体，建立了企业在线信用档案以及从业人员信用档案，初步将服务与信用挂钩。一个成熟的就业服务平台应包括供需对接、信息咨询、服务监督等多样功能，陕西省的就业服务平台建设有待完善。与此同时，为了保证不了解互联网技术的老年人可以及时享受到家政服务，应当在规模较大的区域设立家政服务呼叫电话。

第四，维护家政服务从业人员的合法权益。陕西省政府有关部门需定期组织公布家政服务人员的工资指导水平，为家政企业制定科学合理的收入分配制度提供可借鉴的依据。此外，相关部门应加大力度规范家政服务企业员工与客户的用工协议，严厉整顿某些家政服务企业不规范的劳务管理，从而更好地维护从业员工的切实利益。建立专门处理家政服务纠纷的渠道，形成高效、科学的维权机制，维护从业人员的正当权益，及时妥善处理家政服务企业、用工方与从业人员三方之间的各种劳动争议和侵权事件。

二、培训机构强化培训方式，提高家政服务人员综合素质

第一，实行实践与理论相结合的培训方式。陕西省培训机构多以理论知识传授为主，培训内容主要是专业月嫂服务、母婴专业护理、养老护理、厨嫂服务以及保洁服务的理论知识，但培训过程存在重理论轻实践的问题。此外，随着居民收入的逐渐增长，其对家政服务的需求不再局限于协助其完成家务劳动，还在于提升其生活质量，这要求服务人员不仅要具备完成家务劳动的技能，还需掌握营

养搭配等高级技能。因此，培训机构在进行培训时，应当秉承“以实践为主，知识教授为辅”的宗旨，保证家政服务人员在熟练掌握基本操作能力的基础上增加营养学、心理学等高端技能培训。通过实践操作、互相交流、经验积累，使家政服务人员在理论与实践能力方面均得到强化，达到上岗标准。

第二，结合市场需求，有针对性地提供不同家政服务培训。尽管当前陕西省家政服务需求仍以孕产妇护理、老人照护等需求为主，但随着人们收入的提高和生活质量的提升，人们对家庭教育、家庭理财、家庭秘书、家庭司机、家庭美化等智家型、管家型的高端家政服务需求必然增加，家政服务机构应适当开展针对白领及高收入人群的中高档家政服务培训项目，吸引一些高校毕业生与其他高素质人群进入家政服务业，以满足当前家政服务市场上较为紧缺的高端、复合型的管家类家政服务人员以及涉外家政需求。

三、加大家政服务业宣传，营造良好社会氛围

第一，加强教育引导，促进家政服务人员观念转变。陕西从事家政服务业的人员学历较低、文化素养不高，造成该现象的一部分原因是传统观念导致的对家政服务业的偏见。应通过讲座、对话等方式引导家政服务人员充分认识服务没有高低贵贱之分，家政服务产业具有广阔前景。从理论和实践两个方面深入浅出地向务工人员讲述家政服务业产生的必然性、现实意义和职业特点，使其意识到家政服务工作需要优良的素质。现代社会的家政服务工已不同于传统意义上的“保姆”“佣人”“管家”，在职业地位、工作内容、工作质量、职业道德规范等方面有更高、更新的要求，家政服务人员应努力提高综合素质，包括提高文化水平，熟练掌握家政服务的技术、技能和技巧等。

第二，媒体积极引导，优化舆论氛围。陕西省应借助其所拥有的广告、电视、报刊等新闻媒体，对家政服务工作的相关问题进行广泛宣传以及积极引导，促使社会对家政服务工作以及从事该工作的人员加深理解，加强关爱，从而减轻人们对家政服务业以及从业人员的偏见和歧视。与此同时，新闻媒体应大力宣传家政服务业的新理念、新知识，积极引导社会转变就业观念，树立正确的择业观，营造“家政服务光荣”的良好社会氛围。

第三，树立推广典型，实现以点带面。陕西省政府已通过组织相关培训在一定程度上提升了从业人员的综合素质，市场的客户满意度由 2013 年的 25%提高到 2018 年的 63%。当前，陕西省已拥有一批标杆企业，并且这些企业相继建立了家政服务品牌。政府应充分利用这些资源，发现、培养、树立、推广模范家政服务员、再就业明星等典型。通过座谈会、经验交流会、演讲报告会、实地参观

等形式，使先进典型人物的精神和具体的经验作法得到表彰和扩散，产生以点带面的辐射功能，调动和激励更多的人员投身到家政服务工作中去。同时，唤起和促进全社会对先进典型人物的关注和敬慕，以及对家政服务工作的理解和支持。

四、促进协会协调组织作用，助力家政服务业健康有序发展

第一，发展会员，提升行业协会权威性。行业协会可采用书面申请与公布公示结合的方式，以申请入会单位的书面材料为主，对书面材料符合入会基本要求的，可集中在协会门户网站进行公示，对于有异议的申请单位再进行深入了解和考察，批准无异议的申请单位入会。通过发展会员单位，迅速提升会员单位在家政市场的比重，迅速提升行业协会在业内的权威性，同时压缩非法中介的生存空间。

第二，定期进行会员企业评级。目前，虽然陕西家政服务业协会的网站会通过红黑榜定期对家政服务企业以及服务人员进行评价，但缺乏对家政服务企业的评级。家政服务业协会为会员单位制定等级标准，在会员单位加入时进行定级，同时在接纳会员后定期或不定期进行服务质量检查，根据结果给予升级或降级，通过媒体向社会公布会员单位中的优秀成员单位，曝光不合格单位，联合相关部门取缔严重违反行业规定的会员单位，以促进行业良性竞争。

第三，完善家政服务机构的综合评价体系。目前，陕西省已建立家政服务信用平台及巾帼家政服务信用平台，为企业以及从业人员建立了信用档案，并将平台数据信息作为奖惩的重要依据。但前者仅能查询到服务人员的信用以及黑名单企业，信息不全面；后者则由于建立时间尚短，数据信息有待完善。因此，陕西省应运用网络海量信息构建家政服务人员综合性评价体系，为每一个家政服务人员建立独立信息库，保存所有用工方对该家政服务人员的评价记录。此外，提供供需双方的信息对接平台，通过供需双方信息对接，将家政服务企业和服务人员的信息囊括其中，实现在线选购家政服务，一方面雇主可以轻松找到自己满意的家政工作人员，另一方面家政服务企业可以及时拿到订单。

第十一章

陕西幸福产业之全民健身产业发展研究

习近平总书记在党的十九大报告中指出，广泛开展全民健身活动，加快推进体育强国建设。这是决胜全面建成小康社会、夺取新时代中国特色社会主义伟大胜利的重要工程。身体健康、接受良好教育的从业人员是经济发展最重要的人力资源。一个健康水平不断增强的社会，才是充满生机、幸福美满的社会。

第一节　产业的特征与构成

全民健身是指全体人民为了增强体质，采取不同的手段、方法达到健身的目的，从而使人民身体强健。全民健身旨在全面提升国民的体质和健康水平。

从产业经济学的角度来看，全民健身产业兼具公共品和私人品的性质。全民健身的基础设施建设、资金投入、管理、政策及法律法规的制定大部分由政府完成，故具有公共品的性质；而全民健身的装备生产销售、场馆管理、服务、教练指导、竞赛表演及电竞团队一般由市场运营方进行运营，故具有私人品的性质。全民健身产业横跨生产、服务与消费，兼具公益性与市场性，且与旅游、文化、食品（健身食品）等产业融合在一起，产业链庞大且复杂。

一、产业特征

（一）全面性

这既是“全民健身产业”中“全民”的要求，又是“全面建设小康社会”中“全面”的规定。它包括服务人群的全面性、服务内容的全面性和服务范围的全面性。在坚持城市体育以社区为重点、关注市民体育的同时，兼顾单位体育和职工体育；在坚持农村体育以乡镇为重点、关注乡镇居民体育的同时，兼顾村屯体育和农民体育；在坚持青少年体育以学校为重点、关注在校生体育的同时，兼顾青少年校外体育和社会上青少年体育，这样才能实现惠及十几亿人口，代表最广大人民群众的根本利益。

（二）系统性

系统性，即全民健身产业服务功能的系统化和保障条件的系统化。最终形成能够不断满足全体国民体育健身基本需求的完整的、配套的产业服务体系；能够不断为全体国民提供体育健身的基本环境和条件的完整的、配套的保障体系。

（三）保障性

我国全民健身产业的公益性性质决定了这个产业系统要保障广大人民群众享有基本的体育服务；保障全民的体育权益切实得以实现；保障政府承担的体育责任切实得到落实；保障全民的健身环境和条件切实得到改善；保障全民族的健康素质切实得到明显提高。

（四）服务性

全民健身产业系统要求广大人民群众参与全民健身活动，提高全民族健康素质，形成全民族健全心理，从而提高人民的生活质量，繁荣体育事业，建设先进文化，推动经济发展。

（五）多元化

社会主义市场经济条件下经济的多样化、文化的多样化以及人的体育需求的多样化决定了它服务对象的多元化、组织结构的多元化、投资主体的多元化和活动内容的多元化。要满足不同阶层人群的全民健身需求，就要在强化政府对人民体质与健康负总责、负主责的同时，充分调动全社会的力量齐抓共管、形成合力；形成政府依靠公共财政提供基本体育公共物品和服务，市场提供私人体育物品和服务的格局；同时提供多种形式、科学文明的体育活动形式和内容，供不同的人们去选择。只有一个多元化的全民健身产业系统，才能使更多的人参与体育，使更多的人受益。

（六）平民化

平民化，即在体现服务人群全面性和服务对象多元化的同时，要确保全民健身产业系统切实为占人口大多数的普通老百姓、中低收入人群服务，切实保障全民平等参与、平等受益，使人们真正享有基本的体育服务。

二、产业构成

全民健身产业是一个对全民健身起支持作用的庞大产业体系。按照产业功能，主要分为服务产业和保障产业。其中，服务产业是指与全民健身活动直接相关的产业，主要包括全民健身培训产业、电子竞技产业、竞赛表演产业等；保障产业是指与全民健身活动间接相关的产业，主要包括全民健身场所（馆）建设产业、全民健身器材制造业、全民健身器材销售业等，如表 11-1 所示。

表 11-1　全民健身产业的构成及内容

<table>
<tr><th colspan="2">全民健身产业</th><th>内容</th></tr>
<tr><td rowspan="4">服务产业</td><td>健身休闲产业</td><td rowspan="4">是指与全民健身活动直接相关的产业，满足人民群众健身、娱乐与社会交往的需要，是预防医学的重要组成部分。全民健身服务产业能够改变当前人民群众体质薄弱的问题，在对人民群众基本身体素质进行开发的同时，促进居民身体健康和心理素质协调发展。服务产业通过满足人民群众的健康与娱乐需求来提高人民群众的幸福感</td></tr>
<tr><td>培训与教育产业</td></tr>
<tr><td>电子竞技业</td></tr>
<tr><td>其他服务业</td></tr>
<tr><td rowspan="4">保障产业</td><td>全民健身场所建设产业</td><td rowspan="4">是指与全民健身活动间接相关的产业。全民健身活动需要活动场所、健身器材、健身服装、健身信息等。它们不直接参与全民健身活动，而是为全民健身活动提供物质、制度和信息保障。为全民健身提供竞赛表演和社会交往的场所，提高人民的幸福感</td></tr>
<tr><td>全民健身用品制造产业</td></tr>
<tr><td>全民健身用品销售产业</td></tr>
<tr><td>其他保障产业</td></tr>
</table>

第二节　产业与幸福感的关系

一、理论分析

全民健身产业作为一个提升人民幸福感的庞大系统，通过服务保障体系将全民健身活动落到实处，通过一个个具体的行业来满足人民群众的全民健身需求。

（一）满足人民群众保持健康的需要

全民健身产业位于大健康产业链的各个阶段，在预防和治疗疾病、身体康复等方面具有投资低，效率高的特点，对降低个人医疗支出具有积极作用。

全民健身关系全民健康，没有全民健康，就没有全面小康。广大群众的健康需求从未像现在这样迫切。围绕广大群众盼身心健康、盼身边有健身设施、盼节假日旅游出行能参与健身活动等需求，陕西省需要科学规划，统筹建设，打造完善的全民健身产业系统，提升陕西人民的健康幸福感。

根据《“健康陕西 2030”规划纲要》，陕西省体育系统能够推进体医融合发展，在全省范围内开展医生、社会体育指导员能力互补培训，让医生具备开具运动处方的能力，让社会体育指导员具备简单的疾病预防能力。为了使更多的人了解自己、科学健身，陕西省体育局还在全省范围内开展了“体育健康行”进机关、社区、镇村、学校、企业的活动。

（二）满足人民群众娱乐的需要

竞赛表演体育具有极大的戏剧性和观赏性，因此，每年比赛吸引了成千上万的观众，极大地丰富了人民群众的业余文化生活，增加了满足感和幸福感。陕西国力足球队曾经是甲 A 赛场上赫赫有名的强队，为陕西人民带来了许多的欢乐。体育赛事满足了人民群众观看比赛的心理需求，提高了国民的幸福感。

电子竞技运动是一项新兴体育项目。陕西是中国电子竞技强省，拥有国际知名的 NEW4 战队、西安高校电子竞技联盟等实力雄厚的队伍，出现了苏昊这样的全国顶尖高手，陕西队在国内外电子竞技大赛上屡屡夺冠。电子竞技运动在当代陕西青少年中拥有广泛的爱好者，是青少年娱乐休闲的主要方式之一。

（三）满足人民群众社会交往的需要

社会交往也是影响人们幸福感的一个至关重要的因素。社会交往能够满足人们信任、规则、认同和社会网络的心理需求，是人的社会性特征。全民健身产业可以通过促进人民群众的合作行为来提高社会效率。社会交往是影响主观幸福感较稳健的变量之一。人民群众在全民健身过程中与他人产生社会互动、社会交流和合作，这种关系将产生更富有成效的生活，为人民群众带来幸福感。

二、计量分析

为检验陕西省全民健身产业与人民幸福感的关系，通过问卷调查和文献研究相结合的方式，参照 2015 年中国综合社会调查（CGSS）数据库，收集问卷调查数据和全民健身产业数据，建立全民健身产业与幸福感关系的计量模型，分析全民健身产业对幸福感的促进作用。

（一）样本来源

通过 2015 年中国综合社会调查（CGSS）数据库，选取 1278 名被调查对象，其中，男性 679 人，女性 599 人；年龄在 25 岁以下的 202 人，25～35 岁的 447 人，36～45 岁的 287 人，46～55 岁的 170 人，56～65 岁的 133 人，66 岁及以上的 39 人。建立以幸福感因素为因变量，以全民健身产业影响因素为自变量的计量模型。检验陕西省全民健身产业对人民幸福感的影响。

运用 EViews 9.0，采用回归模型的方法对人均健身休闲花费、人均体育娱乐花费、人均场地面积与个体国民幸福感之间的关系进行检验，数据分析结果如下：

$$Y=-10.4639+1.2211X_1+0.3212X_2+1.023X_3$$
$$(-8.134)\quad(34.724)\quad(6.1521)\quad(10.254)$$
$$R\text{-squared}=0.8213\quad F=29.15\quad DW=1.5683$$

（二）研究结论

相关分析表明：国民幸福感与人均健身休闲花费（健身休闲产业）、人均体育娱乐花费（体育娱乐产业）以及人均场地面积（全民健身场所建设业）之间均存在正相关关系。其中，与人均健身休闲花费（人均健身休闲产业）的相关度最高，达到 0.61。人均健身休闲花费、人均体育娱乐花费以及人均场地面积之间存在高度相关性。

回归模型表明：①截距 C（-10.4639）表明缺少全民健身活动会对国民幸福感产生负面影响。②在对国民幸福感的贡献中，人均健身休闲花费（健身休闲产业）的贡献最大，其次是人均场地面积（全民健身场所建设业），人均体育娱乐花费（体育娱乐产业）的贡献率最低。对比发达国家和地区竞赛表演体育的产值，陕西竞赛表演体育未来大有可为。

第三节　产业发展现状

陕西省全民健身产业经过这些年的发展形成了比较完善的系统，完成了制度建设及组织管理体系的建设，同时通过政府统筹资金，完成了大量的全民健身产业基础设施建设。

一、产业发展总体情况

（一）全民健身保障产业现状

1. 全民健身场所基础设施现状

根据陕西省 2018 年《陕西体育场地数量统计表》，2018 年陕西全省场地数量为 40108 个，其中，室内体育设施数量 1580 个，室外体育设施数量 38528 个，体育场数量 161 个，田径场数量 136 个，体育馆数量 55 个，游泳馆数量 81 个，游泳池数量 70 个，健身路径器械数量 106421 个。

体育场地面积达到人均 1.8 平方米，公共体育健身设施农村的覆盖率为 70%，新建社区公共体育健身设施覆盖率为 80%，全省乡镇文体活动站覆盖率和街道办文体活动站覆盖率大于 90%。重点建成了 800 里秦川渭河沿岸健身长廊、县级公共体育场及全民健身活动中心、陕南移民搬迁点健身器材配置工程、美丽乡村健身器材配置工程、社区多功能运动场、陕北革命老区红色健身步道、汉江沿岸全民健身长廊、丹江沿岸全民健身长廊、延河沿岸全民健身长廊、秦岭户外运动健身基地、冰雪运动场馆等惠民工程。建成市、区（县）国民体质监测中心（站）33 个。

2. 建成了比较完善的多层级管理、培训、国民体质监测站等组织机构

陕西省建设了省 1 级、市 2 级、县 3 级管理组织，负责组织管理全民健身运动。陕西省 10 个地市、107 个县（区）均有专门的体育活动站。在 63.1%的城市街道办事处、居民小区，26.5%的农村乡级组织、13.1%的行政村建立了全民健身活动站。全省入网注册的社会体育指导员突破 8 万人。国民体质监测工作经常化，测试群众突破 100 万人次。

3. 制定了较完善的保障制度及规划方案

国务院《全民健身条例》和《全民健身计划（2016-2020 年）》推出后，陕西省最早推出了《陕西省全民健身实施计划（2016-2020 年）》。陕西省各级政府分别制定了相应的政策。陕西省政府、体育局、地方政府共制定了 80 余项法规和政策。在资金投入、公共体育场馆开放、体育社会指导员配备、群众性体育组织管理等方面均制定了较详细的法规和政策。

（二）全民健身服务产业现状

依托陕西独特的地理环境和人文历史底蕴，陕西休闲体育产业布局呈现出鲜明的地域特征。陕北的红色旅游、安塞腰鼓、健身秧歌、沙漠冲浪；关中的太极

拳、木兰拳、跳绳、万人登翠华山及华山攀岩等；陕南的龙舟、山地户外活动和冬泳等。依托山地开展了露营、漂流、攀岩、滑草、野外生存等户外运动项目；完成了大量体育产业园区（圈）、全民健身长廊、体育特色小镇、品牌赛事等建设；形成了“特色地域+旅游+休闲体育”融合发展的态势。

1. 体育竞赛表演产业现状

中国汉江的安康龙舟节已成功举办了十三届，全省冬泳比赛已在陕南地区成功举办了十届。秦岭铁人三项挑战赛、山地自行车、汽车山地越野赛、河谷漂流、登山攀岩等各项相关赛事已具规模；西安城墙国际马拉松、中国真功夫、中国加纳国际足球邀请赛、2012 年国际青年男篮四国挑战赛、“白云山杯”2012 年全国武术散打冠军赛、环中国国际公路自行车赛（西安站）、卡车沙漠越野赛、“神木杯”第六届全国业余围棋棋王争霸赛等赛事使竞技体育、体育产业、全民健身得以相互促进发展。

2. 电子竞技产业现状

西安电竞产业起步较早。陕西曾拥有国际知名的 NEW4 战队、西安高校电子竞技联盟等实力雄厚的队伍，出现了像苏昊这样的全国顶尖高手，陕西队在国内外大赛上屡屡夺冠，已成为中国电子竞技强省。从 2017 年开始，西安开始有规模地组织各类电竞赛事，在办好 2017 西安电竞产业峰会的基础上，2018 年 4 月，曲江新区又引进了国内粉丝最多的 WE 电子竞技俱乐部，还吸引了香蕉游戏、恺英网络、英雄互娱等一批领军企业落户。

总之，陕西省全民健身产业系统的框架已经形成，逐步形成了集合全民健身场地及设施建设产业、体育休闲娱乐、全民健身服务培训、全民健身金融投资等多样化的全民健身产业。服务企业数量不断增多。2015 年陕西省体育产业规模已经达到 81.3 亿元，净增加值为 51.1 亿元，近几年也呈现出高速增长的趋势。陕西省政府 21 号文件提到，到 2025 年，陕西省体育产业总规模超过 1500 亿元。陕西省全民健身产业将成为推动陕西经济发展的新动能，同时也是提升陕西人民幸福感的重要力量。

二、存在的问题

1. 全民健身产业框架已经形成，但规模相对较小

经过多年发展，陕西省全民健身产业的基本框架已基本形成，产业发展已经步入规范化发展轨道。陕西全民健身产业包含全民健身场地场馆建设、体育用品与器材的生产及销售、运动健身娱乐、体育竞赛表演、体育技术培训与咨询服务、体育场馆服务、体育旅游以及体育彩票等 11 个门类。但产业产值与 GDP 总

值相比体量较小（2019 年陕西 GDP 为 25793.17 亿元，2020 年按 6.5% 增速，GDP 达 27469.7 亿元，2020 年体育产业按《陕西省体育产业发展“十三五”规划纲要》，预计为 750 亿元），GDP 占比约为 2.73%（因为疫情可能完不成），而全民健身产业则占比更小。

2. 体育基础设施较好，但利用率不高

作为西北地区经济文化的中心，陕西的体育资源非常丰富。自中华人民共和国成立以来，全省共建成 2 万多个体育场馆。特别是 20 世纪 90 年代以来，一批现代化的大型、超大型体育基础设施拔地而起。西安市体育运动中心、陕西游泳跳水馆、杨陵水上运动中心、朱雀广场等体育设施已经具备了较高的水平。据不完全统计，近十年来，陕西省各级政府、机关单位、学校、企业、个人用于事业性和经营性的体育投入近百亿元，但是体育场馆很多都由事业单位管辖，一般不对外开放或开放时间不足，导致平时场馆的利用率不高。

3. 竞技表演有广泛的市场，但实际赛事开展不足

从竞技体育的发展历史来看，地域文化对竞技体育的开展与普及有着重要的影响。无论是职业篮球还是中超，在陕西都有广泛的群众基础和众多的球迷。在 2001 年足球甲 A 观众市场普遍萎缩的形势下，西安市场一枝独秀，几乎场场爆满，被誉为甲 A 的“超白金球市”。陕西东盛篮球队也曾夺得全国甲 B 联赛冠军，征战 CBA 达 7 个赛季，但是好景不长，现在无论是中超还是 CBA，在陕西开展的职业赛事均较少。

4. 产业发展不平衡

产业发展的不平衡性表现在以下几个方面：一是结构的不平衡。陕西体育产业的产值主要来源于体育用品销售行业（产业占比为 38.9%），其他体育服务占比较小。二是地区发展的不平衡。目前，陕西省体育经营类企业主要集中在关中城市带，统计数据显示，关中城市的经营类企业数量超过全省总数的 82%，总产值占全省体育总产值的 79%，从业人数占比为 66%。关中城市的产业发展与陕南、陕北的发展差异较大。三是城乡发展的不平衡。城市体育基础设施较好，全民健身已成气候，但是在广大农村地区，参与健身的群众较少，没有形成全民健身的态势。

5. 龙头企业和有规模的民营企业缺乏且分布不均

陕西省于 2011 年 5 月特别挂牌成立了陕西省体育产业集团，这在国内尚属首例。尽管陕西各大、中城市健身房、健身俱乐部数量众多，但是有规模的民营企业较少，特别是能覆盖整个产业链的有影响力的企业较少。

表 11-2　陕西省体育产业注册资金规模分类情况

注册资金分类	频数（个）	百分比（%）	有效百分比（%）	累计百分比（%）
5 万元及以下	8	3.4	3.4	3.4
6 万~10 万元	25	10.5	10.5	13.9
11 万~30 万元	30	12.6	12.6	26.5
31 万~50 万元	53	22.3	22.3	48.7
51 万~100 万元	49	20.6	20.6	69.3
101 万~500 万元	25	10.5	10.5	79.8
501 万~1000 万元	21	8.8	8.8	88.7
1000 万元以上	27	11.3	11.3	100
合计	238	100	100	100

资料来源：陕西省企业名录电子版。

从表 11-2 可以看出，陕西省体育产业的企业规模主要集中在注册资金在 31 万~100 万元的区间之内，约占企业总数的 42.9%，中小型企业占大多数；注册资金在 1000 万元以上的仅占 11.3%，并且主要集中在西安、咸阳两个城市。

第四节　产业发展模式与重点

一、产业发展模式

在全民健身服务产业中，组织管理监测机构建设、社会指导员培训和安排及全民健身宣传引导等由政府职能部门完成，其他具体产业如健身休闲产业、全民健身培训产业、体育竞赛和电子竞技产业可以采用市场化的发展模式。

二、产业发展方向与发展重点

（一）陕西省全民健身产业未来发展方向

1. *融合发展*

与旅游产业、文化产业、康养医疗产业、民族传统产业等融合，为陕西全民健身产业的快速发展增加新的热点。

2. 互联网及大数据平台发展

创建全民健身互联网社区及组织，打造分享体育经济和共享体育经济；同时整合全民健身产业的所有资源，搭建大数据产业平台，形成五个新动能，即体育资本的推动、体育社会组织的推动、体育新 IP 的推动和“互联网+体育”的推动，最后形成全民健身供给主体多元化的推动，为陕西全民健身产业的快速发展提供了新方向。

（二）陕西省全民健身产业发展重点

1. 进一步加强全民健身基础设施建设，提高人均体育场地面积

充分利用棚户区、废旧厂房等产业升级改造遗留土地，在规划广场、城市公园、旅游景点时，同步规划好体育健身设施场地，适时改造现有的广场、公园等公共场所，建设一批笼式足球、多功能健身场地等新型全民健身设施。陕西省住房和城乡建设厅及自然资源厅完善规划与土地政策，把体育设施用地纳入城乡建设规划、土地利用总体规划和年度用地计划，落实新建居住区和社区按“室内人均建筑面积不低于 0.1 平方米或室外人均用地不低于 0.3 平方米”的标准配建全民健身设施的要求，确保与住宅区主体工程同步设计、施工、验收、投入使用，不得侵占或挪用。特别要确保乡村全民健身场地及配套设施，消灭城乡发展的不平衡现象。

2. 结合陕西地域特色，因地制宜发展全民健身产业

根据对陕北、关中、陕南三地区特色传统项目的分析及三地区显现的体育文化特征，设置三个集化区，即陕北红色传统全民健身产业集化区、关中传统竞技全民健身产业集化区、陕南休闲娱乐全民健身产业集化区。在三个集化区将市区设置为“点”，以“点”带“面”，以“面”护“点”，沿“轴”发展，辐射至“圈”，最终形成一体。提高区域全民健身资源的开发与利用率，为全民健身产业的发展提供可持续性发展道路，带动全省全民健身活动的开展，形成“一市一品牌，一县一特色，一行一品牌”。

（1）关中以传统与现代竞技体育的结合发展为重点。关中地区是整个陕西经济发展的中心，也是整个陕西经济辐射的中心，拥有十三朝古都、世界四大文明古都的西部核心城市西安，还有咸阳、宝鸡、渭南、铜川四个地级城市，是陕西主要的城市群。世界八大奇迹秦兵马俑的所在地西安每年吸引着不计其数的外国游客，有着良好的外界影响，这也使西安成为将民族传统项目推向世界的一个良好平台。此外，还可以借助现有的精品赛事（如 F1 摩托艇世锦赛、西安城墙国际马拉松赛、中国“一带一路”华山中国自然岩壁攀登公开赛等），将传统与

现代竞技体育相结合。顺应陕西省“西咸一体化”大都市圈发展规划，建立“西咸一体化”大都市体育圈，以西安、咸阳市区为该集化区的“一级点”，以传统武术为主要发展项目，辅助闹社火、踩高跷等地方特色表演项目，结合品牌精品赛事进行推广扩展。将下属区县作为“二级点”，以西榆高速、西汉高速为“轴”，带动宝鸡、渭南、铜川及下属区县的发展，形成关中集化区发展，再向陕北、陕南地区进行覆盖。

（2）陕北以发展红色传统全民健身产业为重点。陕北是中国的革命圣地，下有延安、榆林两个市区。在抗战时期，为了激励鼓舞民众战斗的激情，秧歌和腰鼓等民族特色活动得到了较好的开展，其中以安塞县的安塞腰鼓最为有名。1996 年安塞县被国家文化部命名为“中国腰鼓之乡”；2006 年 5 月 20 日安塞腰鼓被列入“第一批国家级非物质文化遗产名录”；在 2009 年 10 月 1 日的国庆庆典上，上千人的安塞腰鼓方阵以壮观的场面、雄伟的气势再一次吸引了世人的目光。基于以上原因，把陕北作为红色传统体育集化区，在发展过程中要借“红色”影响力重点发展和扩大秧歌、腰鼓等传统体育项目。把延安市区作为该集化区的“一级点”，以秧歌、腰鼓为主要发展项目，辅助赛马、骑射、狩猎等草原项目进行扩展；将下属区县宝塔区、延长县、延川县、子长县、安塞县、志丹县、吴起县、甘泉县、富县、洛川县、宜川县、黄龙县、黄陵县作为“二级点”，形成整个陕北集化区；再利用西榆高速向关中、陕南地区“轴”辐射，最后形成整个陕西“圈”内一体，和谐发展。

（3）陕南以发展休闲娱乐全民健身产业为重点。陕南地区是我国南水北调的重要水源地，是我国绿色生态走廊，陕南山川秀丽，水资源丰富，拥有陕西境内流量最大的河流——汉江。将陕南地区的划龙舟作为主推传统项目，借中国安康龙舟节配合登山、游泳等辅助项目，将龙舟节扩展为集竞技、观赏、娱乐、休闲为一体的休闲娱乐链。把陕南地区作为主推休闲娱乐体育项目的集化区，依托山水，多元发展。以汉中、安康为两个“点”中心，以高速路为“轴”，以汉江、丹江为发展带，带动商洛及下属区县发展，形成陕南集化区，突出生态功能，以绿色休闲、娱乐为发展主线，再依托高速公路向关中、陕北地区进行辐射。

陕西的三个产业集化区各有各的体育文化特征和自然地理条件，城市和农村的全民健身活动发展不平衡，差异性很大，所以应因地制宜、有针对性地采用不同的发展模式，如表 11-3 所示。

表 11-3　陕西省不同区域的全民健身发展模式

地区	大中型城市	农村（乡镇）
陕北	①职业体育带动 ②社区体育带动 ③群众体育俱乐部	①公益基础建设模式（如雪炭工程） ②传统民俗体育发展模式（如陕北“三鼓”） ③体育旅游发展模式（发展“红色旅游”） ④学校体育带动模式
关中	①职业体育带动 ②社区体育带动 ③群众体育俱乐部 ④体育产业园区发展	①公益基础建设模式（如雪炭工程） ②体育旅游发展模式（发展历史旅游） ③学校体育带动模式 ④体育运动休闲小镇模式
陕南	①职业体育带动 ②社区体育带动 ③群众体育俱乐部	①公益基础建设模式（如雪炭工程） ②传统民俗体育发展模式（如陕南“龙舟节”） ③体育旅游发展模式（发展山水旅游） ④学校体育带动模式

3. 以体育竞技表演、全民休闲娱乐、全民健身培训等基础产业为核心

重点抓好全民健身服务业，加强全民健身文化资源的开发。同时，采取引导、扶持和促进的方式，推动体育竞技表演业、体育用品制造业、新兴体育旅游业的发展，建成符合区域经济发展特色、与大众消费水平相适应的全民健身产业体系。

第五节　产业发展策略与政策建议

一、产业发展策略

要把陕西省全民健身产业打造成幸福产业必须坚持以人为本、为人民群众服务的理念，产业的发展必须依靠人民群众的力量。全民健身产业发展战略的制定与实施，应该着眼于全民健身，按照“亲民、便民、惠民”的指导思想构建面向广大群众的全民健身服务体系。通过科学引导、合理组织、学校教育、健康体验等手段满足不同居民的体育需求。要大力发展健身休闲娱乐体育和竞技表演体育等核心产业，培育高品质的竞技体育赛事和精品体育旅游路线，建设体育特色小镇等，树立陕西省全民健身产业的知名度，带动整个产业发展壮大。根据前面

我们对全民健身产业的分类，全民健身产业可以分为核心产业和周边产业，针对不同的产业类别，我们提出了陕西省全民健身产业分类发展的简要策略。具体如表 11-4 所示：

表 11-4 陕西省全民健身产业分类发展策略

产业分类	部门分类	策略模式	具体策略	典型项目
全民健身核心产业	以竞技表演为核心的体育产业	引导、扶持和监管	①培育、吸引更多的职业俱乐部入驻陕西，鼓励企业投资职业联赛、提供优惠政策 ②体制创新，鼓励融资多元化 ③招商引资，加强比赛场馆建设 ④重点扶持足球、篮球、乒乓球、散打等市场前景好的项目	陕西中建地产浐灞足球队；西安国际马拉松赛
	以全民健身为核心的群众锻炼体育产业	政府牵头、实施和推进	①继续推进全民健身工程建设 ②继续推进体育彩票业对农村地区“雪炭工程”建设 ③推进陕南地区以户外运动为特色的体育旅游休闲业的发展 ④推进陕北地区以传统民俗体育和红色旅游为特色的体育产业的发展 ⑤推广社区体育，加强群众体育俱乐部建设	陕南的攀岩、漂流、赛龙舟；关中的社火表演、武术、细狗撵兔、放风筝、登山；陕北的秧歌、腰鼓、摔跤、走高跷等
	体育健身培训产业	政府政策支持；资源整合	①政府税收优惠和减免 ②鼓励中小体育企业兼并重组，形成几个有影响力的体育健身培训品牌企业 ③鼓励融资渠道多元化 ④加强健身培训行业的经营模式创新，利用现代互联网技术对传统健身培训产业进行改造升级	陕西体育产业集团
全民健身周边产业	以体育产品制造、销售为核心的体育产业	政策倾斜、重点扶持、外资引进等	①落实体育制造业相关的税收减免政策 ②逐步改善产业布局不均衡性、模式单一性 ③创新本区域的体育用品的品牌发展模式，打造本区域有影响力的体育用品品牌 ④加强体育销售市场监管，打击假冒伪劣产品销售，保护体育用品知识产权	形成“渭南—西安—咸阳—宝鸡”体育用品制造产业带

续表

产业分类	部门分类	策略模式	具体策略	典型项目
全民健身周边产业	以体育广告、中介、彩票、建筑为核心的体育产业	政府引导、投入、推进	①加大体育广告宣传、传播体育文化和价值 ②理顺政府和市场的关系，简政放权，简化体育企业的审批手续 ③培养体育复合型人才，扩大体育经纪人队伍，创新体育产业的商业化模式和管理模式	以全民健身为核心 陕西体育健康频道
	体育旅游	政府引导、区域合作、资源整合	①制定陕西体育旅游及发展规划 ②重点建设几个体育旅游休闲小镇 ③打造几条体育旅游经典线路，培育体育旅游品牌	关中历史文化旅游；陕南的山水旅游；陕北的红色旅游和黄土沙漠旅游

二、产业发展政策建议

为推动陕西省全民健身产业的发展，我们提出如下建议：

（一）注重市场培育，提高消费能力

针对陕西省体育消费水平不足的现象，注重对体育消费的宣传教育，在体育文化、体育项目价值观等方面进行教育宣传。与陕西省各类学校进行合作，举办精彩的体育赛事，体育教育校园宣传贯穿其中。注重体育理念的教育，让更多的陕西青少年树立正确的体育消费观念，为实现全民健身奠定良好的基础。同时，积极利用传统媒体及新媒体进行全民健身的宣传教育，让全民健身的人文价值得到广泛的传播，实现人们对全民健身的合理认识，从而构建更为成熟合理的全民健身产业。

（二）提高全民健身场地和设施的利用率

公共全民健身场地及设施应当根据其功能、特点向公众开放，并在一定时间和范围内，对学生、老年人和残疾人优惠或者免费开放。学校在课余时间和节假日要向学生免费全面开放体育设施，并在保证校园教学、安全的前提下，有组织、有计划地向社会开放。市、县级政府对向公众开放体育设施的学校给予经费补贴，为学校办理有关责任保险。新建和改建学校体育设施要便于向公众开放。维修改造各级各类体校体育设施，使其成为全民健身活动场所。公园每天安排固

定时段免费向全民开放。积极创造条件，将机关、企事业单位的体育设施向社会开放。对于露天体育场，要创造条件免费开放；已经开放的，不得改为收费经营。公共体育设施管理单位要建立岗位责任制和工作目标管理责任制，加强对体育设施的维护更新，完善综合服务功能，提高使用效率，防止公共体育设施闲置浪费或被挤占、挪用。

（三）梯度发展，形成重点领域

陕西省全民健身产业的发展应当坚持以人为本，根据人们对体育消费的需求，在市场经济发展的主导下，坚持以市场需求为导向的原则，以需求量较大的健身休闲娱乐体育为产业发展的重点，进行市场需求预测，确定重点发展的领域。大力发展公共健身场地和设施建设、全民健身产品制造等产业经济形式，同时发展体育竞赛表演、体育运动项目培训等产业，形成多样化的业务形式，构建多层次的产业格局。

（四）因地因时制宜，开展特色群众体育项目

关中、陕南、陕北的经济状况，社会风俗及自然条件的差异，决定了陕西省在开展群众体育活动时应坚持因地制宜，发展关中地区的三大球及重大特殊节日的大规模慢跑、自行车、登山等活动；安康、汉中等地利用良好的水资源，积极开展汉江横渡、漂流、龙舟、冬泳等活动，突出水上优势；榆林、延安等地利用亚高原地理优势，积极开展健身气功、秧歌、健身跑、滑冰等活动，促进陕西省全民健身蓬勃发展。

（五）加大改革力度，开拓全民健身产业融资渠道

针对当前陕西省全民健身产业发展中资本融入不足的现状，应当扩大产业的投融资渠道，全面拓宽体育资本市场，引入多元化的投资主体，创新多样化的投资方式，按照市场化的原则，构建公司制的投融资体系。一方面，大力获取政府对全民健身产业的资金补助，尝试性地利用体育项目融资、资产重组以及股权置换等全面获取发展资金。另一方面，加强政府资金的引导力度，重点吸取社会资金，并将境外融资作为补充的多样化融资发展，积极倡导体育企业和社会个人发展全民健身产业，政府在政策上给予相应的优惠，构建多种经营、多渠道发展的全民健身产业体系，融入多元化的投资机制，立足西安，辐射整个陕西省。

（六）通过产业融合，提高陕西省体育竞争力

陕西省全民健身产业的发展应当搭载互联网技术，与其他传媒业、电子竞技

产业、房地产业、娱乐产业、旅游业等跨界融合，同时政府也应当为相关产业的发展提供资金、技术和政策上的扶持。首先，全民健身产业可以与传媒产业相结合，利用网络传媒的力量整合陕西省的体育资源，让陕西省的全民健身产业“走出去”，在全国范围内打造具有关中特色的陕西全民健身产业。其次，陕西省全民健身产业在坚持“走出去”的同时，也应当重视“引进来”，即与房地产企业相结合，借鉴国内其他省市“体育+地产”的成功经验，建立智慧体育综合体。再次，国家体育局已经将电子竞技列入体育项目范畴，互联网技术的发展进一步凸显了电子经济的发展优势及其经济效益，陕西省全民健身产业应当抓住电子竞技的发展机遇，全面整合互联网技术与体育产业，保障电子竞技产业的深度发展。最后，社交化已经成为互联网时代体育产业的重要目的之一，产业的经营者应当转变经营理念，大力开发年轻化、网络化、社交化的体育项目，重视全民健身产业的人文性与多元性，推动体育社交发展。

（七）制定并不断完善陕西省全民健身产业的扶持政策及相关规章制度

认真贯彻落实国务院发布的《全民健身计划（2016-2020 年）》和省政府发布的《陕西省全民健身实施计划（2011-2015 年）》，迅速制定各种扶持全民健身产业迅速发展的政策，同时制定和完善全民健身产业发展的规章制度。好的规章制度和政策可以有效地吸引和动员优势力量参与体育产业的发展建设，这也是加快陕西体育产业发展最为重要的措施。

第十二章 陕西幸福产业之成人教育产业发展研究

陕西省高等学校和职业学校的数量在国内名列前茅，是当之无愧的教育大省，落实党的十九届四中全会精神及《中国教育现代化 2035》，强化成人教育和社会培训的服务功能，是重要的研究课题。

第一节 产业的特征与构成

近年来，成人教育产业日渐兴盛，教育的产业属性逐渐凸显。随着社会经济与第三产业的发展，陕西省成人教育产业与科学技术、经济资源的联系日益紧密，在经济发展中占据一定的市场地位。

一、产业特征

陕西省成人教育产业历经多年发展，逐渐形成一套办学形式多样、办学主体多元、培养模式规范的多层次、全方位的培养体系，为陕西省壮大专业人才队伍奠定了坚实基础。陕西省成人教育的产业特征分为地域分布特征、产业发展特征与专业发展特征三个方面。

（一）以西安为轴辐射分布的空间分布特征

当前，陕西省成人教育产业办学主体的分布表现为以西安为中心向周边城市散布。在已有的 30 所高校中，有 23 所位于西安市，其他 7 所分别位于汉中市、咸阳市、延安市、榆林市以及渭南市。可见，教育资源主要集中在西安市，陕西省从北到南均有分布。此外，相比高校数量，成人教育的相关培训机构远胜前者，且分散于陕西省各个城市。但就各市区培训机构的数量和质量而言，西安市仍是陕西省成人教育产业的重中之重。

（二）专业聚焦第三产业的产业发展特征

陕西省社会经济迅速发展的同时，以高科技、高知识和高附加值为显著特征的第三产业也在迅速成长，陕西省产业结构逐渐由“二三一”模式向“三二一”模式转变。教育的目的是为各行业输送专业对口人才，因此，产业结构转变也影响着成人教育产业的发展方向。

目前，陕西省正着力构建以现代服务业为主，涵盖金融、保险、咨询、信息服务等行业的多元发展格局，成人教育产业也会更倾向于培养第三产业人才。据统计，在成人教育设立的专业中，与第三产业相关的占比达到67%，远超第一产业和第二产业的相关占比。

此外，陕西省人民物质生活水平的提高也对成人教育产业提出了更高的要求，除了要通过正规学历教育来达到立足社会的目的外，精神需求的满足也成为成人教育产业的发展点。因此，除了正规的高校教育外，各种短期培训也不断涌现，为人们进行成人教育学习提供了多种选择途径。

（三）门类设置涉及广泛的专业发展特征

陕西省现有30所成人教育相关高校，专业设置涉及管理学、经济学、法学、教育学、文学、历史学、理学、工学、农学、医学、艺术学十类学科大类，专业门类十分齐全（见表12-1）。

表12-1　陕西省成人教育热门专业统计情况（按专业大类分）

学科大类	专业数量	热门专业（按设置数量排序）
管理学	37	会计学、工商管理、人力资源管理、旅游管理、市场营销
经济学	6	金融学、国际经济与贸易、财政学、经济学
法学	7	法学、法律事务、社会工作
教育学	13	学前教育、语文教育、体育教育、思想政治教育、教育技术学
文学	8	汉语言文学、英语、汉语、秘书学、新闻学
历史学	1	历史学
理学	10	数学与应用数学、应用化学、化学、生物科学、应用化工技术
工学	99	计算机科学与技术、土木工程、电气工程及其自动化、机械设计制造及其自动化、机电一体化技术、电子信息工程
农学	8	园林、农学、动物科学、动物医学、植物科学与技术

续表

学科大类	专业数量	热门专业（按设置数量排序）
医学	16	临床医学、护理学、药学、医学检验技术、护理
艺术学	23	音乐学、视觉传达设计、美术学、艺术设计、环境设计
总计	228	—

资料来源：根据 2020 年陕西省各高校发布的成人教育招生简章整理得出。

二、产业构成

按是否取得学历，可以将成人教育划分为学历教育和非学历教育。其中，学历教育包括成人高考、高等教育自学考试、广播电视大学、远程教育；非学历教育包括职业考试培训、成人语言培训和终身教育。如表 12–2 所示。

表 12–2　成人教育类型划分（按是否取得学历划分）

<table>
<tr><td rowspan="9">成人教育产业构成</td><td rowspan="4">学历教育</td><td>成人高考</td><td colspan="2">函授；夜大</td></tr>
<tr><td>高等教育自学考试</td><td colspan="2">自考</td></tr>
<tr><td>广播电视大学</td><td colspan="2">电大；现代远程开放教育</td></tr>
<tr><td>远程教育</td><td colspan="2">网络教育</td></tr>
<tr><td rowspan="5">非学历教育</td><td rowspan="2">职业考试培训</td><td>人才招录</td><td>公考培训；考研培训；教师培训</td></tr>
<tr><td>资格认证</td><td>建筑工程；医学；法考；其他</td></tr>
<tr><td>成人语言培训</td><td colspan="2">各种语言培训</td></tr>
<tr><td rowspan="2">终身教育</td><td>通识教育</td><td>人文科学；社会科学；自然科学；文化艺术；创新与认知；能力及经验等</td></tr>
<tr><td>技能培训</td><td>IT 技能；会计技能；营销技能；管理技能等</td></tr>
</table>

按教育培育的目的，可将成人教育分为职能素质类教育和全面发展类教育。职能素质类教育既包括学历教育，也包括非学历教育。办学主体包括普通高校、成人教育高校及民办非学历成人培训机构。教育形式包括自学、面授、函授、网络远程教育以及生产生活实践等。全面发展类教育主要包括艺术类、体育类、厨艺类及其他综合培训。艺术类培训涵盖音乐、美术、舞蹈、表演等方面，偏向艺术兴趣的培养，主要以短期培训为主；体育类培训包括田径、武术、球、健身等方面，培训目的主要是强身健体；厨艺类培训的受众主要是女性，有菜品以及甜品两大主体，主要是为了提升自身的食物处理能力，满足对世界各个地方食物的热爱；其他兴趣爱好类相较于前三种更指向化和个人化，常见到的有养宠物协

会、登山组织、读书会等。

第二节 产业与幸福感的关系

陕西省成人教育产业的受益对象是对此类教育与培训有需求的人群，这类人群接受成人教育与培训的内在动因是提升幸福感。

一、理论分析

（一）陕西省成人教育的专业设置与国民幸福感的关系

陕西省成人教育从广义来讲分为学历教育与非学历教育，两者期限不同，培养方式也存在差异。成人教育中的学历教育一般包括成人高等教育和大学后成人教育；非学历教育则是一些与成人自我提升相关的短期培训，如语言类、IT 类、管理类、法律类、建筑类、艺术类等一系列短期培训，还有包括老年大学在内的以提升自我而非得到学历认证为主要目的的教育方式。无论是学历教育还是非学历教育，所涉及的专业都比较趋同。通常而言，学历教育涉及的专业设置范围基本覆盖与成人教育相关的短期培训，因此，本章以陕西省成人教育的学历教育专业的设置数据为基础进行分析。

按照国家 1997 年颁布的《授予博士、硕士学位和培养研究生的学科、专业目录》，我国的学科大类分为哲学、经济学、法学、教育学、文学、历史学、理学、工学、农学、医学、军事学、管理学和艺术学 13 类。本次统计选择在不同高校之间，按学科大类进行划分。此外，一部分高校在三种招生类别（高起专、高起本、专升本）的招收专业上有重复。但鉴于对应人群不同，且学习方式和教育方式存在差异，因此，在统计时，并没有将不同招生类别中的相同专业进行合并处理，而是认定其为不同的专业样本。具体统计结果如表 12-3 所示。

表 12-3 陕西省成人高等教育专业设置样本量统计

学科门类	管理	经济	法学	教育	文学	历史	理学	工学	农学	医学	艺术	总计
西安交通大学	13	2						17		10	1	43
西北工业大学	4		2					9				15
西北大学	16	3	3		2		1	20		1	7	53

续表

学科门类	管理	经济	法学	教育	文学	历史	理学	工学	农学	医学	艺术	总计
西安电子科技大学	12	2			2		2	16				34
西北农林科技大学	10		3					7	13			33
陕西师范大学				6	3	1	1				2	13
长安大学	2							11				13
西安理工大学	17		2				2	35			1	57
西安建筑科技大学	6	1						25				32
西安科技大学	16				2			34				52
西北政法大学	2		7									9
西安石油大学	10	1						38			2	51
西安工业大学	8	2	1		1			20			2	34
西安邮电大学	6							3				9
延安大学	13	2	6	5	5	1	4	14	2	7	3	62
西安体育学院				3							2	5
西安美术学院											6	6
陕西中医药大学	1						1			9		11
西安财经大学	12	3	1									16
西安外国语大学					5							5
陕西理工大学	10	1	1	3	2		2	11				30
西安文理学院	7			7	3		1	5			3	26
西安医学院										11		11
榆林学院	6		2	4	5	1	4	13	3		2	40
陕西学前师范学院	7			11	2	1	6	8			3	38
西安铁路工程职工大学	1							5				6
陕西航空技师学院	5			1				6		3	1	16
西安培华学院	9	1			4			6		4	2	26
渭南师范学院	9			4	3		4	7			4	31
陕西广播电视大学	20	1	2	4	1			10		1	2	41
总计	222	19	30	48	40	4	28	320	18	46	43	818

资料来源：根据 2020 年陕西省各高校发布的成人教育招生简章整理得出。

根据目前可以查阅的公开资料，表 12-3 不完全统计了陕西省 30 所高校开设的成人教育专业，最终得到 818 个专业样本。陕西省成人教育专业设置范围涵盖除哲学和军事学外几乎所有的学科大类，覆盖范围广泛，学科种类齐全，为报考陕西省成人教育的学习者们提供了更加多样化的选择。

从统计结果可以看到，陕西省各高校开设的成人教育专业基于两点，一是结合高校自身特点，二是符合市场需求。陕西省成人教育无论是高校类别，还是专业设置都有覆盖广泛的特点。在 30 所高校中，师范类大学（如陕西师范大学、陕西学前师范学院）注重教育学、文学、历史学、理学等理论性人才的培养，符合学校的定位；西安财经大学作为唯一一所财经类大学，设置的专业无一例外都是经管类专业；农林类大学（如西北农林科技大学）设置很多种农学专业供考生选择；除此之外，医药类、体育类、艺术类、语言类、政法类大学都有此类特点，在此不加赘述。学习者在选择院校时，在考虑学校知名度的同时，学科专业性也是考虑的一大因素。陕西省成人教育产业的客观条件使其多个学科类别都有比较专业的选择，学生教学质量在一定程度上得到了保证，这对学生来说是增加幸福感的因素之一。

（二）陕西省成人教育热门学科与国民幸福感的关系

在众多专业中，管理学和工学两类专业的占比较高，分别为 27.04% 和 38.98%。30 所高校中开设管理学专业的高校有 25 所，开设工学专业的有 22 所，结合往年的专业设置情况可以判断，各高校管理学和工学类成人教育专业在数量上有增加的趋势。有需求才会有市场，这也是专业设置迎合市场需求的表现。市场需求从一定程度上反映出了成人教育学习者自身的需要。此外，根据《关于做好高等学历继续教育 2020 年拟招生专业填报有关工作的通知》（教职成司函〔2020〕6 号），要求学校的成人教育学院要综合考虑各学院的专业分布情况以及近三年专业实际招生情况，从而提高招生专业设置的科学性与合理性。

根据统计结果，工学类专业样本量为 326 个，在所有专业类别中占比高达 38.98%。工学类专业涉及石油、交通、运输、计算机、通信、土木、环境、机械、食品、化工等方方面面，以培养技术、提升技能为主，是实用性最强的一个学科类别。经管类专业一直以来都是成人教育的招生热门专业，这个特点在陕西省成人教育专业设置中也不例外。在陕西省，无论是成人高等教育还是大学后成人教育，都十分重视管理类学科人才的培养。成人教育的生源有很大一部分来自需要提升学历以获得更多晋升机会的企业管理人员，而且经管类学科的特征是边缘性，既具有工科类知识体系的技术性，又具有文科类知识体系的人文性和社会性，是实践性比较强的学科。

此外，在统计陕西省成人教育专业的过程中，经常存在一些难以归类的交叉学科，如工程造价、工程管理、建设工程管理、城市轨道交通与运营管理等，这类专业横跨管理学和工学两大学科。交叉学科的设置能够培养复合型人才，使成人教育的学习者能更精准地选择自己的学习方向，多样化的专业设置使学习需求得到满足。教育过程中收获的专业知识也能与实践需要配套，专业设置和大众需求对口，大大提升了学习的积极性和学以致用的幸福感。

二、计量分析

本部分选择工作、学习和家庭这三个主要因素，设置了6个相关指标，通过网络问卷调查的形式，最终获得了243个陕西省成人教育学习者提供的样本数据。问卷调查分为两部分：第一部分是学习者的基本信息，包括性别、年龄、工作经验；第二部分包括6项主观幸福感测度指标以及补充信息。学习者的主观幸福感主要体现在学习者通过学习要达到的目的上。通过学习，目的达到，幸福感才能得以提升。在问卷的第二部分，设置了6项测量幸福感的因素，包括考公务员、考资格证、积分入户、出国留学、人事晋升、增加自我认同感。另外，由于主观幸福感在每个人心中的定义有差异，学习者接受成人教育的目的不尽相同，因此，在问卷的最后添加了其他目的。图12-1中的数据是243份问卷样本汇总的结果，每一位被调查者可以选取其中一个或多个因素，其他目的由被调查者个人填写。

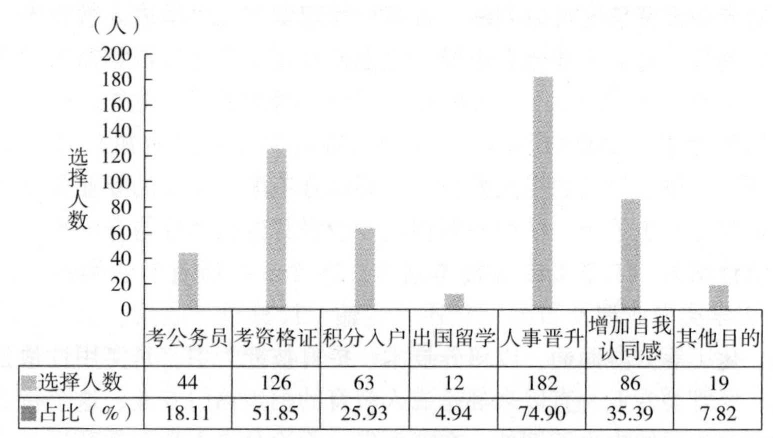

	考公务员	考资格证	积分入户	出国留学	人事晋升	增加自我认同感	其他目的
选择人数	44	126	63	12	182	86	19
占比（%）	18.11	51.85	25.93	4.94	74.90	35.39	7.82

图12-1 主观幸福感衡量指标测度结果

根据图12-1所展示的内容，选择“人事晋升”因素的人数最多，占比高达74.9%。结合表12-2，大部分被调查者有工作经验，升职加薪是成人教育学习者最为普遍的诉求。很多企业在评职称或加薪时都对职工学历有硬性要求，他们通过成人教育获得相应的学历，在当前的工作中突破学历的瓶颈，得到更好的发展，从而收获幸福感。

“考资格证”也是高频因素之一。当前，含金量高的资格证大部分都对学历有要求，需要专科或本科学历才可以报考。工程类如注册消防工程师、一级建造师、二级建造师；医学类如执业药师、执业医师、执业护士；会计类如初级会计师、注册会计师、高级经济师；金融类如基金、证券、银行等从业资格；其他资格类如司法考试、教师资格、心理咨询、人力资源等。以上列举的资格证涉及很多行业的准入标准和执业资格，只有达到考试的学历要求，才有机会参加考试获得相应的资格。这对成人教育学习者的职业发展具有重大意义，并且通过自身努力得到某一行业的资格也能极大增加自我认同感。

在其他因素中，“考公务员”与“出国留学”值得关注。在人们的固有印象中，公务员意味着稳定，福利待遇好。因此，每年有大批应届毕业生选择报考，竞争十分激烈。在公务员的招录要求中，大部分单位对学历与专业有严格要求，每个省份有些许差异，这意味着被调查者这类人群只有通过成人教育获得相应的学历，才有报考公务员的资格。事实上，查阅陕西省近几年各单位的岗位招聘要求后发现，不要求全日制学历的单位和部门少之又少。单位招聘以全日制学历为主，因此，用成人教育获得的非全日制学历来考公务员在实践中是有机会的，但总体来说竞争力不强。

调查发现，使成人教育受教育者幸福感最强的是“加薪”，得分 4. 0108；其次是“出国”，得分 3. 5460；最后是“学历提升”，得分 3. 5405。无形方面是“快乐自信”，得分 3. 4759（见表 12-4）。

表 12-4　成人教育与幸福感的关系

<table>
<tr><th></th><th>一级指标及权重</th><th>二级指标</th><th>二级指标权重</th><th>均值</th><th>幸福感</th><th>结论</th></tr>
<tr><td rowspan="8">国民幸福感</td><td rowspan="5">有形方面（0. 5822）</td><td>出国</td><td>0. 0300</td><td>3. 5460</td><td rowspan="5">3. 6963</td><td rowspan="8">有形方面：
（1）最能使受教育者感到幸福的是加薪，其得分为 4. 0108
（2）出国和学历提升的机会能使受教育者感受到一定程度的幸福，得分分别为 3. 5460 和 3. 5405
（3）升职方面的幸福感得分为 3. 4541
（4）城市落户带来的幸福感最低，仅为 3. 1189
（5）有形方面所带来的幸福感更强，得分为 3. 6963，无形方面的得分为 2. 9121
无形方面：
收获快乐自信的得分为 3. 4759</td></tr>
<tr><td>学历提升</td><td>0. 1464</td><td>3. 5405</td></tr>
<tr><td>升职</td><td>0. 3107</td><td>3. 4541</td></tr>
<tr><td>加薪</td><td>0. 4036</td><td>4. 0108</td></tr>
<tr><td>城市落户</td><td>0. 1093</td><td>3. 1189</td></tr>
<tr><td rowspan="3">无形方面（0. 4178）</td><td>获得感充实感</td><td>0. 2493</td><td>2. 3730</td><td rowspan="3">2. 9121</td></tr>
<tr><td>人际情感</td><td>0. 5936</td><td>2. 9892</td></tr>
<tr><td>快乐自信</td><td>0. 1571</td><td>3. 4759</td></tr>
</table>

对于“出国留学”，成人教育学历的学生可以申请出国留学。被调查者中的一部分人曾经因为各种因素与心仪大学失之交臂，通过成人教育这一途径能够实现他们想要追求更高学历和自我提升的理想。目前，全世界有 30 多个国家和中国是互相承认学位的，如果去这些国家留学，成人本科学历和普通的全日制本科并没有太大的差别。但是，出国留学需要克服语言障碍，对经济条件也有比较高的要求。最重要的是，在 243 位被调查者中，大部分人在国内已有工作，生活环境、社会交往随着年龄的增长趋于稳定，不会轻易跳出“舒适圈”，因此，通过成人教育出国留学的学习者在本次调查中占比较低。

“其他目的”由被调查者选填，其中，有 19 位调查者填写了这部分。总结来说，主要是人际情感、实现大学梦、培养劳动技能。前两者从性质上来讲属于增加自我认同感，提升幸福获得感。有不少学习者之前受制于主观和客观条件，无法通过统考的途径享受优质的教育资源。成人教育能够弥补他们的遗憾，圆一个上大学的梦想，这对他们来说是无比幸福的事。培养劳动技能更多的是针对低学历的农民以及从事技术工作的人群，他们通过成人教育能够更好地与新兴技术接轨，并应用到自己的工作中，增加在市场中的竞争力，更好地维持生活。

综上所述，在陕西省成人教育学习者的主观动因中，“人事晋升”“考资格证”以及“增加自我认同感”是对国民幸福感影响程度较大的三个因素。成人教育为人民和幸福感之间架设了桥梁，让人们有了通过实现心中所想和人生价值而获得幸福感的途径。

第三节　产业发展现状

一、产业发展总体情况

近年来，陕西省成人教育取得了显著成效。办学效益、社会影响不断提高，成人教育平台建设、高等成人教育校外教学点建设成效显著，在学历教育发展的基础上，非学历教育有了长足发展。

2012 年陕西成人教育平台正式上线试运行。平台集学历、非学历、函授、职业、远程等各类型教育于一体，包括系统管理、院校管理、合作院校（培训机构）、招生管理、教务管理、学务管理、考务管理、费用管理、毕业论文、信息发布、收发资料等子系统，以及教学（培训）平台系统、教师及资源管理系统和学分银行管理系统。为陕西省各类教育提供优质的教学资源和良好的服务，推动陕西省不同教育形式之间融合合作、资源共享和学习成果互认与转换，促进成人教育持续、快速、健康发展。

陕西高等成人教育校外教学点建设成效显著，表现为教学点数量庞大，覆盖区域不断扩大，基本形成了全社会广泛参与的多元化办学格局，教学点的类型丰富齐全，省内外高校共同参与（见表 12-5、表 12-6、表 12-7、表 12-8）。

表 12-5　高等成人教育校外教学站点统计　　单位：个

教学站点类别	省内高校	省外高校	合计
函授辅导站	134	23	157
脱产、业余教学点	66	0	66
网络教育校外学习中心	108	50	158
奥鹏公共服务体系教学点	0	120	120
电大开放教育教学点	116	0	116
合计	424	193	617

表 12-6　高等成人教育校外教学站点在籍学生统计　　单位：人

教学站点类别	省内高校	省外高校	合计
函授辅导站	35156	3582	38738
脱产、业余教学点	17952	0	17952
网络教育校外学习中心	61538	28751	90289
奥鹏公共服务体系教学点	0	40328	40328
电大开放教育教学点	164766	0	164766
合计	279412	72661	352073

表 12-7　陕西高校在陕设立的教学站点分类统计　　单位：个

高校名称	函授辅导站	脱产、业余教学点	网络教育校外学习中心	开放教育教学点	合计
陕西广播电视大学	0	24	0	105	129
陕西师范大学	10	0	55	0	65
西安交通大学	10	5	21	0	36

续表

高校名称	函授辅导站	脱产、业余教学点	网络教育校外学习中心	开放教育教学点	合计
西北工业大学	7	0	22	0	29
西安广播电视大学	0	3	0	11	14
西安工业大学	8	4	0	0	12
其他高校	59	13	0	0	72
合计	94	49	98	116	357

表 12-8　省外高校在陕设立的教学站点统计　　单位：个

设点数	高校数（家）	高校教学点个数
1~3	48	北京大学等
4~10	12	西南交通大学 10，东北财经大学 10，东北大学 10，大连理工大学 9，中国石油大学（华东）8，中国医科大学 6，中国石油大学（北京）5，电子科技大学 4，南开大学 4，四川大学 4，中国人民大学 4，西南交通大学 4
10 以上	3	四川农业大学 20，西南大学 12，东北师范大学 11
合计	63	193

根据《陕西统计年鉴》（2019）提供的数据，在陕西省的高等教育中，无论是学校数、招生数、在校生数、毕业生数，还是专任教师、教职工数，普通高等教育都占据压倒性优势，成人高等学校占比极低，学校数量仅占 12.84%。在陕西省中等职业教育中，与成人教育相关的成人中等专业学校同样占比极低，学校数量占比 0.81%。中等职业教育以职业高中学校和技工学校为主，两者合计占比 90.79%，是接受中等教育人群的主要选择。但是成人教育办学主体并不仅限于成人高等学校或成人中等专业学校，还包括普通高校以及一些民办非学历成人培训机构。综合来看，成人教育产业的实际发展现状略好于上述统计数据，但总体而言，与普通中高等教育以及技术职业教育仍存在较大差距。

资料显示，陕西成人教育高校 14 所，开办成人教育的普通高校 30 所，成人中等专业高校 3 所，民办非学历成人培训学校 38 所，其中，民办非学历成人培训学校的监管难度大，不合格比例高（38 所中不合格的有 16 所，占 42.1%）。可见，当前陕西省成人教育结构仍未改变“小、散、乱”的局面（见表 12-9）。

表 12-9　2018 年陕西省各类教育的基本情况

指标	学校数及占比	毕业生人数及占比	招生人数及占比	在校学生人数及占比	教职工人数及占比	专任教师人数及占比
高等教育	109	506302	617982	1685746	108602	91223
	100%	100%	100%	100%	100%	100%
普通高等教育	95	311010	303452	1054808	106096	68459
	87.16%	61.43%	49.10%	62.57%	97.69%	75.05%
成人高等学校	14	4530	12953	26384	2506	1298
	12.84%	0.89%	2.10%	1.57%	2.31%	1.42%
中等职业教育	369	114972	137969	399749	29476	20928
	100%	100%	100%	100%	100%	100%
普通中等专业学校	31	18745	19006	55078	3287	2223
	8.40%	16.30%	13.78%	13.78%	11.15%	10.62%
成人中等专业学校	3	626	128	428	185	99
	0.81%	0.54%	0.09%	0.11%	0.63%	0.47%
职业高中学校	200	65506	63364	177830	15118	11725
	54.20%	56.98%	45.93%	44.49%	51.29%	56.03%
技工学校	135	30095	55471	166413	10886	6881
	36.59%	26.18%	40.21%	41.63%	36.93%	32.88%

资料来源：《陕西统计年鉴》（2019）。

陕西省成人教育产业涉及的大部分专业集中在第二产业和第三产业。其中，涉及第三产业的专业最多，比重高达 67.11%（见表 12-10）。因此，陕西省成人教育产业的发展重心为省内第三产业培养更多的人才，目前，整体呈现出“三二一”的态势。

自 1986 年起，陕西省三大产业呈现出截然不同的发展趋势，与第三产业比重快速上升相比，第一产业比重快速跌落，而第二产业比重则保持稳定。从 2004 年开始，陕西省三大产业形成了“二三一”的态势，且持续至今。目前，陕西省产业结构仍为“二三一”类型，与发达地区的“三二一”模式仍存在差异。

近年来，陕西省第三产业发展迅速，其内部结构逐渐完善，形成了以高技术、高知识和高附加值为特征，以现代服务业涵盖的金融、保险、咨询、信息服务业等行业为主体的多元化发展格局，逐步向“三二一”的产业模式发展。陕西省成人教育的发展模式也在随着陕西省的产业结构逐步调整，增加第三产业相关专业的设置，不断为陕西省的第三产业输送人才。

表 12-10　2016~2018 年陕西省成人教育专业设置与三大产业数据的对比

项目	第一产业		第二产业		第三产业	
	数值	占比	数值	占比	数值	占比
对应专业个数	4	1.75%	71	31.14%	153	67.11%
2018 年产值（亿元）	1830.19	7.49%	12157.48	49.75%	10450.65	42.76%
2017 年产值（亿元）	1741.45	7.95%	10882.88	49.70%	9274.48	42.35%
2016 年产值（亿元）	1693.85	8.73%	9490.72	48.92%	8215.02	42.35%

资料来源：《陕西统计年鉴》（2019）、2020 年陕西省各高校成人教育招生简章。

二、存在的问题

（一）成人教育理念有待创新

陕西省成人教育产业中的“成人教育补充论”“成人教育边缘论”等观念亟待更新，逐步边缘化的成人教育需要被重新重视。社会对成人教育产业具有刻板印象，加之政策衔接不稳定、竞争机制不健全，使成人教育的发展与优化受到限制。但不可否认的是，成人教育是当今社会终身教育的重要组成部分，且受众广泛，既包括城市，又包括农村；既包括学历教育，又包括非学历教育；既包括基于职业技能提升的教育，又包括基于兴趣爱好培养的教育。若能从根本上转变陈旧的观念，成人教育将在陕西省终身教育发展中起到决定性作用。

（二）农村成人教育相对薄弱

当前，陕西省成人教育中与第一产业相关的专业仅有 4 个，仅占 1.75%，这反映了农村成人教育产业发展滞后。总体来说，陕西省成人教育对第一产业相关专业的投入，远远不能满足第一产业未来发展的数量需求。此外，陕西省第一产业未来发展需要的是现代农业科技创新的高层次人才，而第一产业相关专业设置最多的是园林专业，其次是农学、林学和畜牧，共计四个专业，人才培养结构有待优化。而且，陕西省农村成人教育经费投入有限，导致教学资源缺乏，极大地阻碍了农村地区成人教育的发展。教育的落后最终导致农村经济发展滞后，农村人口的生活水平难以提高。

（三）教育培训机构资格认定有待加强

随着人们对自我素养要求的提高，社会上各种培训机构层出叠见，监管十分不易。当前，陕西省成人教育培训机构鱼龙混杂，很大一部分机构在社会上的认可度不高，严重影响了陕西省成人教育的质量，制约了陕西省成人教育产业的发展。根据陕西省教育厅公开的信息，陕西民办非学历学校共 38 所。在 2014～2016 年的检查中，16 所资质不合格，占 42.1%，其中，三年均不合格，停止招生的学校共计 10 所，占不合格学校的 62.5%，因此陕西省教育培训机构的资格认定整体有待加强。

（四）成人教育高校分布不均衡

根据陕西省教育厅官网公布的信息，开办成人教育的普通高校共 30 所，其中，西安 23 所，占 76.7%。成人高等学校目前共 14 所，其中，西安 12 所，占 85.7%；宝鸡 2 所，占 14.3%。陕南、陕北均无成人高等学校。陕西民办非学历学校共 38 所，西安 36 所，占比近 95%；杨凌 2 所，占 5%。陕南、陕北均无。成人教育学校地理位置分布不均，这必然会导致陕西省成人教育资源分配不均，最终导致陕西省成人教育产业的发展不均衡。

（五）传统教学及管理方式不能适应产业发展需要

陕西省成人教育目前还有很大一部分停留在学习地点、时间、教学方式相对固定的传统模式中，这限制了成人教育产业的发展。随着社会发展节奏的逐步加快，成人教育学习者的时间一再被压缩，时间成本越来越高，因此，成人教育迫切需要寻求突破，现代网络技术的发展则能解决这一难题。陕西省成人教育产业能够通过大力发展线上教学和线上管理，打破时空限制，提高成人教育的效率。

第四节　产业发展方向与重点

一、产业发展方向

（一）教育过程由阶段性到终身化

社会的发展变化使人们清醒地认识到，在其后半段的生命旅程中，一劳永逸地消耗前半生通过学习所积累的资本，已经无法再继续维持下去了。人的一生必然要不断学习，而教育也必将不再受困于传统模式。终身学习观念的树立，使教育过程的终身化成为必然。世界各国为推动终身教育的发展制定了一系列政策，如日本为鼓励成人学习者树立终身学习的理念，出台了很多相关的法案。

（二）教育目标由能力提升到与全面发展融合

在成人教育发展之初，成人学习者的主要驱动力来自于工作的压力，包括在岗的技能提高、转岗的技能转化等，用以提高学生的实际操作与应用能力，提高他们的工作适应性。随着知识经济时代的到来，对个人知识和能力提出了更高的要求，学历与个人收入之间的关系也越来越紧密，人们逐渐认识到个人教育水平的高低将影响生活水平，传统的单方面能力的提高已经不能满足社会发展的需要，教育目标逐渐由能力提升转向与全面发展相融合。成人学习者的全面发展更有利于国际间先进的成人教育的文化融合，培养出更高水平的人才。

（三）教育形式由传统发展模式向网络化发展模式转变

在当今社会，随着科技的进步，网络化教育相比传统教育有着十分明显的优势。与传统教育理念相比，“互联网+”时代下的远程教育更加注重教育的普及性和积累性，成人学习者能够借助网络教育这一平台进行符合个人需求的学习活动。现代社会具有明快的发展节奏，个人时间被高度压缩，传统成人教育模式与此渐渐产生冲突，阻碍了学习者对时间更加高效的规划与利用。网络化成人教育从某种程度上来说是社会发展所催生的，其能够打破常规，不受学习时间与空间的限制，最大程度地为学习者创造学习条件，解决后顾之忧。此外，网络化教育为成人教育的教学模式提供了更多的可能性，能够为学习者与教师之间建立虚拟化网络教学空间，使双方就学习问题进行充分交流，从而达到更好的教学效果。网络化的成人教育模式能够有效提高全民教育的质量，对成人教育产业的发展具有重大的推动作用。因此，积极鼓励网络远程教育的建设工作，可以更好地为成人学习者提供帮助，有效提高全民教育的质量，对成人教育产业的发展具有重大的推动作用。

二、产业发展重点

按照《中国教育现代化 2035》的要求，结合陕西省的发展实际，陕西省成人教育产业的发展重点应包括以下几个方面：

（一）构建更加开放畅通的人才成长通道

要实现人才资源的有效配置并发挥其最大效能，需要打破人才流动障碍，构建开放的人才流动通道，从而激发人才红利，促进人才价值的自我实现。陕西省成人教育的未来发展一方面要致力于完善成人教育制度，在成人教育招生、学习方式等方面下大力气，通过加强教育制度建设，为成人教育人才提供更加良好的人才成长环境；另一方面要打破固有认知，摒弃先前的身份藩篱化与条块分割化，着重完善流动机制，促进成人教育培养的人才合理流动。

（二）建立健全学分银行制度和学习成果认证制度

学分银行制度的健全将会为陕西省成人教育的发展带来长期利好，有效突破成人教育体制中的“门户之见”，使学习成果在不同类型教育中的认定、积累以及转换等核心问题得到系统解决，从而极大地推动陕西省的教育公平。学习成果认证制度同样能够促进不同类型成人教育学习成果的认定、积累和转换，推动学历证书和职业技能等级证书互通衔接，破解成人教育发展不平衡、不充分的难题。这将在极大程度上畅通成人教育人才成长的渠道，推动成人教育改革发展。因此，学分银行制度与学习成果认证制度的健全将会是陕西省成人教育未来发展更进一步的重要途径和手段。

（三）开展多类型、多形式的职工成人教育

职工成人教育是陕西省成人教育的重要组成部分，其良好的开展能够满足陕西省社会生产对人才能力不断变化的需求。开展职工成人教育工作能够满足人们提升职场竞争力的需求，有效提升广大群众的综合素质，从而提高陕西省社会的知识层次水平。在这个过程中，经过专业技术全面培养的人才能够更好地投入到企业技术创新与传承中，为维持企业自身发展能力打下坚实基础。开展社会培训能保持省内企业的创新与研发活力，实现长足发展。因此，陕西省成人教育应充分利用省内丰富的职业学校与高等学校资源，积极开展成人教育与社会培训，发展多类型多形式的职工成人教育。

（四）加快发展城乡社区老年教育

随着我国经济的迅速发展，卫生医疗环境不断改善，人们的预期寿命大幅提高，这加速了我国人口老龄化。如何平稳应对已经到来的老年社会是我国当前面临的难题之一。对此，国家提出了“老有所养、老有所依、老有所为、老有所学、老有所乐”的工作目标，其中，“老有所学”即发展城乡社区老年教育，由此可见其重要性。老年教育作为成人教育中的一种特殊教育形式，是构建终身教育体系的最后一环，它通过向老年人提供多形式、多角度、多层次的相关知识，达到增长知识、陶冶情操、幸福养老的目的。陕西省应与全国步调一致，大力推

动各类学习型组织的建设，积极扩大社区教育资源的供给，加快发展省内城乡社区老年教育，从而平稳应对人口老龄化问题。

第五节　产业发展对策建议

一、树立“成人教育全民化、终身化”理念

成人教育作为终身教育中重要的分支，其涉及受教育者的人际关系、生活、工作、休闲娱乐等方方面面，为老年人、妇女以及文盲等弱势群体提供了接受不同类型教育以及参与非正式教育活动的机会。未来，随着人们对终身学习理念的普遍认同与接受，以及成人教育相关配套资源的完备，成人教育将深深植根于社会大众的生活中，并作为一种新的生活方式贯彻落实“成人教育全民化、终身化”理念。

二、大力发展农村成人教育

农村成人教育是实现乡村振兴战略的支撑力量。对此，陕西省应着力开展重点人群与重点方面的相关培训。对于重点人群，应做好农村孤寡及病残老人、留守妇女与儿童的社会关爱培训，切实增进此类人群的幸福感。对于重点方面，一方面要切实增强农村人口就业以及下岗后再就业的能力，做好农村劳动力人口以及新城乡市民的培训；另一方面要积极为农村引进先进致富项目，做好农业生产技术以及实用技术的普及与推广，在较大范围内带动农民增收致富。

三、依托陕西名牌高校优质资源，成立陕西省成人教育学院

陕西高校资源丰富，根据 2018 年陕西省教育厅公布的数据，陕西省高校共 110 所，其中，普通高等学校 86 所，独立学院 10 所，成人高校 14 所。陕西省众多高校集各类品牌、师资、资源以及管理于一身，具有开办成人教育的天然优势。因此，陕西省可参照陕西工商管理硕士学院的成功案例，集合陕西省优质的高校资源，成立陕西省成人教育学院，开设不同层次的学历与非学历成人教育课

程，适度发展成人高等学历教育，大力发展大学后续成人教育与职业岗位培训。

四、完善成人教育相关制度，肃清整顿不合格机构

对于不合格的成人教育机构，陕西省相关部门应对其师资条件、安全隐患、场地标准进行重点治理，并建立起长效治理机制，注重治理质量，加强内涵建设，为陕西省成人教育产业的发展提供保障。一方面，相关部门应统一成人教育机构的准入标准和质量要求，针对目前仍存在的问题机构，在专项治理常态化后期，建立市场准入机制。成人教育机构的市场准入条件应是，同时取得营业执照、办学许可证和其他需要满足的必要条件。另一方面，建立成人教育机构监督机制和教育执法队伍，建立并完善成人教育机构的评价体系，按照制定的标准严格执行，肃清整顿潜在不合格机构，从根本上改变陕西省成人教育机构鱼龙混杂的局面。

五、大力发展线上成人教育

伴随着在线通识教育业务开拓程度的进一步提升，大数据、人工智能等相关技术对传统成人教育产业的改造效应进一步凸显。线上课程具有沉淀价值，存在边际效应，对其进行充分拓展有利于课程提供者获取规模收入，推动产业发展。此外，把成人教育的招生、收费、教学、管理等环节纳入互联网管理平台，可以充分优化教学资源，打破时空壁垒，扩大成人教育的覆盖面，提升教学效果，提高教学管理效率。对于自主学习能力强的成人学习者，线上成人教育能够自主选择学校、学科、教师以及上课时间与地点，学习方式更加灵活。

第十三章 陕西幸福产业体系实施的保障制度

在新时代，伴随着社会主要矛盾的转移，我们必须提出新思路、新举措，以应对新的问题，因此，打造幸福产业就变得越来越迫切，而打造幸福产业必须依赖各项社会保障制度的实施。

第一节 保障制度概述

一、主要制度类型

在对关乎民生发展的十大幸福产业进行分析后，如何保证产业发展对策措施的有效实施从而提升居民整体幸福感则显得异常关键，因此，引出了幸福产业的制度保障部分。不断深化制度措施不仅可以保障各个产业的安稳发展，还可以从根本上提升居民整体的幸福感。目前，我国主要包括三类关乎产业发展和人民幸福的制度，这三类制度各有侧重，分别是从社会治理、生态文明和民生保障三个角度出发的。

从社会治理的角度来看，就是实现国家长期稳定，社会安定团结。近年来，我国政府在国家治理体系的描述中，在确保基本体系框架不改变的情况下，重点增加了有关民主协商的内容，强调并突出了民主协商的重要性，这与我国“集中力量办大事，凝聚共识，形成合力”的基本思想理念相互吻合。从生态文明的角度来看，良好的自然生态环境是国家可持续发展的基础。保护好自然环境，与自然生态和谐共生就是保护中华民族的未来。从民生保障的角度来看，民生保障是最贴近人民真实生活的制度保障，其重要性不言而喻。近年来，我国不断健全国家基本公共服务制度体系，使新时代的民生保障建设更加凸显普惠性、基础性、兜底性，加大社会保障力度，努力让广大人民享受到更多的发展成果。在此基础上，坚持以人民需要为导向，狠抓有关民生保障的重点工作，力补民生领域内的短板问题，切实改善实际工作中的不足之处。

三个角度所代表的三项制度，从三个层面完好地覆盖了我国的民生建设。社会治理制度从宏观的角度保障了我国社会治理的形式和总体框架；民生保障制度从微观的角度细致到了人民日常生活中的各个方面，保障了人民的基本生活需求；生态文明制度作为近年来刚提出的新的制度理念，是对民生建设的补充和扩展，人民日益增长的美好生活需要既包括经济生活，又包括美好的生活环境，这三个制度构成了我国较为完善的民生制度。

在新时代，我们应当从人民的角度去看待民生制度。其中，社会治理制度由于其宏观的性质，更多的是整体层面的建设需要，生态文明建设除了依靠人民的自我意识外，现阶段，我国生态文明保护和生态文明建设更多的是依靠政府财政支出，所以，人民更深入感触并直接受其影响的主要是民生保障制度。

二、民生保障制度

民生保障制度的主要内容为社会保障制度，社会保障制度对人民追求美好生活有着格外重要的意义，只有人民的基本生活需要得到满足和保障后，人民才会对社会制度、社会理想产生信心，才能进一步提升人民的幸福感。现阶段，我国的社会保障制度具体包括为防范突发风险的社会保险制度、为提升人民福利水平的社会福利制度、为保护弱势群体的社会救济制度、为体现人文关怀的社会优抚制度以及为促进协会和谐的社会互助制度，这五种制度基本包含了一个人从出生到离开会涉及的所有阶段和状态。这其中，人民感受最深、最关心的主要包括医疗、养老、退休金、就业、失业、社会救治等，这些问题深深地影响着人民对幸福感的感知，也就是说，人民可能不知道社会保障制度具体是什么，但是他们会从涉及自己的保障内容中去感知幸福，并获得幸福感。如图 13-1 所示。

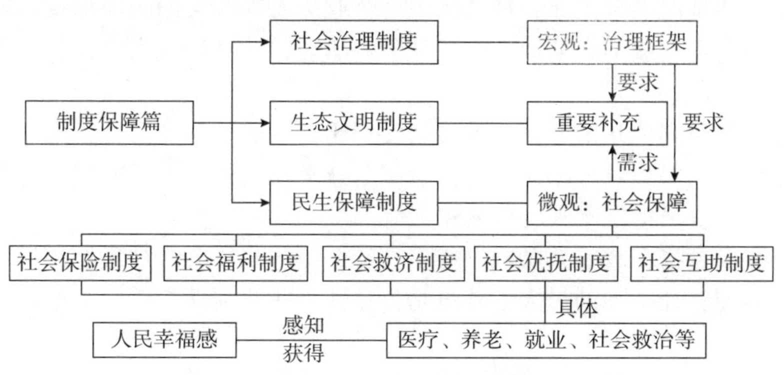

图 13-1　制度保障逻辑图

从图 13-1 可知，人民真正关心的制度保障内容更多隶属于民生保障制度中的社会保障制度。在幸福产业的建设中，作为每天和老百姓打交道的保障制度，社会保障制度发挥着不可替代的基础性作用和导向性作用。

三、社会保障制度

（一）社会保障的概念

对于社会保障这一概念，由于不同国家的国情不同，对这一概念也有不同的理解。总体而言，我国学术界对社会保障的主流理解为：社会保障是国家为了促进经济持续发展、维护社会团结稳定，当公民面对一系列困难时，由政府或者其他法人团体出面，向遭遇困难的公民提供帮助，以维持其生活、保障其基本生存权益的制度。

（二）社会保障制度的概念

由于各国或地区的政治制度、经济发展阶段、社会文化认知等因素存在差异，因而，建立起来的社会保障制度体系存在不同。我国从实际国情出发，根据社会发展的需要，建立起了涵盖社会保险、社会救助、社会福利、优抚安置、社会互助五个方面的社会保障制度体系。

社会保险是由国家或者社会发起成立的，旨在为因智力或体力遭受损伤而无法正常生活的劳动者提供必要物质帮助的制度。

社会救助的实施主体主要包括国家、社会、团体、企业法人等，实施对象主要是经济困难的居民，实施救济的手段主要包括直接的物质给予，间接的技能培训等。

社会福利是由国家主导，社会组织、企业法人等参与的公益活动。社会福利的发起主体会定期或不定期地举办各种公益活动，针对特定人群提供有针对性的帮助。

优抚安置与其他几个方面的保障制度相比，更加具有针对性；保障的对象与其他保障制度的保障对象相比，存在明显差异。在我国，优抚安置的对象主要是军属、烈属、复员退伍军人、残疾军人等。

社会互助是指在政府鼓励和支持下，社会团体和社会成员自愿组织和参与的扶弱济困活动，社会互助最大的特点是公益性、非营利性。

四、陕西省社会保障制度的现状及分类

（一）陕西省社会保障制度的现状

多年来，陕西省认真学习、领会国家的政策方针，从基本省情出发，坚持先试点后推广的方法，不断地完善社会保险制度的漏洞，发展社会保障事业，满足人民基本的生活保障需求，努力实现各领域的民生承诺。

如图 13-2 所示，从 2012 年至 2018 年，陕西省地方财政的社会保障和就业支出从起初的 421. 16 亿元上升至 793. 86 亿元，并在 2018 年占地方财政一般预算支出的 14. 97%。

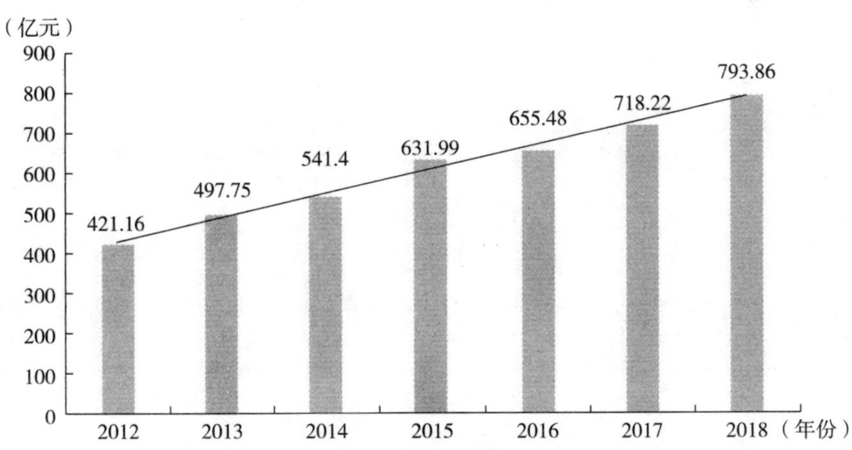

图 13-2　2012~2018 年陕西省地方财政的社会保障和就业支出

（二）陕西省社会保障制度的分类

目前，陕西省的社会保障制度基本实现了多层次、全方位、兜底线、全覆盖等目标，按社会保障制度的内容，可以分为以下几种类型：

1. 社会保险型

按照“风险分担，互助互济”的原则，陕西省举办了社会保险计划。目前，陕西省的社会保险计划以医疗保险和养老保险为主，已形成了职工医疗保险、大病保险和城乡养老保险等多层次的保障体系。

2. 社会救济型

党的十九大报告对社会保障制度提出了新要求，其中重要的一项是兜底线。

兜底线是指对各类生活艰难、自身难以发展的困难群众实施社会救济，主要对象有低保户和五保户。其救济的形式主要是资金和政策上的救助，陕西省一直在不断探索社会救济有效的方式。

3. 普遍津贴型

陕西省在符合国家社会保障制度基本原则的基础上，举办了普遍津贴型保障计划，保障对象不受年龄、职业、学历等因素的限制，受保人也不需要向任何组织及个人缴纳费用，保障计划的资金来源与社会救济一样，完全由财政负担。

（三）陕西省社会保障制度的内容

目前，陕西省社会保障制度的内容如表 13-1 所示。

表 13-1　陕西省社会保障制度

陕西省社会保障制度	主要内容及形式
社会保险	养老保险、医疗保险、失业保险、工伤保险、生育保险
社会救济	自然灾害救济、失业救济、孤寡病残救济和城乡困难户救济等
社会福利	社会福利院、敬老院、疗养院、儿童福利院、福利彩票等
优抚安置	抚恤金、优待金、补助金，疗养院、光荣院，安置复员退伍军人等
社会互助	工会、妇联等团体组织的群众性互助互济；民间公益事业团体组织的慈善救助；城乡居民自发组成的各种形式的互助组织等

1. 社会保险

社会保险是指以国家为主体，通过国民收入再分配对特定群体进行的提高其应对风险的能力、保障其基本生活的制度。陕西省的社会保险制度是在国家统一部署领导下实施的，具体可以细分为为居民身体健康保驾护航的医疗保险、保障居民安度晚年的养老保险、防范居民失去经济来源的失业保险、化解居民意外风险的工伤保险、体现社会关怀的生育保险。此外，结合陕西省具体情况，陕西省还建立了大病补充医疗保险等。

2. 社会救济

社会救济有时也称社会救助，是指维持特殊社会群体基本生活需求，保障社会特殊群体最低生活水平的各种措施。这里的特殊群体，主要是指因各种疾病、天灾、意外事故等丧失劳动能力，无法依靠自身维系生存的人。中华人民共和国成立之初，党和国家非常重视对灾民、城市失业者及生活困难人员的救助，并在农村建立了“五保”供养制度。目前，陕西省实施的社会救济制度较为完整，主要包括针对自然灾害受灾群体的自然灾害救济、针对失业群体的失业救济、针对城乡范围内孤寡病残的人员救济等。

3. 社会福利

目前，陕西省根据自身的经济发展状况，不断进行社会福利制度改革，改革的总体方向是使社会福利制度更加市场化、社会化。

4. 优抚安置

优抚安置针对的群体最为明确，在我国，优抚安置主要针对军属、烈属、复员退伍军人、残疾军人及其家属等。由于陕西省军事单位较多，优抚安置人员较多，因而，建立适应本省实际情况、符合本省经济发展阶段的优抚安置制度显得尤为重要。

5. 社会互助

目前，陕西省已经形成了多种多样的社会互助组织，主要包括由工会、妇联主导的互助互济组织，由企业法人主导的互助互济组织，由民间公益事业团体主导的互助互济组织。社会互助组织从事互助互济活动所需要的资金，除了社会捐赠和成员自愿交费外，政府也会给予适当的资金支持。

第二节　陕西省社会保障制度与人民幸福感的关系

一、理论分析

(一) 陕西省社会福利制度与人民幸福感之间的关系

陕西省的社会福利制度主要表现在老年群体福利、贫困户福利、普通民众福利、文化福利和教育福利等方面。如图 13-3 所示。

社会福利在提升人民幸福感的过程中扮演着重要角色，发挥着重要作用。陕西省成立的社会福利事业发展基金会，其业务范围涉及文化、教育、卫生、环保、养老、殡葬等多个方面，并以扶老、助残、济困为宗旨，积极开展社会福利事业。从普通民众的角度出发，教育资源的优化、公共卫生环境的维护、环保措施的到位都使民众感觉置身于良好的环境中，其满意度上升，生活的幸福感稳定提升。对弱势群体而言，公益巡演、扶贫基金、养老院等都能使弱势群体感受到社会对自己的关怀。从心理学的角度出发，当一个人的自尊心得到满足时，其精神生活便会丰富起来，幸福感就会显著提升。

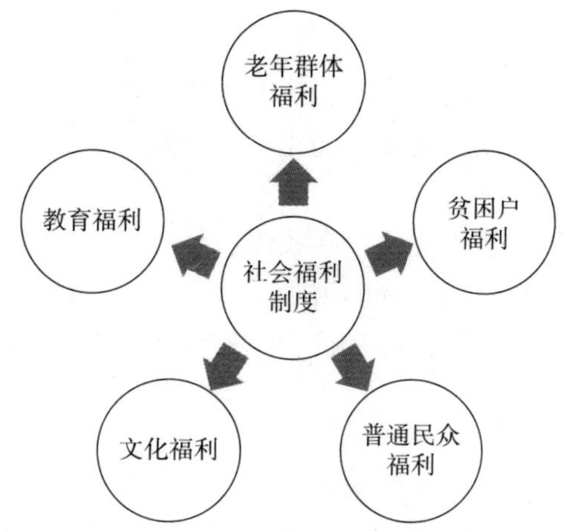

图 13-3　陕西省社会福利制度的构成

（二）陕西省社会保险制度与人民幸福感之间的关系

陕西省的社会保险制度与我国的社会保险制度类似，是社会保障制度最重要的基础，包括医疗保险、失业保险和养老保险（见图 13-4）。养老保险涉及老年群体，青年工作者也可以提前缴纳养老保险；医疗保险涉及全部人民；失业保险涉及暂时困难的无工作人群，也就是说，社会保险制度从覆盖面上讲，涉及所有人。陕西省也一样，陕西省社会保险制度是面向全体陕西人民的制度，每个陕西人民都能够从中受益。

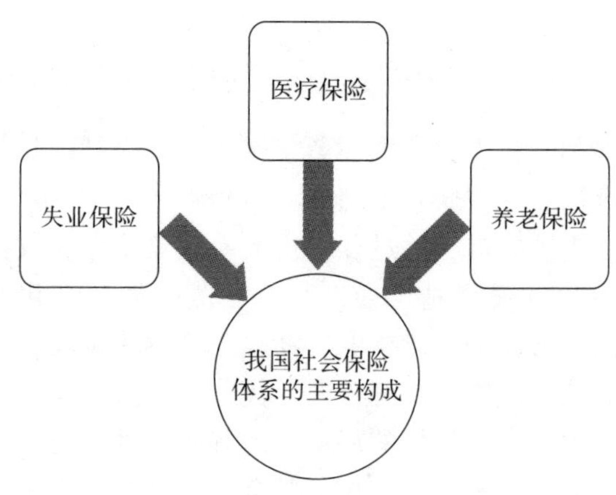

图 13-4　我国社会保险制度的构成

《中国社会心态研究报告（2019）》指出，家人的收入和就业是影响主观幸福感的两个重要的压力因素，人在失业的时候是悲观的，而失业保险恰好缓解了这个悲观的感受，其获得感和幸福感得到了满足。医疗保险作为“健康中国”伟大目标的重要手段，病有所医是每个陕西人民的愿望和期盼。医疗保险作为一种社会收入再分配的制度安排，给予患者补偿，让患者及时得到治疗，感受到来自国家和社会的关怀，从而幸福感得以提升。

（三）陕西省社会救济制度与人民幸福感之间的关系

社会救济制度有时也称社会救助制度，是指当公民出于自然灾害、疾病等原因无法获得生存保障时，由国家和社会向其提供帮助的社会保障制度。根据陕西省政府 2015 年的有关规定，社会救济的内容主要包括最低生活保障、受灾人员救助、医疗救助、教育救助、住房救助、就业救助、临时救助等。

党的十九大报告对社会保障制度提出了新要求，其中重要的一项是兜底线。兜底线是指对各类生活艰难、自身难以发展的困难群众实施社会救济，主要对象有低保户和五保户。陕西省政府和社会给予这类群体更多的帮扶和照顾，有利于保障其基本生活，在此基础上，该群体才能有更多精力谋求自身的幸福，社会关怀才会显著提升个体的幸福感。

（四）陕西省社会优抚制度与人民幸福感之间的关系

社会优抚是指以政府或者社会组织为主体，对军人及其家属进行抚恤和优待的一种社会保障制度。根据优抚方式的不同，社会优抚一般可以分为以下几种：一是抚恤，这是以政府为主体，对因公伤残人员、因公死亡以及病故人员家属所采取的一种物质抚慰方式，根据伤残情况的不同，又分为伤残抚恤和死亡抚恤两种情况。二是优待，优待的方式主要有两种，一种是政治上的，一种是物质上的，两种优待方式各有不同，可以单独享受，也可以同时享受。三是优抚社会化服务，主要是指国家和社会筹建的各种服务设施，这些服务设施大都以免费的方式供受优抚的对象使用。如图 13-5 所示。

（五）陕西省社会互助制度与人民幸福感之间的关系

社会互助是指由政府鼓励或支持的，由社会团体、组织等自愿参与的，成员之间互帮互助的一种非正式的制度设计与安排，其与政府组织的社会保障和社会救助存在明显差异，两者是相辅相成的关系。另外，社会互助过程中所需要的资金，政府会在税收方面给予支持，同时，社会互助组织也接受社会的捐赠（见图 13-6）。

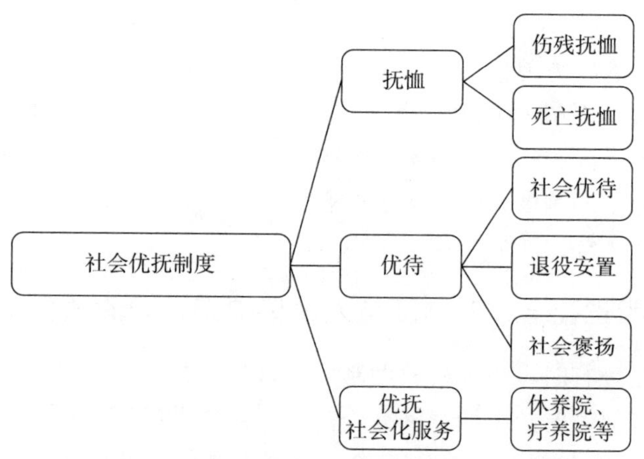

图 13-5　陕西省社会优抚制度

陕西省通过工会、妇联等群众组织，为贫困群众提供生活帮助。帮助贫困群体不仅仅能提升困难群众的幸福感，救助者还能通过救助活动增强社会责任感，使幸福感提升。

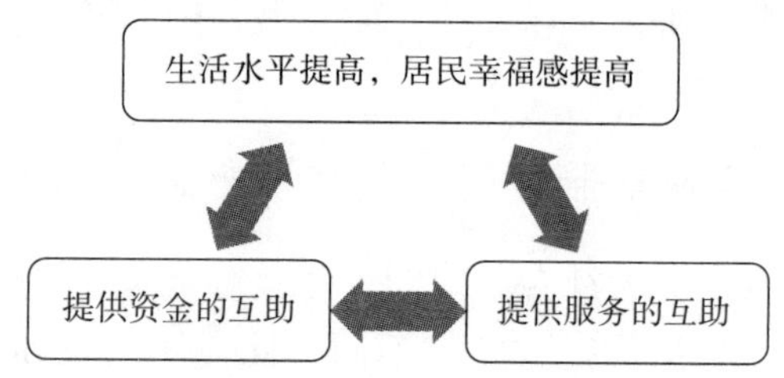

图 13-6　陕西省社会互助与幸福感之间的关系

二、计量分析

“十三五”期间，陕西社会经济取得了较大发展，社会保障制度日益完善，在更大程度上满足了群众生活的需要。习近平总书记在党的十九大报告中强调，要在幼有所育、学有所教、劳有所得、病有所医、老有所养、住有所居、弱有所扶上持续取得新进展，保证全体人民在共建共享发展中有更多的获得感。其中，病有所医、老有所养、弱有所扶与人民幸福感的关系最为密切，而提升幸福感的关键就是建立相应的社会保障制度。

（一）模型构建

为了进一步了解陕西省人民幸福感和陕西省社会保障制度之间的关系，采用问卷的方式进行调查，并建立计量模型，分析哪些因素对人民幸福感的影响最大。综合陕西省人民的生产生活状况，影响居民对社会保障制度幸福感的因素分为五类：社会保险制度、社会救济制度、社会福利制度、社会优抚制度和社会互助制度，将其细化为15个二级指标，对该15个二级指标展开研究。二级指标能更贴切地反映人民的实际生活，能较好地体现居民对陕西省社会保障制度的满意度。

在该模型中，被解释变量为居民对社会保障制度的整体幸福感程度，解释变量为医疗保险制度、养老保险制度、失业保险制度、养老金、自然灾害救济、孤寡病残救济和城乡困难户救济、社会福利院等15个指标的重要性程度。社会保障制度与陕西省居民幸福感关系的模型如下：

$$Y_i = \alpha_1 X_{1i} + \alpha_2 X_{2i} + \alpha_3 X_{3i} + \cdots + \alpha_{14} X_{14i} + \alpha_{15} X_{15i} + \beta_j \sum_{j=1}^{n} Controls_j + \varepsilon_i$$

其中，Y_i 为被解释变量，表示居民对社会保障制度的整体幸福感程度，X_i 为解释变量。X_1 为医疗保险制度，对医疗保险过程、治疗报销额度和医保覆盖药类品种满足就医人员的基本医疗需求的重要性进行问卷调查；X_2 为养老保险制度，对老年人的基本生活保障水平能达到国际标准水平的重要性进行问卷调查；X_3 为养老金制度，对退休后中老年人的货币形式的补助能实现安享晚年的重要性进行问卷调查；X_4 为失业保险制度，对给予失业群体帮助以保障其基本生活的重要性进行问卷调查；X_5 为自然灾害救济制度，对灾害后的援助措施能满足受灾人群最低生活保障的重要性进行问卷调查；X_6 为孤寡病残救济和城乡困难户救济制度，对合理配置特殊困难人群救济资源的重要性进行问卷调查；X_7 为社会福利院，对收纳社会弱势群体、保障其合法权益的机构数量能满足社会需求的重要性进行问卷调查；X_8 为儿童福利院，对福利机构数量能满足社会需求的重要性进行问卷调查；X_9 为敬老院，对为老人提供住宿和日常起居照顾的机构数量能满足社会需求的重要性进行问卷调查；X_{10} 为疗养院，对为康复疗养、健康疗养等需求设立的疗养机构数量能满足社会需求的重要性进行问卷调查；X_{11} 为抚恤金制度，对给予死者亲属的费用能保障亲属的基本生活的重要性进行问卷调查；X_{12} 为优待金制度，对义务兵家属等优抚对象安置金额合理的重要性进行问卷调查；X_{13} 为补助金制度，对优抚对象补助金金额合理的重要性进行问卷调查；X_{14} 为资金形式的社会互助，对互助基金以及以义演、义赛、义卖为主要形式的社会互助能满足需求的重要性进行问卷调查；X_{15} 为服务形式的社会互助，对以邻里互助、团体互助和慈善事业为主要形式的社会互助能解决实际需要的重要性进行问卷调查。$\beta_j \sum_{j=1}^{n} Controls_j$ 包含受访者的年龄、收入、性别、身体健康状况等，ε_i 为随机扰动项，也称之为随机误差项，包含模型主要变量以外的信息，如居民的收入水平、陕西省的 GDP 增速等。

在模型建立的基础上，以被解释变量和解释变量为关键词进行问卷调查，从而搜集陕西省居民对幸福感影响因素的重视程度的数据，问卷调查将每个关键词的重要性程度均分为 6 个等级，并对不同的重要程度进行赋值，以便进行回归分析，如表 13-2 所示。

表 13-2 重要程度及赋值表

重要程度	非常重要	比较重要	一般	比较不重要	不重要	非常不重要
赋值	6	5	4	3	2	1

（二）计算结果

采用调查问卷的方式，累计发放问卷 500 份，由于实际情况的不可预料性，最终得到了 465 份有效样本，对照赋值表，将问卷结果量化，统计结果见表 13-3。

表 13-3 变量的描述性统计结果

变量名称	均值	标准差	样本数量	最大值	最小值
X_1	4. 967	1. 378	465	6	2
X_2	4. 985	1. 404	465	6	2
X_3	4. 997	1. 368	465	6	2
X_4	3. 492	1. 404	465	6	1
X_5	5. 084	1. 409	465	6	2
X_6	5. 035	1. 205	465	6	2
X_7	3. 386	1. 147	465	6	1
X_8	3. 456	1. 152	465	6	1
X_9	5. 084	1. 161	465	6	2
X_{10}	3. 486	1. 096	465	6	1
X_{11}	3. 829	1. 463	465	6	1
X_{12}	3. 953	1. 475	465	6	1
X_{13}	3. 892	1. 407	465	6	1
X_{14}	4. 038	1. 409	465	6	2
X_{15}	4. 062	1. 399	465	6	2
w	4. 095	0. 503	465	6	2

利用 EViews 软件对问卷得到的数据进行回归分析，其结果见表 13-4。

表 13-4　陕西省社会保障制度对居民幸福感影响程度的回归结果

指标	变量	系数	t-Statistic	Prob.
医疗保险制度	X_1	0.142	25.446	0.0000
养老保险制度	X_2	0.117	17.213	0.0007
养老金制度	X_3	0.106	15.927	0.0011
失业保险制度	X_4	0.125	18.624	0.0000
自然灾害救济制度	X_5	0.103	14.995	0.0017
孤寡病残救济和城乡困难户救济制度	X_6	0.086	16.534	0.0042
社会福利院	X_7	0.092	13.873	0.0069
儿童福利院	X_8	0.041	6.834	0.0000
敬老院	X_9	0.035	4.328	0.3158
疗养院	X_{10}	0.012	1.452	0.0231
抚恤金制度	X_{11}	0.047	7.891	0.0015
优待金制度	X_{12}	0.023	3.015	0.0659
补助金制度	X_{13}	0.016	1.977	0.0024
资金形式的社会互助	X_{14}	0.031	3.927	0.0000
服务形式的社会互助	X_{15}	0.024	3.216	0.0453

从回归结果可以看出，15 个指标均为正向影响，说明该 15 个二级指标都能有效促进社会保障制度对居民幸福感的提升，且除了少数几个指标外，其余指标均通过了 1%或 5%的显著性检验，说明这些指标的确与居民幸福感息息相关。从回归结果来看，X_1、X_2、X_3、X_4 和 X_5 所得的系数为 0.142、0.117、0.106、0.125 和 0.103，明显高于其他指标。

（三）结果分析

权重最高的六个指标，代表着对居民幸福感的影响程度，同其他指标相比，其影响更为显著，具体指标名称为医疗保险制度、养老保险制度、养老金制度、失业保险制度、自然救济制度和孤寡病残救济及城乡困难户救济制度。由于自然救济制度和孤寡病残救济及城乡困难户救济制度两者之间存在一些相似性，均可引述为社会救济制度。

医疗保险作为一种社会收入再分配的制度安排，通过给予患者补偿，让患者及时得到治疗，感受到来自国家和社会的关怀，从而极大地影响低收入者或其他弱势群体的认知行为，能够起到缩小社会差距的作用。所以，建立完善的医疗保障体系有助于提升居民的幸福感。

养老保险对人们追求幸福感、获得感有非常重要的意义。以更为积极主动的态度面对人口老龄化的问题，从政治体系方面完善我国的养老服务工作，从医疗角度入手完善养老事业，确保老龄化事业和产业能够正常运行与发展，进一步增强当代老年人的幸福感。

退休金制度可以保障公民在退休后、在失去工作劳动报酬时的生活需要，提升退休人员的幸福指数。另外，退休金制度还可以极大地减轻年轻人的经济压力，提高家庭的幸福感。对社会而言，退休金制度可以减缓社会贫富差距，促进社会和谐和公平正义。

失业保险制度在防范失业风险方面发挥着重要作用，失业保险能够降低公众的工作不安感，缓解害怕失业带来的压力、恐惧与焦虑，提升公众的主观幸福感。

社会救济制度涉及的范围从农村“五保”到城乡低保。政府和社会给予了这类群体更多的帮扶和照顾，有利于保障其基本生活，在此基础上，困难群体才能有更多的精力谋求自身的幸福。

基于此，本书从医疗保险制度、养老保险制度、养老金制度、失业保险制度和社会救济制度五大方面展开研究。

第三节　陕西社会医疗保险制度

近几年，大家对民生及健康领域的关注不断增强，这也是我国实行健康中国战略的体现。所以，人民幸福感得以提升的关键在于医疗服务质量和水平，医疗质量和医疗产业的发展与每个人都息息相关。将人民健康放在首位是政府提高医疗服务质量的关键，提高医疗机构的服务质量，探索切实可行的路径，从而推动城乡基本医疗保险制度的一体化建设与发展。通过不断完善基本医疗制度，促进健康产业乃至幸福产业稳步前进。

一、发展现状

陕西省坚持把人民的健康放在首要位置，坚持把完善医保制度放在重要位置，帮助贫困人口解决医疗费用的问题。在此次新冠肺炎疫情期间，陕西省积极应对疫情，统筹兼顾日常，保证每个人享有医保权利。通过新型网络服务模式，为患者提供更快捷、简单的程序和服务，使每个人都能从医保制度中获得幸福感，让人民真真切切地感受到改革发展的成果。20 多年来，陕西省紧跟国家步伐，从基本省情出发，坚持先试点后推广的方法，不断地完善医疗保险制度的漏洞，发展新兴健康医疗产业，使每个人对医疗的基本需求都能得到满足，努力实现病有所医的承诺。

（一）已形成较为完整的保障体系

经过多年的发展，目前，陕西省已经实施了包括职工医保、城镇居民医保、新农合和重疾险在内的分级保障制度，如图 13-7 所示。但其仍在探索医疗保障制度的改革之路。特别是陕西省近年来积极推进城镇居民医保和新型农村合作医疗保险的整合，努力打造社会居民基本医疗保险体系，整合重疾险，整合生育保险和城镇基本医保，进一步增强抗风险能力。

陕西省医保局、陕西省财政厅、陕西省税务局联合印发了《关于 2020 年度全省城乡居民基本医疗保险参保个人缴费有关问题的通知》（陕医保发〔2019〕20 号）。自 2020 年起，陕西省实行统一的社会医疗保险制度，城镇居民基本医疗保险和新型农村合作医疗保险将纳入社会医疗保险范围。不同的是，这次政策调整为特殊群体提供了大量帮助，如对贫困户的保险费进行全额补贴；对重度贫困、残疾人口实施定额补贴。

（二）建立“互联网+医疗健康”的产业体系

陕西省大力发展医疗技术服务，将信息技术运用其中，部署“互联网+医疗健康”产业，提高医疗服务效率，使医疗服务的供给更加优化、便捷、智能、精准，使医患关系更加和谐。

（三）助力疫情防控，强化医保政策支持

自 2020 年新冠肺炎疫情暴发以来，为了使人民从社会保障制度中获取幸福感，保障人民权益，陕西省医疗保障局出台了多项医疗保障政策，有针对性地免除了医保目录、限付、用药等方面的限制。此外，为促进企业恢复生产，陕西省对职工医保实行单位缴费部分减半征收；为保障贫困人口也能参与医保，省医保局根据贫困人口的动态变化，为其开通了便捷服务。陕西省低调开展了多项行动，保障了疫情防控工作的顺利开展，也在人民幸福感、获得感的提升中发挥了不可忽视的作用。

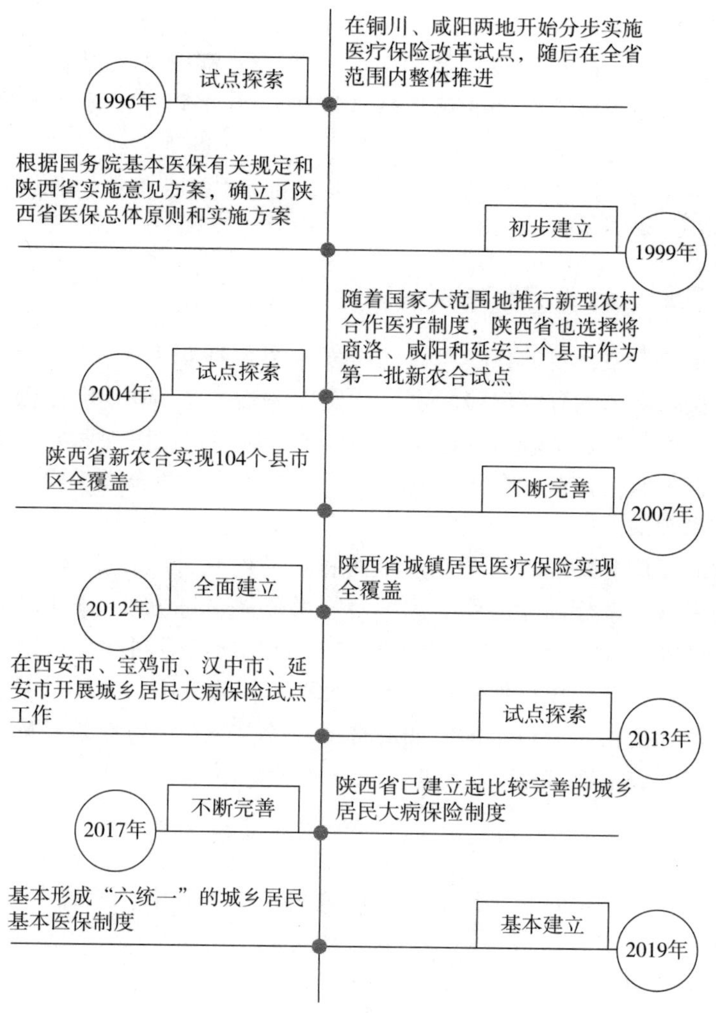

图 13-7　陕西省医疗保险制度的发展

二、主要问题

（一）陕西省社会医疗保险制度实施过程中存在的问题

1. 社会医疗的保障力度有限

现阶段，陕西省人民幸福感指数不高，这是因为制度不够完善且资金受到限制，导致医保制度对人民的保障受到限制。以新型农村合作医疗为例，对大多数医疗费用的补助来说，只能对部分费用进行补助。而补贴的具体金额则要根据农民医保指定的相关医疗机构的水平来确定，其医疗机构水平越高对农民医疗费用的补贴就越少。每个农民在进行医疗费用报销时，都拥有最低报销金额以及报销金额的上限。例如，一个 60 岁以上的人在该市医疗机构住院救治，其补助费用为每天 10 元，累计最多不超过 200 元。由此可见，个人去医疗机构就诊，除去机构的补贴外，仍需承担较大数额的医疗费用，所以出现了“看病困难又昂贵”的现象。这就导致了居民的医疗幸福指数低。此外，大病补助的相关费用对药品有限制，只有在目录内的药品才可以通过医保报销，而药品目录之外的医药费用仍需个人承担，这对大病患者来说，其医疗保障的范围就有所限制。

农村贫困人口的医疗保障水平偏低，尚不能做到完全兜底。陕西省的病人有很大一部分都属于贫困户，而且其贫困程度较重，对省政府来说，健康扶贫的任务漫长又艰巨。2016 年初，陕西省因病致贫家庭达 28. 61 万户，总人数有 90. 82 万人，分别占全省贫困户的 27. 06%与贫困人口的 28. 68%。对贫困户而言，患病是致贫的首要因素。然而，由于地方财力有限，目前，大病保障水平总体有限，即使将大病补充医疗保险包括在考虑范围内，对贫困人口来说，大病医疗费用的报销比例也仅有 83%，依然有近两成的医疗费用需要个人自付，因病致贫和返贫的问题依然没有得到完全解决。

此外，面对突发性传染疾病，仅靠现有的居民医疗保险补助是远远不够的，陕西省在这方面缺乏明确的医疗费用财政补助政策，如在此次新冠肺炎疫情期间，陕西省出台的补助政策在时间上明显落后，2020 年 1 月 31 日，陕西省医保局才将新型冠状病毒感染的肺炎确诊和疑似患者的救治费用全部纳入医保保障范围。对于未参保患者，则给予全额资助参保。对于补助范围的划定，从最初的确诊病例到疑似病例，再到留观病例，医保部门和财政部门确定的范围不统一，给医疗结算工作带来了一定的影响。对突发疫情的有效妥善处理能极大地增进人民的幸福感，虽然此次疫情的突袭让陕西省措手不及，在应对疫情的过程中出现了医疗保障力度薄弱等现象，但最终战胜了疫情。这也给了陕西省一个启示，要加强幸福产业的建设，建设有效的医疗保险制度。

2. 参保人的保障标准不相同

以大病保险制度为例，在新农合和城镇居民医疗保险未实现城乡统一之前，城镇居民与农村居民大病保险的起付线标准不同。城镇居民的人均可支配收入高于农村居民，但城镇居民的大病医疗保险费用远低于人均可支配收入，而且其受到的保障范围广，而农村居民的情况恰恰相反，并且保障范围窄。这种不公平的现象促使陕西省医疗行业尚未达到幸福产业的标准。自 2015 年大病保险制度对社会实行统一的起付线之后，对城镇居民来说，其高额的医疗费用标准并没有因为收入的增加而增加，收入与高额的医疗费用标准并不匹配，而且难以达到协调的变化趋势。这就导致在所有的参保人口中，每个人拥有的制度和标准并不相同，难以保证公平。

3. 医疗服务水平的地区差异较大

由于地区之间的经济发展状况和趋势有差异，因此，不同地区的医疗服务水平也不同。每个地区的 GDP 增长率与该地区的医疗机构和床位数成正比。例如，西安的医疗水平一直在不断发展，多年来一直保持着全省最高水平。2016 年铜川市医疗机构的床位仅有 5939 张，较 2009 年增长了 31%，其差异在于铜川市与西安市相比发展较为缓慢，其医疗机构的床位数和增速均保持在最低水平。然而，两地所有的参保人均按全省统一标准缴纳保费，却享受着不一样的医疗资源，这在一定程度上损害了参保人的利益，导致一部分居民对医保不满意，致使幸福感指数降低，限制了幸福产业的发展。

（二）陕西省社会医疗保险制度实施的影响因素分析

陕西省居民基本医疗保险制度经过多年的发展，在医疗制度的建设中取得了巨大的进展，不仅拓宽了医疗保障的覆盖范围，对制度的纵向发展也取得了进展。制度的整体实施效果良好，群众对制度的不断完善也给予了一致好评，但仍存在部分缺陷，这些不足成为了陕西省幸福产业不断向前发展的巨大阻碍，所以，医疗保障制度需要进一步改善。其中，影响陕西省城乡基本医疗保险制度实施的因素如下：

1. 区域经济发展不平衡

经济发展不平衡是陕西省医疗保险制度实施的瓶颈。基本医疗保险制度属于再分配范畴，因此，当地经济发展状况的好坏影响着该地区社会医保制度整合发展的速度。医保制度具有福利性质。我国的医保制度主要是为了让居民能享受到国家及社会发展进步带来的好处，使更多的人花更少的钱得到更好的医疗服务。政府通过财政资金补贴，确保医保制度顺利有效执行，大量的资金支出给财政造成了不小的压力。对政策性保险来说，居民为此承担的费用较少，而其与保险制度运行费用之间的差额往往由政府负担。因此，各地的经济发展水平直接影响着本地社会医疗保险制度整合的推进速度。以 2018 年陕西省各市（区）的生产总值（见表 13-5）为例，西安 GDP 总量突破 8000 亿元，排名第一，GDP 总量占比 34.2%。榆林市和咸阳市排名第二和第三，GDP 总量分别为 3848.62 亿元和 2376.45 亿元。2018 年延安市 GDP 总量突破 1500 亿元，反超汉中市。从增速来看，安康市、汉中市、延安市、杨凌示范区、榆林市的 GDP 增速超过了全省平均水平，其中，安康市的 GDP 增速最高，达到了 10.2%。铜川市的 GDP 增速最低，仅为 6%。区域经济发展水平高的市区相应的医疗保险制度的推进速度也较快，相反，经济发展缓慢的市区其医疗水平也受到了一定的制约。

表 13-5　2018 年陕西省各市（区）GDP 排行情况

排名	地区	GDP（亿元）	增速（%）
	陕西省	24438. 32	8. 3
1	西安市	8349. 86	8
2	榆林市	3848. 62	9
3	咸阳市	2376. 45	7
4	宝鸡市	2265. 16	7. 2
5	渭南市	1767. 71	7. 1
6	延安市	1558. 91	9. 1
7	汉中市	1471. 88	9. 5
8	安康市	1133. 77	10. 2
9	商洛市	824. 77	8
10	铜川市	327. 96	6
11	杨凌示范区	150. 46	9. 1

2. 医疗资源配置不均

2014~2018 年陕西省各地区各级医疗卫生服务水平不断提升，具体见表 13-6、表 13-7。其中，西安市医疗水平历年均位于最高水平。医疗机构自 2014 年以来增加了 186 家，2018 年增幅最快，为 4. 8%。2018 年医疗机构的床位数达到 66337 张。宝鸡市、汉中市和榆林市相比西安市和咸阳市有较大差距，铜川市、安康市和商洛市处于较低水平。其中，铜川市共有医疗机构 873 家，床位数 6568 张，西咸新区和杨凌示范区无论是卫生机构数还是床位数均处于陕西省较低水平。从增速上看，咸阳市自 2014 年以来医疗机构的床位数增加了 7%，处于各市（区）最低位置，而各市医疗机构的床位数增速总体呈负增长趋势，仅西安、宝鸡、渭南的医疗机构是正向增长，增长率均为 3%。截至 2018 年，铜川市与西安市相比其卫生技术人员相差 109321 人，医疗机构的床位数相差 59769 张，西安与咸阳的医疗机构增速相差了近 3 倍，由此可以看出，经济发展不平衡导致医疗水平呈现出地域差异。

表 13-6　2014~2018 年陕西省各地区医疗机构情况　　单位：家

地区	年份				
	2014	2015	2016	2017	2018
全省	37247	37030	36598	35863	35300
西安市	5742	5802	5869	5654	5928
铜川市	947	946	950	884	873
宝鸡市	2916	2999	3024	3015	2991
咸阳市	4683	4715	4744	4232	4363
渭南市	4203	4246	4291	4356	4320
延安市	3571	3244	3151	3029	2655
汉中市	3858	3814	36998	3644	3662
榆林市	4939	4861	4631	4284	3860
安康市	3190	3113	3042	2981	2897
商洛市	3007	3119	3028	2874	2840
杨凌示范区	191	171	170	188	201
西咸新区	—	—	—	722	710

表 13-7　2014~2018 年陕西省各地区医疗机构的床位情况　　单位：张

地区	年份				
	2014	2015	2016	2017	2018
全省	199372	211835	225400	241397	253711
西安市	51065	54708	56332	61205	66337
铜川市	5179	5219	5939	6534	6568
宝鸡市	21478	23091	24506	26194	26921
咸阳市	27148	28458	29653	28325	29130
渭南市	20832	22183	26972	29345	31281
延安市	11971	12865	13384	13197	13705
汉中市	19805	20960	20580	22441	23976
榆林市	17248	18301	20436	20712	20623

续表

地区	年份				
	2014	2015	2016	2017	2018
安康市	12595	13215	13976	15254	16539
商洛市	10991	11765	12282	13896	14397
杨凌示范区	1060	1120	1340	1557	1590
西咸新区	—	—	—	2737	2644

目前，陕西所有城镇居民的医疗卫生保障资源占全省的70%以上，绝大多数的农村居民只享受了不到三成的资源。由于农村经济发展滞后，医疗水平较低，大多数农村地区甚至不具备医疗服务条件。城镇每万名居民拥有的医疗机构床位数是农村的两倍多，且每年的增长率远高于农村。

3. 监督管理和处罚机制不完善

医保部门给每个医院设置了固定的医保金额，医院要想盈利，超出医保金额的部分必须由群众自行负担，如果医院超出了固定医保金额，每增加一名患者，医院就会多承担一份损失，这对患者来说是相当不利的。这迫使管理部门和医院要站在患者的角度考虑，为患者着想，不能仅仅为了提高医疗服务，还要加强对医院的监督，促进医保制度公平。健康保险基金是城乡基本医疗保险的生命线，是构建和谐社会的稳定器和安全网，因此，迫切需要加强对健康保险基金的监督，确保其安全运行。

4. 社会就医倾向存在差异

研究表明，随着家庭收入的增加，人们获得的医保补偿会随之下降；医疗机构的水平越高，群众从中获得的补偿越少。这是由政策导致的，政府为了鼓励群众前往基层医疗机构诊治，提高了基层医疗机构的费用补偿金额，因此，在基层医疗机构就医往往能比中高级医疗机构获得更多的费用补偿。此外，对于家庭收入较高的参保人，他们更愿意到医疗服务更好的机构就诊，因此，不同收入的家庭占用的基金数也不同，收入高的会占用更多的基金。陕西省目前的医疗保险存在就医倾向性，以西安市为例，具体见表13-8。

表13-8 陕西省城乡居民基本医疗保险的补助报销比例：以西安市为例

医院级别	报销标准
乡镇卫生院	住院起付标准200元，起付标准以上至最高支付限额以下统筹基金支付比例：一档80%，二档56%

续表

医院级别	报销标准
社区医疗机构	住院起付标准 200 元，起付标准以上至最高支付限额以下统筹基金支付比例：一档 65%，二档 45.5%
一级医疗机构	住院起付标准 240 元，起付标准以上至最高支付限额以下统筹基金支付比例：一档 60%，二档 42%
二级医疗机构	住院起付标准 480 元，起付标准以上至最高支付限额以下统筹基金支付比例：一档 55%，二档 38.5%
三级医疗机构	住院起付标准 720 元，起付标准以上至最高支付限额以下统筹基金支付比例：一档 50%，二档 35%

由表 13-8 可以看出，虽然乡镇卫生院和社区医疗机构的统筹基金支付比例较高，但是由于其医疗水平和人们的主观印象，人们更喜欢去正规的医疗机构进行治疗。由于一级医疗机构的支付比例最高，这就造成了向一级医疗机构扎堆就医的现象，这种补助报销比例导致社会就医倾向存在差异。

三、陕西省促进社会医疗保险制度的实施对策

新冠肺炎疫情期间，医疗保险制度释放的能量和红利为安定人心、解除患者和医疗机构就医救治的后顾之忧提供了重要保障，为有效防控疫情蔓延创造了重要条件，显示出了制度作为国家之基、治理之据的威力。医疗保险制度是维护社会和谐稳定的“压舱石”，也是提高城镇居民幸福感的重要指标。对于目前医疗保障制度的不足和缺陷，要制定有针对性的完善措施，同时完善重大疫情防控机制，健全国家公共卫生应急管理体系，将保障民生的措施落到实处，使群众从中获取幸福感。

（一）建立完善的多层次的医疗保障体系

针对不同的收入群体，制定不同的医疗安全措施。病人的病情复杂多变，疾病的医治充满了不确定性。有些疾病的治疗费用可以通过基本医疗保险报销，个人只需承担很少的一部分。而有些疾病，如大病、重病，除去医保报销外，个人仍需承担高额的费用。此外，每个群众的经济生活状况不同，收入有较大的差异，仅用一个统一的医保制度，无法使群众享有公平的优惠补偿。所以，以基本医疗保险制度为基础建立多层次医保体系显得尤为关键。具体来说，陕西省可以

结合国家基本药物制度和新医改计划，尽快制定陕西省基本医疗安全比例，建立有效的医疗筹资长效机制，确保资金主要投入到医疗安全领域。农村低保居民继续将医保制度实施范围扩大，将各类互助医疗保险进行制度化规范管理，加大对商业健康保险的推广力度，针对不同收入群体，建立与之相匹配的医疗保障体系。

（二）建成防治并举的重特大疾病保障体系

防范与化解重特大疾病风险是医疗保障的基本功能。我国已经建立了覆盖职工和居民的基本医疗保险制度，建立了针对困难群体的医疗救助制度，以及针对部分群体的补充医疗保险制度，这使绝大多数医疗风险得到了化解，但由于疾病变得贫穷的现象仍长期存在。陕西省贫困人口由 2015 年底的 229. 88 万人减少到 2019 年底的 18. 34 万人，贫困发生率下降至 0. 75%，56 个贫困县全部脱贫摘帽。因病致贫分别占全省贫困户和贫困人口的 31. 89%和 28. 68%。然而，由于地方财力有限，目前，大病保障水平总体有限，即使考虑大病补充医疗保险，贫困人口大病住院费用的报销比例也仅为 83%，依然有近两成的医疗费用需要个人自付，因病致贫和返贫的问题依然没有得到完全解决。基本医疗保险应当通过报销较大比例的住院费用与大额的门诊费用来有效化解参保人的医疗支出风险。由于每个家庭的收入情况存在差异，如果仅设定一个统一的医保基本额度，会加大贫困户的就医压力，降低群众的幸福感，所以，基本医保额度应该根据家庭的收入状况，实行差异化定额。应当改革现行的城镇职工基本医疗保险制度和社会医疗保险制度，取消其中有关统筹基金最高支付限额的规定。可以考虑根据家庭的收入水平，设定不同水平的个人自付医疗费最高限额。家庭收入的保险基金，由非营利的保险机构提供经办服务，为罕见病等重特大疾病的医疗费用提供相应补偿。通过上述综合改革，力求形成健康至上、防病为先、政府市场分责、多层次的重特大疾病保障的制度性安排与运行机制。

（三）缩小城乡医疗资源配置的差异

研究结果表明，陕西省的医疗费用绝大部分都用于医院，占 87. 34%，而用于基层医疗机构的费用仅为 7. 72%。根据国际经验，基层医疗机构可以解决大部分居民的日常健康问题。但由于我国分级诊治体系还未完善，基层医疗机构能力有限，不能科学地筛选患者进行分级就诊，为此，要将常见病和慢性病的基层诊治作为突破口，实施分级诊治，重点提高基层医疗卫生服务能力。在财政分类补助方面，对医疗补助进行三级分化，并逐步降低初次非基层诊断的报销率，从而逐步实现分级诊治。增加对农村医疗资源的投入，改善其医疗设施，实现医疗资源的便利交流，是促进医疗资源平衡分配的有效途径。通过严格的制度规范和监管，确保资金、医疗资源和人才能流入农村，让农民在农村也能享受到与城镇相同的医疗服务。

总之，陕西省城乡之间、不同人群之间的差别比较大，医疗资源及补助分配不平衡，要想建立一个全面、完善的医疗体系，在短时间内并不容易。很难用一个标准对所有人群进行衡量，所以，只能遵循循序渐进的原则，推动医疗保险制度改革不断深入，构建更加完善的医疗保险体系，实现该体系的可持续发展。

（四）加强基层医疗卫生队伍的人才建设

要实现基层医疗服务水平的提升，除了在资金和管理上要给予更多的财政补贴外，还需要不断完善人才引进机制，加强基层医疗队伍建设。首先，省政府可以联合陕西各大高校和医院，建立卫生人员引入机制，由政府通过公务员系统公开招聘医护人员，对医学院校毕业生到基层就业给予有关政策优待；其次，陕西省可以从现在开始建立人才培养及补贴机制，与西安交大、军医大等高校联合定向委培基层医护人员，制定中长期培养规划，从西安交大附属医院、西京医院等三甲医院选拔优秀的骨干技术人员和年轻的医护人员到基层去，对主动到基层锻炼的医护人员给予奖金鼓励，优先考虑其升职评定；最后，基层医疗卫生机构的人才生活、工作环境艰苦，薪资较低，政府除了对其进行表彰外，还要给予适当的补贴奖励，改善其工作、生活环境，留住人才。

第四节　陕西社会养老保险制度

我国作为世界上人口最多的国家，近年来老龄化问题日渐突出，城乡养老问题得到了社会的重点关注，在研究陕西省幸福产业的发展如何得到保障时，需要研究清楚陕西省近年来城乡养老一体化的推进程度、面临的问题以及如何进行调整。

一、发展现状

随着国家城乡统筹、全民覆盖的多层次养老保险制度的建立，陕西省紧跟国家战略，结合本省的实际发展情况，坚持贯彻落实决策部署，统筹管理陕西省城乡居民养老保险，调整企业和机关事业单位退休人员基本养老金水平，完善职工养老保险，保证社会公平与效率，力争在2020年底基本实现城乡统一的社会养老保险制度。

(一) 陕西省社会养老保险制度的现状

我国在2014年颁布的《关于建立统一社会养老保险制度意见》中提出要求，即需要在2020年之前形成统一且规范化的城乡养老保险制度，为实现这一目标，陕西省不断健全、完善社会养老保险制度。陕西省人力资源与社会保障厅的统计数据表明，截至2019年底，全省城镇企业职工养老保险的参保人数达到896.83万，发放各类待遇838.46亿元；社会参保人数达到1765.64万。要持续推进全民参保扩面专项行动，确保2020年底三项基本养老保险的参保率达到90%。

(二) 陕西省社会养老政策的现状

陕西省为促进养老服务的高质量发展，加强养老保险的普惠性、基础性和兜底性，在养老保险缴费制度上，建立了个人缴费标准和集体缴费补贴相适应的机制，如表13-9所示。在养老服务供给上实行放管服制度改革，要求市县政府合理利用闲置的房产设施，积极改造，扩展养老服务的床位供给，提升政府养老精准化投入水平，力争实现养老服务的最广泛覆盖，最大限度地实现社会公平与社会资源的充分利用。

表13-9 2020年陕西省社会养老保险个人缴费机制 单位：元

档次	1	2	3	4	5	6	7	8	9	10
个人缴费档次标准	200	300	400	500	600	800	1000	1500	2000	3000
缴费补贴	30	45	60	75	80	90	100	150	200	300

(三) 陕西省贫困人员养老政策的现状

陕西省高度重视贫困人员的养老工作，本着应保尽保、绝不放弃一个贫困户的原则，各级人社部门联合行动，将60周岁以上未享受城镇职工基本养老保险待遇的贫困人员全部纳入社会养老保险范围。为加快推进符合条件贫困人员参加城乡居民基本养老保险，陕西省各级人社部门反复比对贫困人员名单和参保数据，并进村入户宣讲政策。截至2020年，陕西省符合条件建档立卡贫困人员参加养老保险379.49万人，其中领取待遇111.32万人，基本实现应保尽保目标任务。

二、主要问题

（一）陕西省社会养老保险制度实施过程中存在的问题

陕西省作为我国中西部的经济大省，其社会养老保障制度在国家政策的指导下始终贯彻落实，然而，由于国家政策尚未在具体的操作层面进行详细指导，因此，陕西省社会养老保障制度的实施始终存在一些问题，这些问题导致社会的生活水平不断向两极化发展，本该通过养老来提高的人民生活幸福感也没有得到良好的反馈。目前，在养老保障制度实施方面还存在着以下几个问题，这些问题一经解决，陕西省社会养老制度的实施将进一步解决陕西省城乡养老保障水平差异性的问题，并从总体上提高人民的幸福指数。

1. 陕西省城乡养老保险缴费档次差距较大

随着经济的发展以及国民收入的不断提高，陕西省大量的农村居民逐渐被覆盖在养老保险制度之下，但是由于陕西省城乡人均收入存在差距，导致养老保险认缴的档次有所差异，使得城乡养老保险的保障差距比较大，社会养老福利的享受程度有所不同，远远没有实现社会保障均等化的目标。陕西省近年来城乡人均可支配收入如表 13-10 所示。

表 13-10　2013~2018 年陕西省人均可支配收入　　单位：元

年份	2013	2014	2015	2016	2017	2018
城镇居民	22346	24366	26420	28440	30810	33319
农村居民	7092	7932	8689	9396	10265	11213

陕西省人均可支配收入的差距不断变大，总体呈现出城镇居民三倍于农村居民的趋势，人均可支配收入的差异带来了养老保险认缴档次的差异，从而影响了其所享受的养老保险待遇和政府补贴。从数据可以看出，陕西省近年来城镇居民和农村居民在生活水平和所享受的医疗资源、养老资源等社会保障资源方面存在城乡差异和地区差异，这种差异总体上表现为社会保障水平的城乡分化和社会保障资源的差异供给，会在很大程度上造成城乡幸福指数的两极化，影响幸福产业在更广的范围内推进。

2. 养老金筹资渠道狭窄，增值保值难

陕西在经济资源上不具有优势，贫困县市、建档立卡户和特困人口多，而且，由于多数县（市、区）以农业生产经营为主，且刚刚脱贫的区县数量多，单一的政府筹资不足以满足居民养老保障制度的实施，加之社会公益能力不足，政府扶持的企业投资规模小，养老产业链不完善，导致政府的筹资力度不足。

陕西各地政府即便筹得资金，也会因缺乏资金管理的人才，导致资金难以增值保值、社会效益弱，不能够形成“钱生钱”的效益，所以，陕西省急需在幸福产业的新概念之下，以提高民生福祉为目的，建立一条完整的养老产业链，解决养老筹资渠道狭窄的问题以及资金增值保值难的问题。

3. 陕西省农村养老问题日益严重

由于地质地貌的特征，黄土高原占据全省 1/3 的面积，秦岭山脉贯穿全省，导致全省平原面积较少，山区和干旱地区人口较多，所以，即使有国家政策的扶持，在交通不便、资源匮乏的偏远的秦巴山区新型农村养老保险制度的推进依然缓慢，至今为止在陕南地区社会化的养老保险制度仍然难以覆盖，加之老龄化加重，养老问题迫在眉睫。表 13-11 罗列了近年来陕西省 60 岁及以上人口数及其占比。

表 13-11　近年来陕西省 60 岁及以上人口数及其占比

年份	2010	2011	2012	2013	2014	2015	2016	2017	2018
60 岁及以上人口数单位（万人）	479. 66	495. 78	520. 10	551. 39	584. 28	601. 10	619. 17	644. 85	674. 77
占总人口比重（%）	12. 85	13. 25	13. 86	14. 65	15. 48	15. 85	16. 24	16. 81	17. 46

从表 13-11 可以看出，近年来，老年人口的数量越来越多，占总人口的比重越来越大，从 2010 年的 12. 85%增长到 2018 年的 17. 46%，这表明陕西省老龄化的程度在加重，由此造成的养老问题被广泛关注，其中农村养老问题最为突出。

虽然随着国家全面小康政策的实施，越来越多的山区农村脱离了贫困，但不可避免的是，村中青壮年劳动力外出、农村人口的文化水平较低以及对国家政策的关注度不够，甚至出现了外出打工的青壮年定居城镇的现象，这些都会使农民享受不到居民养老保障制度的福利，或者说其所获得的养老福利很少。

（二）陕西省社会养老保险制度实施的影响因素分析

陕西省近年来对社会养老保险制度的实施充分重视，不仅加大财政支持，还培养了一批社会福利性质的企业，以养老院为核心的养老产业开始飞速发展，社会养老的比例开始不断上升，社会养老保障的实施焕然一新，人们对于生活的满足感显著提升，社会的幸福指数逐年上升。但受到陕西省独特的制度政策、环境资源以及产业结构等因素的影响，陕西省城乡居民养老保险制度实施的速度和力度受到明显制约，具体的影响因素如下。

1. 制度政策因素

陕西省作为我国中西部重工业基地的代表，自中华人民共和国成立以来，充分实施优先发展重工业的经济战略，通过工农业产品价格剪刀差政策加速工业化进程，陕西省工业化水平短期内迅速提升。然而，过分地重视工业，导致陕西省农业发展水平偏低，城镇居民和农村居民的收入差距进一步拉大。所以，在实施养老保障制度时，城镇居民和农村居民缴纳的保险档次就会有所偏差，导致养老保障制度的实施缺乏公平性。

2. 环境资源因素

陕西省自古就是我国西北地区的要塞，是通往关内与关外的必经之路，境内拥有高原、平原、山区和盆地等各种地形，贯穿陕西省东西的秦岭一脉将陕西分割成了不同的气候群，不同地区自然地理环境的差异在很大程度上影响着本地区的农业生产和经济发展。

关中平原地区由于地理位置优越，集中了陕西省重要的科技、教育、文化和人才资源，工业和服务业集聚，是陕西省经济比较发达的地区。陕南、陕北地区的自然条件相对恶劣，陕北地处黄土高原，因水草丰富被评为“陕西省农牧业重点发展基地”，但因地下油、气资源储量丰富，经济发展仅次于关中地区；陕南地处秦岭和淮河一带，多以山地为主，是陕西省林业重点发展基地。

不同的地理环境导致不同地区所拥有的资源和生产条件不尽相同，所以陕南、陕北地区的人均收入明显低于关中地区。此外，深处陕南山区内部的农村由于缺乏与外界的交流，可能会出现养老保险制度改革以及相关养老保险福利难以被触及的情况。

3. 产业结构因素

近年来，我国转变经济发展方式，开始向高质量的方向发展。陕西省由于常年经济发展落后，导致产业结构调整动力不足，单从生产总值的构成来看，陕西省第二、第三产业占总产值的比重很大，结合每个产业的从业人数来看，发现陕西省的产业结构有待改善。近年来，陕西省三大产业的产值以及从业人数的比较如表 13-12 所示。

表 13-12　2011~2018 年陕西省三大产业产值及其从业人数比较

年份	第一产业		第二产业		第三产业	
	产值（亿元）	从业人数（万人）	产值（亿元）	从业人数（万人）	产值（亿元）	从业人数（万人）
2011	1220.90	824	6935.59	585	4355.81	650

续表

年份	第一产业		第二产业		第三产业	
	产值（亿元）	从业人数（万人）	产值（亿元）	从业人数（万人）	产值（亿元）	从业人数（万人）
2012	1370. 16	797	8073. 87	298	5009. 65	458
2013	1460. 97	779	8912. 34	322	5832. 14	475
2014	1564. 94	782	9577. 24	335	6547. 76	528
2015	1597. 63	789	9082. 13	335	7342. 10	615
2016	1693. 85	791	9490. 72	338	8215. 02	654
2017	1741. 45	790	10882. 88	347	9274. 48	698
2018	1830. 19	788	12157. 48	330	10450. 65	786

由表 13-12 可知，从产值的角度看，陕西省的产业结构除了第二产业所占比重过大外，并没有其他问题；从各产业从业人数的角度看，可以发现第一产业的从业人数远高于其他产业，说明陕西省还是以农、林等初级产业为主，工业和服务业对就业的推动作用不如农业。例如，2018 年第一产业的从业人数为 788 万，产值为 1830. 19 亿元；第二、第三产业的产值远超第一产业，但从业人数却低于第一产业；从事第一产业的多为农村居民，从事第二、第三产业的多为城镇居民，城镇居民的收入就远高于农村居民，导致养老保险的认缴能力存在差异。这种产业结构转换较慢，以第二、第三产业为主的城镇不断拉开和农村之间的差距，对养老保障制度的实施产生了影响。

4. 城镇化进程因素

城镇化进程在某种程度上也有利于社会保障制度的实施。近年来，陕西省城镇化率和农村人均收入如表 13-13 所示。

表 13-13　2010~2018 年陕西省城镇化率及农村人均收入

年份	城镇化率（%）	农村人均收入（元）
2010	45. 70	4105
2011	47. 30	5028
2012	50. 02	5763
2013	51. 31	7092
2014	52. 57	7932

续表

年份	城镇化率（%）	农村人均收入（元）
2015	53.92	8689
2016	55.34	9396
2017	56.79	10265
2018	58.13	11213

由表 13-13 可以看出，自 2010 年以来，陕西省的城市化率越来越高，截至 2018 年，已经达到了 58.13%，说明陕西省的城镇化进程在加快。与此同时，陕西省农村人均收入也在不断上升，2017 年已经突破了万元，并且呈现出稳步上升的趋势，这说明城镇化率与农村人均收入之间存在一定的关系。人均收入的提高与认缴的养老保险有关，城镇化进程的加快导致农村留守老人较多，所以，城镇化进程对养老保险制度来说是双刃剑。

三、陕西省促进社会养老保障制度的实施对策

（一）完善陕西省社会养老保险制度

为了增进人民的幸福感，解决老年人的养老问题，陕西省政府不断改革养老保险制度，从市场养老服务的供给、政府养老服务功能的丰富以及公益性机构对养老服务的补充等多方面完善社会养老保障制度，以实现居家养老为基础，以社区养老为依托，以机构养老为补充，以政府养老为兜底，以医养结合为趋势的多层次、全方位养老服务体系。目前，社会养老保险福利的发放办法采用的是“个人账户+统筹账户”的模式，养老金的筹资主要包括自身缴纳的部分以及政府的财政补贴部分，资金的筹集程度直接影响了居民养老福利的发放水平和退休后的老年生活质量。因此，进一步优化地方政府财政分担机制，是推进社会养老保险制度可持续发展的重要措施。

近年来，陕西省先后制定出台了一系列关于支持和引导养老产业发展的指导意见和政策文件，为推动和规范养老服务业的发展提供了坚实的法规政策保障。一方面，陕西省应明确划分各级政府在促进制度完善和发展中的职能，清楚划分各级政府的权责和事责，从而匹配相称的财政支出责任，全面考虑基层政府的财政状况，进一步提高上级政府对下级政府的财政补贴力度，缓解基层政府的财政压力；另一方面，现行的财政补贴政策基本上是平行一致的水平，对各区县的补贴实行一刀切的原则，这对经济发展水平较差的区县来说容易造成较大的压力。

因此，陕西省在社会养老保险制度运行的过程中，针对区县级的补贴政策和补贴水平，要进一步考虑各区县的经济发展水平和老年人口的抚养比例，对经济发展水平较差的区县，要适当提高补贴比例，做到真正的公平。

（二）提高养老政策执行主体的服务能力

执行机构作为一项政策的执行主体，对政策能否有效实现其最初的目标具有重要作用，因此，陕西省对养老政策的执行机构应该提出更高的要求。首先，在养老机构人员选拔上重点考察其思想觉悟与服务意识，对于有才无德之人慎重聘用；其次，对机构人员进行定期培训教育，总结工作成果和经验，加强交流和反馈，不断提高基层办事人员的业务素质和执行能力，保障养老政策的执行效率和决策实施的公允性；最后，针对养老政策实施的区域差异，省财政厅和民政厅应联合协调，加强财政转移支付，着力扶持和解决特殊老人的生活和养老问题。

同时，为了保证陕西省社会养老保险制度的有效执行，必须明确各执行机构的责任，坚持权利与责任相统一的原则。政府应确立完善的监督激励机制，清楚划分政府办事人员的权力与责任边界，严防侵占、挪用养老金，以权谋私，损害养老政策执行的行为。对于机构人员职责范围内的事务，重在监督执行，对于职责范围外道德边界内的事务，建立有效的激励机制来鼓励执行人员多做对整个养老产业和制度发展有益的事，形成正向激励，使机构人员在法律范围内尽职尽责，在道德边界内尽善尽美，共同提高全社会的养老服务能力。

（三）提高社会的养老保障意识

促进养老产业发展，构建社会化的养老保障制度，其根本目的是提高人民的获得感与幸福感。因此，为了进一步加强政策的宣传效果，增强居民的政策认同度，促进社会养老保险制度的有效实施，一定要落实好各级主管部门和经办服务机构的宣传工作。针对陕西省社会养老保险制度实施过程中省（自治区、直辖市）等各级主管部门和经办服务机构所承担的责任，可以因地制宜地采取多样化的宣传办法。首先，根据各个地区的不同情况，采取宣讲会、座谈会、上门走访等形式直接对居民进行宣传推广；其次，在宣传过程中，应明确对象，确保精准覆盖，深入宣传，提高参保意识，细化服务流程；最后，对社会养老保险制度的详细内容及时进行答疑解惑，加强基层经办服务人员与居民之间的交流和沟通，以便反馈最真实的需求。

同时，陕西省政府应进一步加强对居民，尤其是农村地区居民的思想文化建设，大力弘扬新型养老观念和养老文化，增强居民的养老风险保障意识，使居民充分了解政府组织的社会养老保险制度对提高生活质量的积极作用。当然，在宣传社会养老保险的同时，政府也应合理引导居民正确认识商业保险对社会保险的补充作用，为家庭较为富裕的居民提供更有保障的养老保险服务，提高社会对新型养老文化的接受度和认同度。

因此，保障居民了解养老保险制度是切实可行且可靠惠民的方式，有助于增强陕西省居民的养老保障意识，有利于我国养老幸福产业的蓬勃发展，有利于促进陕西省社会养老保险制度的有效实施和可持续发展。

（四）营造良好的政策实施环境

政策和制度的稳定性与连续性将直接影响社会养老保险制度的实施，制度的实施效果也会受到政策环境的影响。陕西省为促进新型智慧养老产业的发展，不断出台支持政策。2019 年下发的《陕西省智慧健康养老产业发展实施方案》为鼓励和培育新型养老模式以及促进养老产业的相关与支持性产业的发展做出了努力。该方案指出，陕西省计划在 2022 年基本实现覆盖全产业周期的智慧养老产业体系。陕西省各级政府和经办服务机构应该在有法必依的基础上促进社会养老保险制度在各自领导下有效实施。

同时，若想促进社会养老保险制度有效实施，需要城乡协调经济发展水平，需要基层财政强有力的支持。陕西省政府应倡导大力发展农村集体经济，以集体经济带动居民就业和创收，通过村集体因地制宜地创办农产品加工工厂、承包耕地、开垦荒山，发展规模农业和林业等，及时抓住电子商务发展的机遇，学习和复制“淘宝村”的经验，多途径地解决农民以种地为生的收入现状。此外，陕西省应结合财政补贴和税收政策，引导农村产业经济的发展，提高集体经济的发展效益。同时，通过市场机制和新型社会媒介来扩大农业产品的销售渠道，提高市场流通率，推进农业现代化发展。不断扩大社会公共产品在农村地区的普及和延伸，促进农村产业转型和保障事业发展，增强农民生活的幸福感。

（五）增强社会养老服务供给能力

在当今医疗科技水平提升的同时，居民的人均寿命也在不断延长，但政府尚未形成充分的养老服务供给能力，面对不同群体的养老服务需求，如何快速高效且充分地满足这些群体的需要是当前政府开展养老保障工作的重点。随着陕西省人口老龄化程度的不断加深，陕西省养老保障服务呈现出以下几个特点：养老服务机构资源不足、养老护理专业人才短缺、养老服务供需矛盾较为突出。随着社会水平的不断提升，老年人的养老需求呈现出多元化和个性化趋势，养老服务的供给不再局限于通过初级保健、医疗救助等医学方式尽可能地延长寿命，更重要的是怎样为老年人提供舒适、体面又有尊严的老年生活。目前，我国养老服务体系的不完善之处就在于没有针对老年人的晚年生活建立一个高质量的构建框架，以逐渐增加对老年人的心理关怀、自我实现以及临终关怀等服务供给，贴合不同老年人的差异化护理服务需求。

因此，陕西省在加强社会养老保障制度的基础上还应加大对养老机构的资金投入，完善养老机构的各项基础设施建设，使每一位老年人都能感受到社会养老保险制度的优惠。陕西省应依据其特有的教育资源优势，培养养老护理专业的相关技术人才以改善当前陕西省养老制度的现状。由于长期照护失能、半失能老人所需要的医学、心理学、生理学、社会学等领域的专业化养老护理人才尤为短缺，所以各教育机构应着重培养该类型人才。应建立多层次、全方位的养老体系，使社会养老制度不仅能满足老年人基本的生存需要，还能使其精神得到满足，达到身心愉悦的状态。

第五节　陕西失业保险制度

失业保险制度是指通过国家、企业以及个人渠道筹集建立的保险基金，在一段时间内为非自愿失业的失业者提供资金帮助，通过就业培训和指导服务帮助失业者快速实现再就业的一种社会保障制度。

一、发展现状

自全国建立失业保险制度以来，陕西省一直紧跟国家步伐，参与国家制度政策的实施，立足省情，不断完善实施办法，探索适合自己的发展道路，整个发展历程可分为建设阶段和发展阶段。在建设阶段（2001~2006 年），为保障下岗工人的基本生活，2001 年 3 月制定了《陕西省下岗失业人员基本生活保障暂行办法》，正式开始建设实施失业保险制度。随后进一步细化了实施过程中应遵循的具体要求，详细规定了失业保险金申领发放的各项具体要求及办法，标志着陕西省失业保险制度基本形成。在发展阶段（2007 年至今），在落实《失业保险条例》实施办法的基础上，对补贴的申领和支付办法进行了修改和完善，并于2009 年和 2018 年两次修订了《失业保险条例》实施办法，进一步调整了失业保险金的缴费基数、保险金费率、失业调剂金制度中筹集资金的具体比例及缴费最后期限等相关内容，建立了失业保险省级调剂金制度。

从参保人数来看，陕西省失业保险的参保人数呈缓慢上升趋势，到 2019 年底，参保人数达到426.36万人。2009~2019年参保人数增加了95.41万，大约为0.29倍，增长率偏低。2008~2019年失业保险覆盖率（即参加失业保险的人数占就业人数的比重）缓慢增长，2019年为20.14%，2019年以前一直未达到20%，即80%的就业者未参加失业保险。从失业保险金给付标准来看，2010年陕西省失业保险金给付平均标准根据当年最低工资标准在不断上调，失业保险金给付水平和失业保险金替代率逐年上升，但一直处于较低水平，到2018年仅达到了22.3%（世界上大多数国家的失业保险替代率通常为45%~80%）。从失业保险基金来看，2018年基金收入25.53亿元，同比增长了12.17%；基金支出42.14亿元，同比增长了197%；本年收支结余-16.61亿元，自陕西省失业保险基金建立以来，首次出现了负增长，年末滚存结余117.97亿元，同比下降了29.87%。2009~2018年陕西省失业保险基金滚存结余一直在上升，2019年支出首次超过收入，这说明相关机构开始加大失业保险基金的作用，在一定程度上说明了失业保险基金的使用效率有所提升。

二、主要问题

虽然陕西省一直在不断改善失业保险制度实施方案及各项具体措施，但目前还存在很多问题。第一，失业保险覆盖面过窄、受益率过低，有很大一部分就业者没有参加失业保险，失业者在失业时并不能享受到失业保险金的帮助；第二，失业保险待遇给付水平较低，失业保险金替代率过低，失业保险金申领条件严格，失业保险金不能发挥应有作用；第三，保险费率固定，忽视了个体差异。

（一）失业保险覆盖率和受益率低于全国平均水平

覆盖范围是最能直观反映失业保险制度发展规模的关键要素，也是评判失业保险制度是否发挥了应有作用的重要指标。而覆盖率是最能直接反映覆盖范围的指标。2008~2018年陕西省失业保险覆盖率一直未达到20%，与陕西省GDP处于同一水平的四川省、河南省、湖北省相比，陕西省的失业保险覆盖率高于其他三个省份，但低于全国水平。从失业保险的受益率情况来看，2009~2014年失业保险受益率一直在直线下降，2009年失业保险受益率为64.76%，2014年为13%，之后的几年一直上下波动，但均未超过23%，自2011年以来，一直显著低于全国。与医疗、养老、工伤和生育保险相比，失业保险覆盖面不够、参保人数较少。参保主体的参保意识较低、失业保险待遇的申领条件较高、给付水平较低、失业保险费率固定是最有可能导致失业保险覆盖率和受益率低的因素。

（二）失业保险金替代率过低，给付期限过长

失业保险金替代率（失业保险金给付标准占从业人员平均工资的比重）一般被用来量化评估失业保险金给付标准的高低。陕西省失业保险金替代率虽然逐年上升，但一直处于较低水平，2018 年仅达到了 22.3%，虽然与国内 GDP 相同的省份和平均水平相比较高，但仍然难以保障失业者的基本生活。按照陕西省目前发放的失业保险金平均水平，如果没有其他的经济来源，仅仅依靠失业保险金的补助，失业人员只能处于最低的生活水平。另外，陕西省目前的失业保险金给付期限最长为两年，处于较高水平。从全球来看，超过半数的国家和地区的支付期限在 6~12 个月。其中，低于 6 个月的占 14.3%，6~12 个月的占 63.1%，13~24 个月的占 14.3%，24 个月以上的占 8.3%。

（三）失业保险金申领条件较严格

《陕西省〈失业保险条例〉实施办法》规定，要想享受失业保险待遇，必须同时满足缴费时间满 1 年、登记失业、接受经办机构的就业服务以及非因本人意愿中断就业四个条件。从现实情况看，首先，解除劳动关系证明要求“非因本人意愿中断就业”这一规定，对劳资关系中居于弱势一方的员工来说较为苛刻；其次，已参保的失业人员在失业后若是没有在规定时限内到相关部门办理失业登记，就无法领取失业保险金。这两者会降低个体的参保积极性，并且使失业保险基金滚存结余长期处于较高水平，使用效率低下。

（四）保险费率固定，忽视了个体差异

陕西省的失业保险费率与全国一样，一直实行的是固定费率制，忽视了个体差异，降低了参保人员的缴费积极性。失业保险费率具有固定性、统一性的特征。

统一的失业保险费率使企业的失业人数和费率之间不存在关系，忽略了企业与企业之间的效益差异，不同效益和失业率的企业要按照相同的费率缴纳失业保险，导致部分企业的缴费积极性和参保率较低，从而减少了失业保险基金的收入来源。目前，陕西省各个行业实行统一的费率没有体现出现实中实际存在的差别。不同的行业面临着不同程度的失业风险，同一行业的不同企业在雇工水平和企业效益上也不同，无差别的费率体制看似公平公正，实则忽视了不同行业、不同企业的差异性。统一费率之下，效益越好、工资水平越高的行业或企业要缴纳的失业保险费越高，往往这类行业或企业的员工失业风险程度相对较小，由此便造成了“多支出、少失业”的矛盾局面，降低了个体的缴费积极性。

三、陕西失业保险制度实施对策

（一）继续扩大失业保险覆盖范围

失业保险制度建立的初衷是为了保障失业者在失业时基本生活不受影响并尽快再就业，能进一步防止社会上大规模失业现象的发生，保障社会经济的稳定、可持续发展。只有尽可能地扩大覆盖面，失业保险才能最大限度地发挥其作用和功能。

1. 加大失业保险的宣传力度

就业人员的参保意识较低，导致就业人员的参保意愿降低，这是陕西省失业保险覆盖率低的主要原因。这要求在失业保险的实施过程中要加大宣传力度，积极落实政府部门制定的参保扩面方面的相关政策，改进政策的宣传渠道和方式，提升政策的宣传效果，提升就业人员的参保意识。

首先，私营企业的就业者是一个较为庞大的群体，参保缴费意愿相对较低，因而，扩面的一个重要方面就是把私营企业及其员工纳入到保险范围。针对目前企业和员工，特别是私营企业及其员工对失业保险制度缴费积极性较差的问题，应该加大失业保险的宣传力度，向有关人员分析相关政策，借助员工喜闻乐见、易于接受的方式，定期进行有关政策的解读发布工作。相关的经办机构在宣传过程中，应重点围绕企业和员工关注的政策焦点和易产生歧义的问题进行重点解读，以更好地发挥政策的激励导向作用，做好宣传工作。

2. 实施差别化的缴费浮动费率政策

目前，陕西省的失业保险费率没有考虑到不同行业、不同企业间的个体差异，也没有将社会经济大环境和经济波动考虑在内，因而，并不完全适合现实需要，应该设计一个相对灵活、合理的差别化的缴费浮动费率征缴机制，调动失业风险小的企业的参保积极性。

实施差别化的缴费浮动费率政策有利于激发企业和员工的参保积极性。差别化的缴费浮动费率制度应该从以下几个方面进行考虑：一是行业和经济类型的差异，不同行业和经济类型的失业风险是不一样的，如餐饮零售行业的失业风险较电力行业更高。二是不同经济阶段的失业保险费率应有所差异，经济不景气时企业负担较重（如疫情期间），应适当降低费率，减轻企业负担，实现稳定就业。三是不同企业之间的差异也应考虑进来，如企业就业岗位是否稳定、有无拖缴欠缴失业保险费的情况。具体来说，可以参考其他国家的做法，如学习日本，区分一般行业和特殊行业，失业风险较为集中的特殊行业设置相对较高的费率，而失业风险相对较小的一般行业则享受较低的费率，也可以参考美国的做法，将一定时期内解雇的员工人数作为费率浮动的依据，解雇员工超过一定比例，则费率上浮；相反，连续一定年份解雇员工数低于某一比例，则费率下调。这样有利于鼓励企业稳定雇佣关系，减少辞退，从而达到稳定就业、预防失业的目的。

（二）完善失业保险金申领办法

完善失业保险金申领办法是解决目前陕西省失业保险制度实施过程中存在的问题的一个有效手段。

1. 放开“非自愿失业”

“非自愿失业”这一失业保险金领取条件是导致陕西失业保险受益率低的主要原因，因此，优化失业保险金申领办法的一个重要手段就是放开“非自愿失业”，取消申领条件中“非因本人意愿中断就业”这一要求，无论是因员工个人原因导致的失业还是被迫失业，只要按期交纳了失业保险费，员工一旦进入失业状态，就理应享受应有的基本生活保障。放开这一条件限制可以帮助很多有工作能力、有工作意愿的失业者，他们领取失业金的期限不会太长，这有利于构建和谐的劳动关系，避免部分希望主动离职又想领取失业金的员工通过故意违反工作纪律的方式迫使企业主动提出解除劳动关系的情况出现，也可以规避劳资双方不违法但也不合规的“合谋”，防止出现员工主动离职、企业给予少量补偿并出具解除劳动关系证明以使员工符合失业金申领条件的情况。

2. 简化失业保险待遇申领流程

放宽失业保险金的领取限制条件的另一个重要手段是取消办理失业登记的限制。目前，陕西省办理失业登记的各项手续、证明烦琐复杂，浪费了失业者大量的时间和精力，也不符合国务院深化“放管服”改革的要求。对此，经办机构可以优化申领程序，简化申领手续，尽量使用内部信息比对核实，以减少证明材料，推进线上申领，提高审核效率，为失业人员提供方便、快捷、高效的经办服务。

（三）提高基金使用效率

1. 提高失业保险金的给付标准

目前，陕西省失业保险金给付标准是最低工资标准的70%，失业保险金替代率不足25%，给付标准较低，应适当提高失业保险金的给付标准。在制定失业保险金给付标准时，应考虑将其与居民日常生活的消费水平、缴费时长、家庭状况以及失业前的工资等情况相关联，将居民日常生活的消费水平、缴费时长、家庭状况以及失业前的工资划分成不同的等级，不同的等级设置不同的失业保险金标准，根据失业者的具体情况，分析其所处的等级，发放不同金额的失业保险金。为防止失业金水平过高或过低，可以设置失业金的最高支付限额和最低支付限额，最低支付限额可以是最低工资或者其一定的比例，最高支付限额可以确定为员工平均工资的一定比例。

2. 缩短失业保险金给付期限

陕西省的失业保险金给付期限目前可以分为一年、一年半和两年三种，与大多数国家相比，期限较长。多数国家的给付时间都在一年以内，目的是通过限制期限激发失业人员的就业积极性，以减轻失业人员对政府失业保险金的过度依赖以及政府的财政和社会压力。具体来讲，可借鉴国外的经验，将支付周期分为四段，从最初失业的三个月开始，支付缴费工资的 80%，之后逐步降低支付比例，最后三个月仅支付失业金的 50%。

3. 加强监督以确保基金平稳运行

近年来，陕西省失业保险基金的累计结余率常年处于较高水平，基金使用效率有待提升。相关部门可以考虑采用“互联网+监管”的方式，合理利用大数据等互联网技术，加强资金风险防控及跟踪预警，对失业保险基金的收入支出和运行状况进行实时跟踪，并定期对失业保险基金的收支情况进行分析，结合当时的基金结余实况，进行资金使用预算，对失业保险基金的支出方向和收支结构进行调控，进一步加强基金使用情况的预判和监督管理，以确保基金能安全、可持续地运行。

第六节　陕西普惠的退休金制度

退休金是在劳动者年老后，支付给职工的服务酬劳的一部分。养老金制度是居民养老体系下的一个重要制度，它更加侧重于保障职工退休后的生活。

一、发展现状

陕西省普惠的退休金制度从构建到逐步完善，目前已经形成了一个真正的养老保险制度。陕西省紧跟国家脚步，在 1998 年 7 月 1 日，发布了《陕西省统一城镇企业职工基本养老保险制度实施办法》。之后，政府相关部门一直摸索，试图消除养老金制度的“干企差别”问题，终于在 2015 年颁布了并轨改革的指导文件《陕西省人民政府关于机关事业单位工作人员养老保险制度改革的实施意见》。整个退休金制度的发展重心从注重效率到注重公平。目前，双轨制、农民工转移接续难等不公平现象被社会各界所重视，国家以立法形式确保了不同群体养老保险设立的正当性，将养老保险分配不平等问题纳入法律程序进行治理，以推进全社会养老保险制度的统筹。

陕西地处西北地区，经济相对落后，老年人社会养老资源匮乏，养老保障存在许多问题，这会影响当代老年人的晚年生活。目前，陕西省普惠的退休金制度的实施现状主要表现为以下几个方面：

养老保险覆盖率缓慢增长。从 2014 年到 2018 年，陕西省城镇职工基本养老保险的覆盖率较低，基本在 20%~35%，也就是说，覆盖人群未达到一半。从增长趋势来看，2016 年到 2017 年的覆盖率增速最快，从 25.06% 增长到了 34.09%，增长了近 10%。总体来看，增长仍然缓慢，5 年以来，仅从 22.81%增长到了 35.43%，增长了 12.62%。城镇职工基本养老保险的覆盖范围较小，增速较慢，还有很大的提升空间。

养老保险替代率较高。陕西省城镇职工基本养老保险替代率从 2014 年到 2018 年基本都在 55%以上，达到了国际劳工组织 55%的最低标准。同时也超过了全国平均水平 45%，因此，陕西省的养老保险实施效果不错，基本可以保障居民退休后的生活。

2019 年缴费比例首次下降。基本养老保险资金由职工与企业各自承担一部分。从 2005 年到 2019 年，陕西省的城镇职工基本养老保险缴费率一直没有变化。直到 2019 年 5 月，陕西省人力资源和社会保障厅发布文件，提出降低企业的缴费率，从 20%降到 16%，缓解了企业的养老金压力（见表 13-14）。

表 13-14　陕西省城镇职工养老保险缴费比例

年份		缴费比例（%）	
		单位	个人
1993		19	2
1998	1~6 月	19	2
	7~12 月	20	4
1999		20	5
2001		20	6
2003		20	7
2005		20	8

续表

年份		缴费比例（%）	
		单位	个人
2019	1~4月	20	8
	5~12月	16	8

资料来源：陕西省人力资源和社会保障厅。

养老基金由亏损转为盈余。在养老基金收支方面，陕西省近几年来养老保险基金收支每年都在显著增加，尤其在2016年到2017年，养老基金收支有了显著提升，基金收入同比增长了51.83%，基金支出同比增长了41.79%，几乎增加了一半，但是基金结余增长不大，仅有19.31%。相比之下，养老基金收支近几年增长缓慢。2018年陕西省养老基金收入11733050万元，比上年增长了11.83%；养老基金支出10454081万元，比上年增长了8.69%。在养老基金结余方面，2015年基金收入6049202万元，基金支出6129684万元，出现了收不抵支的现象。但是近几年，基金累计结余不断增多，而且增长率也在提升，2015年增长率仅为1.74%，到2018年增长率达到了22.41%，这表明相比前几年，养老基金的使用效率有所提高。

二、主要问题

（一）养老保险覆盖率低于全国平均水平

2014~2018年，陕西省养老保险覆盖率一直未达到40%，而全国的养老保险覆盖率一直大于陕西省。由图13-8可以看出，尽管陕西省的养老保险覆盖率不如全国平均水平，但是从2017年开始，陕西与全国的养老保险覆盖率差距逐渐缩小。这说明陕西一直在追赶，也从侧面说明这个问题存在了好几年，目前还未解决。

城镇职工基本养老保险的覆盖率之所以低，主要是因为个体工商户与灵活就业者的参保意愿不高。其中，最突出的问题是乡村就业人员参保难。2018年陕西就业人数总共2071万人，乡村就业人员933万人，达到了将近一半。如果不能解决这类人群的参保问题，覆盖率很难提升上去。

乡村就业人员参保难的主要原因如下：第一，农民工参保不积极。因为他们面临两种保险选择：城镇职工养老保险和城乡居民养老保险。如果参加城镇职工养老保险，他们的流动性强，工作时间短，可能不能达到申请条件。如果参加城

图 13-8　陕西省和全国的城镇职工基本养老保险覆盖率

资料来源：《陕西统计年鉴》和国家统计局。

乡居民养老保险，这个待遇又比不上普通市民，所以，乡村就业人员的参保积极性不高。省总工会上年对 182 个企业的农民工发放的 1 万份问卷调查结果显示，参加养老保险的仅占 15%。从参保人员的构成来看，普通农民工参保的人数极少。第二，制度方面也存在问题。因为我国的政策是以户籍为基础对城乡进行分割管理的，所以基于此的养老保险也会产生城乡不一致的现象。为了消除这种不公平，我们需要出台一个合理的转移接续政策，尽力打破户籍壁垒。

（二）养老基金累计结余水平不高

2018 年陕西省的职工基本养老基金收入是 1173. 3 亿元，基金支出是 1045. 4 亿元，累计结余 693 亿元。图 13-9 是 2018 年各省的职工基本养老基金收支对比，可以看出，在职工基本养老保险方面，陕西省的基金收入、支出和累计结余明显低于全国平均水平，与周边省份湖北、河南和四川的差距较大。湖北省的基金累计结余比较低，为 743. 4 亿元，略高于陕西省。陕西省的职工基本养老基金收入少，支出多，累计结余水平低。

（三）并轨改革产生的问题

第一，转轨成本导致机关事业单位财政压力大。随着养老金并轨改革的不断完善，财政需要承担转轨成本。并轨成本指的是过渡期部分职工未上缴的部分，未上缴的人群是“老人”和“中人”。截至 2018 年，陕西省机关事业单位的在职员工为 181 万人，转轨成本相当大，这会增加相关部门的财政负担。第二，职业年金制度造成了新的问题。新建立的职业年金制度与企业年金制度相呼应，这

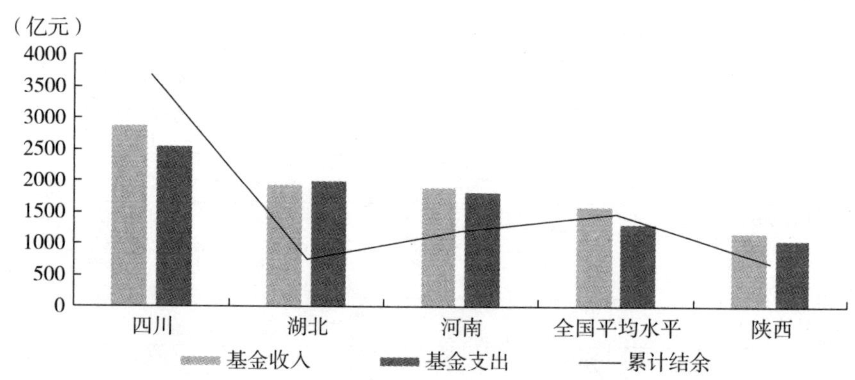

图 13-9　2018 年各省的职工基本养老基金收支

资料来源：国家统计局。

也是为了避免养老保险改革造成的落差。但是陕西省大多数单位没有建立企业年金，而职业年金是强制性的，所以造成了新的不公平。担心改革之后，事业单位职工的待遇降低会引起不满，所以建立了职业年金制度。但是由于企业年金制度是非强制性的，导致企业待遇仍然低于事业单位待遇。第三，缺乏与并轨方案相关的实施细则。尽管陕西在 2015 年公布了改革方案，但是这只是一个方向引导性文件，没有具体措施，这样会影响并轨的实施效果。

三、陕西省实现普惠的退休金制度的实施对策

（一）扩大养老保险覆盖面

养老保险的建立初衷是保证所有老年人老有所养，而陕西省覆盖率偏低，这体现出来的问题是覆盖面窄，部分人群享受不到养老保障。为了使社会保险制度公平公正，减少社会矛盾，我们要扩大养老保险的覆盖面，构建更加完善的养老保障制度。

近几年，陕西省城镇职工基本养老保险的覆盖率从 2014 年的 22.81%增长到 2018 年的 35.43%，但是还有部分人群未纳入进来，如参保意愿低的个体经营户、灵活就业者，以及流动性强的农民工。

（二）解决农村就业人员的参保问题

为了扩大养老保险的覆盖面，提升农村就业人员的幸福感，我们需要解决农村就业人员参保难的问题，打破户籍壁垒的限制，完善省级统筹，进一步落实基

本养老保险转移接续政策。

第一，提高法律层次，优化法制环境。为了解决农民工的参保问题，我们应当从农民工的养老保险转移接续问题入手。我们可以参考国外一些国家针对流动就业者养老保险问题的做法，如美国的《社会保障法案》。然而，至今，我国依然没有一部专门针对农民工基本养老保险关系转移接续问题的全国性法律，一些相关的规定也多数存在于专项法律、法规中，都只是方向性的规定，并没有细则。

第二，提高经办服务机构的办事效率。农民工要解决参保难的问题，就需要办理好转移接续手续，而参保人员相关手续和服务的办理需要社保经办服务机构提高办事效率，所以，需要提高管理服务人员的专业化水平和素质。

（三）解决养老基金的管理困境

陕西省养老基金在 2015 年是亏损状态，近几年逐渐转为盈余，但是与全国平均水平相比，仍然存在管理效率不高的问题，为此应当做出以下努力：

第一，提高养老保险基金的统筹层次。发展较慢的地方财力阻碍了居民基本养老保险基金的发展，致使城乡居民养老保险的差距进一步被拉大。因此，要提高居民基本养老保险的统筹层次，国家制定的政策以及中央和地方上的财政支持是基础，主要可以采取以下措施来提高养老保险的统筹层次：养老保险基金管理由县（市）统筹向省级统筹过渡，再向全国统筹过渡，充分发挥国家在养老保险基金管理各个环节的引导作用。

第二，寻求多渠道的基金筹集方式。通过扩大养老保险的覆盖面或者划转国有资本等方式充实社会保障基金，也可以通过增加一些参保人群来扩大基金池。在当前覆盖面不断扩大的情况下，多渠道的基金筹集方式有助于解决基金缺口的问题，因此我们应当重视，并在法律法规上给予支持。

第三，提升监督管理工作水平。相关部门要根据目前基金的发展情况，制定完善的基金投资管理的相关法律法规，保证相关制度符合工作需求。不仅要对投资方向进行监管，还要对政府部门进行监管，避免地方政府对养老基金挤占挪用，影响公众的利益。

（四）完善并轨改革

尽管陕西省采取了一些措施，试图解决双轨制的不公平问题。从实施效果看，社会接受度较高，反响良好。但据相关学者研究，仍存在一些问题，为此我们可以从以下方面完善：

第一，降低转轨成本。如果转轨成本全部由财政负担，政府的财政压力会较大，要化解这一问题，可以将国有资产补充到机关事业单位工作人员的养老保险基金中。这样，一方面可以将部分盈利能力较弱的国有资产变现补充到养老金中；另一方面可以将国有资产一定比例的盈利划拨到养老金中，以降低转轨成本。

第二，建立公平合理的企业年金制度。企业年金制度造就了新的不公平现象，企业年金是企业自愿为员工缴纳，而陕西省只有较少企业自愿。职业年金是强制缴纳，所以出现了新的不公平。由于企业数量庞大，如果企业年金制度也实行强制缴纳，显然不现实。因此，对于这种现象，政府应该做一些工作来鼓励企业建立企业年金制度，如税收、缴费率等。

第七节　陕西省社会救助制度

社会救助制度是针对那些收入无法维持最低生活标准的贫困人群和弱势群体，建立的保障基本生活需求的措施。

一、发展现状

陕西省省委、省政府把社会救助作为社会保障体系的一项基础性制度安排进行部署，先后出台了一系列保障贫困人群基本生活保障的政策措施，目前，基本形成了较为全面系统的社会救助制度。陕西省社会救助制度的发展历程可以分为探索、建立、完善三个阶段。在探索阶段（1997~2007 年），为保障国企下岗职工的生活需求，于 2001 年出台了《陕西省城市居民最低生活保障制度实施办法》，于 2005 年出台了《陕西省农村居民最低生活保障暂行办法》，初步构建了城乡居民最低生活保障制度。在建立阶段（2007~2015 年），从 2007 年开始，民政部在全国范围内建立临时生活救助制度，解决因突发性事件、意外伤害或家庭刚性支出较大导致的临时性基本生活困难问题。2015 年下发了《关于进一步健全完善临时救助制度的通知》，进一步明确了临时救助制度的主要内容、工作机制、工作保障。在完善阶段（2015 年至今），2015 年陕西省人民政府颁布了《陕西省社会救助办法》，详细阐述了社会救助制度的“8+1”体系，标志着陕西省社会救助体系已经完成，进入定型发展的新阶段。

近年来，陕西省低保和五保救助水平均有所提升，民政事业费大体呈增长趋势。从整体来看，2019 年陕西省民政厅共向陕西贫困人口发放了 68 亿元救助补贴，占民政事业费实际支出的55.2%，确保47.15万户家庭获得107.86万份城乡最低生活保障，农村五保共有12.34万人享受到了保障。从发展趋势来看，享受城乡最低生活保障的人数占总人数的比重逐年下降。2010年城市为5.06%，农村为10.93%；到2019年城市仅为0.94%，农村为5.45%。其中，农村相比城市最低生活保障标准增长较为缓慢，2019年农村居民的低保标准仅为389元。农村供养的五保人数较为稳定，其中，集中供养的人数为4万左右，分散供养人数为8万左右；五保供养标准增速减缓，2016年集中供养标准的增长率为0.54%，分散供养标准的增长率为1.64%。由于数据的可获得性，选择民政事业费作为救助支出的衡量依据，且多年来救助资金占民政事业费的比重在50%以上。民政事业费除了2014年和2019年外，均保持增长的趋势，增长率最高的一年是2013年，为27%。

二、主要问题

目前，陕西省城乡低保人数持续下降，低保标准逐年提高；五保供养人数变化不大，供养支出增长缓慢；民政事业费投入不稳定。将上述呈现的趋势与不同指标进行对比，发现了陕西省城乡贫困居民目前所面临的突出问题。

（一）城乡最低生活保障水平有待提高

2019年贫困标准3747元/年，陕西省城市和农村的低保标准分别为7296元/年、4668元/年，均高于国家扶贫线标准。从贫困程度来看，陕西省低保对象已经全部涵盖在扶贫标准之内。但参考国家贫困线来决定兜底情况远远不够，低保保障的是基本生活消费支出，确保应该享受低保的人收到足够的保障。

第一，家庭支出型贫困的预防。2019年陕西省民政厅考虑到家庭支出型贫困的存在，扣除刚性支出以降低部分低保瞄准偏误，使这部分“夹心层”得到救助。事实上，刚性支出过大确实会导致支出型贫困，但支出型贫困不全是因为刚性支出过大所导致的，家庭抗逆力弱才是支出型贫困的内在根源。田北海（2020年）的实证结果表明，家庭抗逆力对家庭支出型贫困的发生概率有显著抑制性作用。苗头也是低保救助中不容忽视的部分，并且能从根源上预防贫困的发生。

第二，低保救助水平偏低。国际上一般把居民收入的中位数的30%视为“极端贫困线”、40%视为“严重贫困线”。2010~2019年城市低保标准一直低于极端贫困线，约为城镇居民收入的20%。这不仅远远低于发达国家，而且低于许多发展中国家。2010~2013年农村低保标准一直在极端贫困线处徘徊，2014年、2015

年两年略低于极端贫困线，2016~2019年逐渐高于极端贫困线。在40%的严重贫困线下，两者的差距就更大了，城市低保标准约为严重贫困线的一半（约为城镇居民收入的20%），农村低保标准逐渐接近严重贫困线（农村居民收入的40%），到2019年相差265元。

由此可见，虽然城乡低保标准之间差距较大，但城市低保标准在2019年依然无法达到极端贫困线的标准，而农村低保标准近四年来一直高于极端贫困线。究其原因，主要是因为城镇收入基数相比农村要大很多，几乎一直保持在3倍左右，因而导致两者的极端贫困线差距较大，城市低保标准偏低。因此，想要缩小城乡低保之间的差距，首先要努力缩小城乡之间的收入差距。

（二）农村五保供养情况不容乐观

2018年全国农村集中供养人数为86.1万人，陕西省为3.1万人，有8个省多于陕西省；全国农村分散供养人数为368.6万人，陕西省为9.0万人，在所有城市中排名中间。

第一，集中供养率止步不前。近十年，供养总人数变化不大，大约为12万人。集中供养率在30%上下小幅度波动，分散供养率在70%上下小幅度波动。《民政事业发展第十二个五年规划》指出，进一步设定2015年集中供养率的目标是从2010年的31.9%提高到50%。通过对比可以发现，2010年陕西省与全国集中供养率的差距不到1个百分点，到2015年两者之间的差距变为13.4%，因此，陕西省应加大在集中供养方面的投入。全国集中供养率在2015年为31.4%，陕西省的集中供养率超过了全国平均水平，这说明我国在提高集中供养率这条路上还要继续前进。

第二，五保供养标准未达到当地居民消费支出水平。《农村五保供养工作条例》规定：五保供养标准不得低于当地村民的平均生活水平，并根据本地居民平均生活水平的提高而适时调整。“当地村民的平均生活水平”的标准并未统一，由于当地居民的平均消费支出水平与生活水平较为接近，因此，把当地居民的平均消费支出水平当作衡量的标准。

在图13-10中，差额1表示农村居民的消费支出与集中供养标准的差额，差额2表示农村居民的消费支出与分散供养标准的差额。2011~2016年，仅在2012年集中供养标准大于当地农村居民的消费支出，其他年份一直小于农村居民的消费支出，并且有差距加大的趋势，由此可以看出供养资金投入不足。差额2一直大于差额1，说明近年来相比集中供养，陕西省在分散供养方面的投入资金更不足。

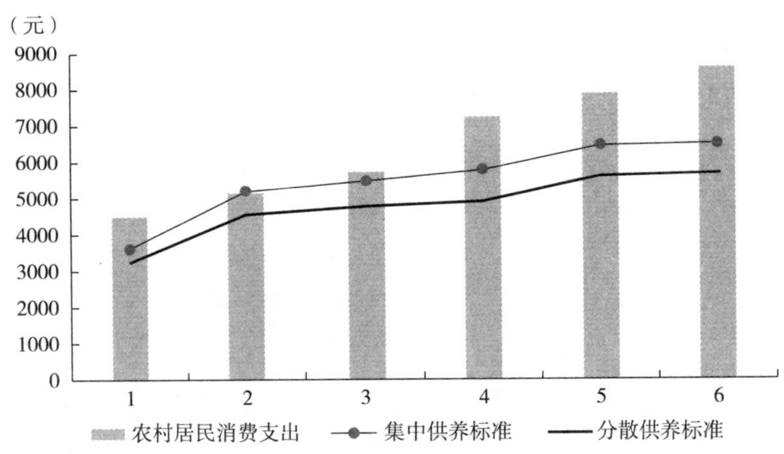

图 13-10　集中供养标准和分散供养标准与消费支出的比较

资料来源：中华人民共和国民政部网站。

（三）救助资金投入不足

第一，民政事业费的实际支出占比减少。公共财政收支的状况影响着我国城乡居民最低生活保障制度，城乡居民最低生活保障水平要与政府的财政收支状况相适应。

2011~2018 年，民政事业费实际支出占公共财政收入的比重一直稳定在 8%左右，但在 2019 年出现了明显下降；民政事业费实际支出占公共财政支出的比重一直比较平缓，在 4%左右，2014 年后一直低于 4%，且占比逐渐减少，在 2019 年出现了明显下降，因此，我们应该更加重视民政事业费的实际支出，稳住它在公共财政收支中的比重。

第二，社会救助水平有待提高。民政事业费用实际支出占 GDP 的比重可以从供给的角度反映出社会救助水平，低保和五保是社会救助的核心。由图 13-11 可以看出，全国民政事业费用实际支出占 GDP 的比重相对比较稳定，但从 2016 年开始有逐步下降的趋势。陕西省局部呈现较小的波动，其他年份较为平缓，与四川省的救助水平较为接近。整体来看，陕西省社会救助水平高于全国水平，但从 2015 年开始陕西省民政事业费用实际支出占 GDP 的比重一直下降，两者有逐步缩小的趋势，这种情况同样也出现在四川省、湖北省和河南省，这种趋势值得我们重视。

民政事业费用实际支出占 GDP 的 0.5%~1.0%，就能为社会稳定做出极大的贡献。全国民政事业费用实际支出占 GDP 的比重除 2019 年外均处于这个区间，最高为 2013 年的 0.62%；陕西省民政事业费用实际支出占 GDP 的比重在 2019 年跌破 0.5%，最高为 2011 年的 0.99%，最低为 2019 年的 0.48%。这说明陕西省在民政事业费用方面的投入总体较好，但仍然需要重视。

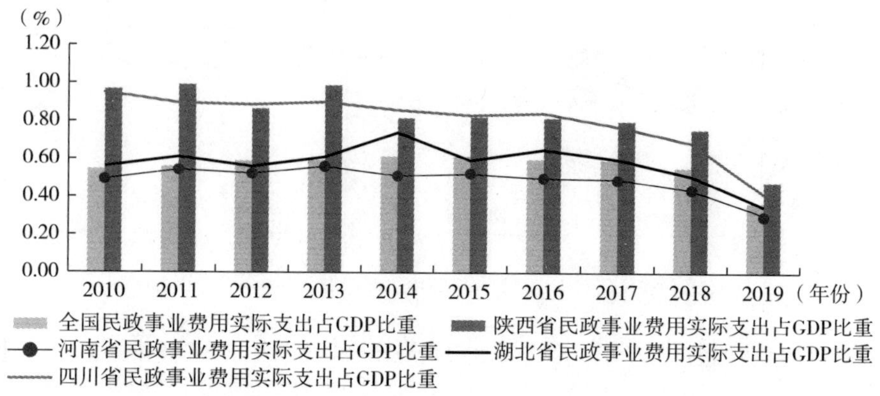

图 13-11　陕西省和全国民政事业费用实际支出占 GDP 比重

资料来源：中华人民共和国民政部网站。

三、陕西省社会救助制度的实施对策

虽然近年来陕西省社会救助成效较为显著，但其救助方法、救助标准仍然存在不足，城乡差距逐渐拉大，救助水平还不能满足现实的需求，社会救助仍有一定的提升空间。因此，提出以下几点：

（一）增强家庭资产建设和社会防护

2020 年“陕西救助核对服务”公众号开始运营，可以利用公众号进行必要的宣传。宣传的内容主要有以下三点：一是引导低收入家庭理性消费，不盲目攀比，拒绝奢侈浪费，合理安排家庭支出，减少不必要支出，增强家庭资产建设。二是引导低收入家庭积极响应陕西省就业创业与产业发展政策，充分利用休闲时间，杜绝“养懒汉”，同时加强工作招聘的宣传力度，减少信息不对称带来的损失。三是加强社会保险宣传，由于低收入人群的抗风险能力较弱，因此，社会保险可以在一定程度上缓解贫困人群所面临的突发事件。要引导城乡居民持续参保，提升城乡居民家庭的抗风险能力，增强其抵抗风险的能力。

（二）设定低保和五保标准的调整幅度框架

城市低保标准一直未达到极端贫困线，农村低保标准近三年来接近严重贫困线，因此，在设定城镇低保标准基数时可以参考30%的城镇居民收入，农村低保标准基数可以参考40%的农村居民收入。目前，陕西省农村的五保供养水平相比当地居民的生活水平偏低，因此，应该充分参照当地农村居民的消费支出进行适当提高，资金的确切落实也是不容忽视的部分，建立较为严格的监督体系来保障各级政府对农村五保供养的资金投入，确保五保供养资金在落实上不出差错，同时，也要确立五保供养经费的动态调整。同时，应该重视老龄化加剧的问题，在老龄化严重的地区应该注重对救助水平的提升。

（三）加紧农村幸福互助院的运营资金安排

近年来，陕西省十分注重老人的生活问题，尤其是农村幸福互助院的建设。目前，农村幸福互助院有12132个，71.29%的行政村拥有农村幸福互助院，11个深度贫困县的农村均建立了农村幸福互助院。农村幸福互助院的存在能在一定程度上减轻五保供养的压力，同时，陕西省也相当重视农村幸福互助院的建设，每年至少建立1000个。2020年再次下拨公益金1.693亿元，争取实现农村互助幸福院覆盖80%的行政村。但是目前仅有建设资金，运营农村幸福互助院仍然是一笔较大的开支，如果后期资金不到位，前期的建设将得不到充分利用，这不仅造成了资金和服务人员的浪费，同时也为院里的老人带来了麻烦，因此，后期资金的合理安排显得格外重要。

（四）开发社会力量，鼓励多元投资

社会力量可以分为两个方面，一个是人力资本，一个是物质资本。人力资本是专门设立部门来有效救助贫困群体。物质资本是指民政事业费，根据民政事业费的实际支出水平决定低保和五保救助的质量。低保和五保的保障金发放、供养标准的提高与合理化、供养服务机构的营运资金建设与工作人员配备均离不开充足的财力支持，因此，在社会捐赠、庭院经济不足甚至空白的情况下，要确保低保标准和五保供养支出增长、农村五保供养制度高效运转，保障供养对象获得较高的供养质量，必须在财政资金上提供强力保障。

第一，开展“救助顾问”模式。2015年上海率先实现城乡低保标准一体化，在低保救助方面有很多地方值得我们借鉴。2020年“救助顾问”模式在上海全区推广，这种模式可以更加了解困难家庭和对象及其实际需求，实现对症下药。此外，社会力量的参与也能让社会救助变得更加温暖，人与人之间的关系更为密

切，同时也提高了救助的精度。低保对象的存在说明，劳动力市场的作用并未完全发挥，“救助顾问”可以更加因地制宜地提供帮助，同时这种救助也是多元的，包括精神、文化、社会层面的救助，同时也更好地将“他助”转化为“自助”，以提升自身的收入水平。

第二，强化政府职责，鼓励多元投资。政府在社会救助的发展上起着重要的作用，同时政府负担的压力也长期存在。首先，提高政府财政补贴资金的利用效率。中央政府的资金补贴一直以来占比较高，地方财政资金中县级和乡镇资金支持应适当提升。其次，政府部门应加强对社会救助的资金监管力度，设立相关机构来公开透明经费的使用情况，以保障社会救助资金的专款专用。民政部门作为低保和五保救助的引导者，要注重财政监督制度的加强，不定期抽查低保和五保的财政政策的落实情况及贫困人群得到救助后生活改善的情况。

政府可以参考以下三种方式：政府可以利用税收优惠来吸引企业对社会救助事业投资，同时也可以对投资的企业进行正面宣传，进一步达到鼓励的效果，这样不仅企业得到了优惠和宣传，社会救助事业也因此得到了发展；对慈善机构而言，政府应该更好地发挥慈善机构的作用，由于慈善机构具有较多的筹资渠道，因此，政府应该搭建社会救助事业与慈善机构之间的连接桥梁，创造良好的沟通渠道，引导慈善机构对社会救助事业提供相应的帮助；村集体的及时救助可以有效救助部分急难型救助对象。

参考文献

REFERENCES

［1］谢雨锋. 2019陕西公众获得感、安全感、幸福感调查分析报告［J］. 西部社会，2020（10）：46-57.

［2］张永军. 从陕西成绩看我国脱贫成果［J］. 西部大开发，2020（1）：21-25.

［3］胡清升. 建立稳定脱贫机制有效防止脱贫后返贫——以陕西为例［J］. 新西部，2020（Z1）：91-96.

［4］刘成坤，林明裕. 人口老龄化、人力资本积累与经济高质量发展［J］. 经济问题探索，2020（7）：168-179.

［5］冯伟. 公租房"PPP+类REITs"融资模式分析——基于陕西省公租房项目视角［J］. 北方金融，2018（8）：20-25.

［6］荆会云. 我国农产品产业链整合模式的比较与选择［J］. 农业经济，2019（12）：131-132.

［7］王媛. 全产业链视角下农产品流通模式重构与效率分析［J］. 商业经济研究，2020（3）：142-144.

［8］方文英. 农产品全产业链大数据建设与农村电商的有效融合研究［J］. 农业经济，2020（9）：129-131.

［9］张端，王迎谨. 远景展望养老凸现新思路［N］. 西安日报，2016-02-03（004）.

［10］习近平在参加湖北代表团审议时强调整体谋划系统重塑全面提升织牢织密公共卫生防护网［J］. 理论导报，2020（5）：8-9.

［11］习近平主持召开中央全面深化改革委员会第十二次会议强调：完善重大疫情防控体制机制健全国家公共卫生应急管理体系［J］. 中国建设信息化，2020（5）：2-3.

［12］詹婧，赵越. 身体健康状况、社区社会资本与单位制社区老年人主观幸福感［J］. 人口与经济，2018（3）：67-80.

［13］侯兵，周晓倩. 长三角地区文化产业与旅游产业融合态势测度与评价［J］. 经济地理，2015（11）：211-217.